로마사 미술관 3

아우구스투스부터 로마의 멸망까지

세계명화도슨트

로마사 미술관 3

아우구스투스부터 로마의 멸망까지

김규봉 지음

한ㄱ

흔히 서구 문명의 큰 줄기는 헬레니즘과 헤브라이즘이라고 합니다. 그리고 그 두 줄기의 융합은 로마 제국에서 이루어졌다고 말하지요. 헬레니즘은 그리스적인 사고방식과 문화 등을 의미합니다. 헬레니즘 전파의 선봉장은 고대 마케도니아의 알렉산드로스 대왕이었습니다. 헬레니즘은 그리스 문화를 수용한 로마 제국의 전 영토로 확대되면서, 서구 문화의 한 축으로 자리 잡게 됩니다. 반면 헤브라이즘은 유대인적인 사고방식과 문화 등을 말합니다. 헤브라이즘은 유대인의 민족종교인 유대교에서 시작되었지만 이후 기독교에 전승되었고, 기독교를 국교로 받아들인 로마 제국에 의해 서구 문화의 또 다른 중심축을 이루게 되지요.

헬레니즘이 인간의 이성을 강조하고 현세 지향적이자 다신주의적, 객관적, 논리적이었다면, 헤브라이즘은 내세 지향적이고 유일신주의적, 직관적, 감성적이라고 볼 수 있습니다. 이 헬레니즘과 헤브라이즘을 융합하여 서구 문명의 근간을 만든 것이 바로 로마 제국이었고, 로마 제국은 그러한 두 축의 정신문화를 바탕으로 서구 세계를 거의 통일하였습니다. 그리고 그 영향력은 2,000년이 지난 오늘날까지 서구 사회에 뿌리 깊게 파고들었습니다. 그러면 어떻게 해서 로마 제국은 단순히 압도적인 군사력을 갖고 있었을 뿐 아니라, 그런 두 문화를 융합·전파하면서 역사상 세계 최강대국을 건설할 수 있었던 것일까요? 이번 《로마사 미술관》 3권에서는 바로 그 이야기, 즉 과거 왕정과 공화정을 거쳐 본격적으로 시작된 로마 제정 시대에 대해 자세히 알아보려 합니다.

서양 세계에서 역사란 곧 로마사를 일컫는다고 볼 수 있습니다. 영국, 프랑스, 독일을 포함한 유럽 전체는 물론 심지어 미국에서도 연구하는 인류 역사의 모델이 바로 로마사입니다. 자국의 역사도 중요하지만, 로마라는 2,000년 전 대제국의 흥망성쇠를 객관적 시각으로 살펴보면서 오늘과 내일의 방향을 모색하는 것은 그들에게 당연한 일이었지요. 해가 지지 않는 나라인 대영제국도 로마를 대제국의 롤 모델로 삼았고, 오늘날 '팍스 아메리카나(Pax Americana)'를 실현하고 있는 미국도 로마에서 교훈을 얻고 있습니다. '모든 길은 로마로 통한다'고 하지만 사실 '모든 역사도 로마로 통한다'고 볼 수 있습니다. 그만큼 로마 천년 제국의 역사와 유산이 끼치는 영향은 어마어마합니다.

로마의 역사는 비단 서양인만의 관심사가 아닙니다. 바로 오늘의 우리도 로마 역사에서 장점은 장점대로 배우고, 단점은 반면교사로 삼아야 할 점들이 많습니다. 로마사가 세계 지식인 모두의 관심거리가 된 가장 큰 이유는 '보편성과 일반화'에 있습니다. 로마 역사를 공부하다 보면 마치 우리의 현실과 비슷하다는 기시감이 들 때가 많이 있답니다. 그래서 언제 어디서든지 적용할 만한 교훈이나 반면교사 모델을 발견할 수 있지요. 암살된 독재자 율리우스 카이사르, 그의 후계자이자 초대 황제인 아우구스투스를 보면 권력자의 야망과 비극, 나아가 권력의 성격과 특징을 충분히 이해하게 됩니다.

이번 《로마사 미술관》 3권은 로마사 미술관 시리즈의 완결판으로서, 아우구스투스에서 본격적으로 시작된 500년간의 제정 시대를 다루었습니다. 500년의 역사를 한 권으로 설명하기엔 다소 무리가 있는 것도 사실입니다. 하지만 너무 지엽적이고 상세한 역사 이야기를 늘어놓으면 지루해질 수도 있기에 한 권으로 추려 보았습니다.

고대 로마 역사상 불세출의 스타인 카이사르가 죽은 후, 그의 양자인 18세의 아우구스투스가 집권하게 됩니다. 아우구스투스는 지난한 권력 투쟁 과정을 거치며 성장하지만, 이때 로마도 엄청난 성장을 이루게 됩니다. 이를 두고 우리는 흔히 '팍스 로마나(Pax Romana: 로마에 의한 세계 평화, 로마 제국의 황금기를 뜻함)'라고 합니다. 팍스 로마나는 로마에 의해 국제질서가 유지된 기간으로, 무려 200년이나 지속되었습니다. 물론 그 후로도 로마 제국은 200여 년 더 존속하기는 합니다. 일본의 작가 시오노 나나미는 "지성에서는 그리스인보다 못하고, 체력에서는 켈트인이나 게르만인보다 못하고, 기술력에서는 에트루리아인보다 못하고, 경제력에서는 카르타고인보다 뒤떨어지는 것이 로마인이다"라고 말한 바 있습니다. 그렇다면 과연 그런 로마인이 서구 세계를 제패한 이유는 어디에 있을까요?

이번 3권에서는 로마 제국에 대한 본격적인 이야기와 더불어, 각기 다른 시대에 활약했던 수많은 영웅들의 이야기를 통해 그들의 공과(功過)를 살펴보고자 합니다. 물론 그 시대를 항상 존경하며 자신의 모델로 삼았던 서구 사회의 수많은 화가들이 그런 역사적인 현장을 어떻게 역동적으로 화폭에 담아냈는지도 함께 살펴볼 것입니다. 로마 시대를 담은 수많은 역사화들을 보면서 화가들이 그런 역사적 현장을 그린 이유는 무엇인지, 같은 역사적 사건이라도 화가에 따라 어떻게 달리 표현되는지 살펴보는 일은 쏠쏠한 재미를 줄 것입니다.

《로마사 미술관》3권까지 읽고 나면, 여러분은 학창 시절 영어 참고서에서 신물 나게 보았던 '로마는 하루아침에 이루어지지 않았다(Rome was not built in a day)'는 말을 실감하게 될 것입니다. 로마는 수많은 영웅들 덕에 대제국으로 발전했지만, 반면에 적지 않은 수의 사이코패스적인 인간 군상들로 인해 흑역사를 만들기도 했습니다. 수많은 정복 전쟁으로 광대한 영토를 확보하기도 했으나, 그 과정에서 로마 군단이 몰살되는 참사가 벌어지기도 했고 수도 로마를 약탈당하기도 했습니다.

하지만 놀랍게도, 로마는 하루아침에 망하지도 않았습니다. 그것은 로마 제국이 1,000년 이상 버텨온 저력이 있었다는 뜻입니다. 그 저력은 단순히 군사력이 아니라, 바로 그들의 포용적인 문화와 정신이었다고 생각합니다. 이것이야말로 우리가 2,000년 전의 로마에서 배울 점이 아닐까요. 오늘날 대한민국은 단군 이래 최초로, 드라마와 영화, 가요 등의 한류를 통해 우리 문화를 세계에 전파하고 있습니다. 김구 선생이 그토록 원하던 '문화 강국'을 이루기 위해서는, 로마의 역사와 문화를 이해하고 그들의 정신을 본받는 일이 필요하지 않을까 생각합니다.

이번 3권을 통해서 《로마사 미술관》 시리즈는 일단락하게 됩니다. 물론 395년 분리된 동로마 제국(비잔틴 제국)의 역사가 더 남아 있습니다만, 기회가 되면 다음에 다시 소개하도록 하지요. 모쪼록 이 책을 통해서 역사를 따분하게 생각했던 분들이 역사에 재미를 붙이게 되길 바랍니다. 더불어 그림에 별로 관심이 없던 분들이 그림을 쉽게 보는 방법을 알게 된다면 저자로서 더할 나위 없는 기쁨이 될 것입니다. 그리고 언젠가 이 책의 독자들과 함께, 유럽과 아프리카, 중동에 이르는 로마 유적 및 역사화를 전시하는 수많은 미술관을 돌아볼 수 있는 기회가 온다면 참으로 좋겠습니다. 모쪼록 그날까지 여러분 모두 건강하시기를 기원합니다.

마지막으로, 이러한 역사와 명화를 아우르는 책을 쓸 수 있게 기회와 도움을 주신 한언출판사의 김철종 사장님과 손성문 이사님 이하 편집진에게 감사의 말씀을 전합니다.

김규봉

| 차 례 |

1

모든 면에서 부족했던 아우구스투스가 황제가 될 수 있었던 까닭은?

〈아우구스투스, 리비아, 옥타비아 앞에서 아이네이스를 읽어주는 베르길리우스〉, 도미니크 앵그르

기원전 31년 벌어진 악티움 해전에서 숙적 안토니우스와 클레오파트라 연합 함대를 물리치고 내전을 종식한 36세의 옥타비아누스는, 이제 당당히 로마의 일인자로 등극합니다. 그는 황제가 되면서 아우구스투스(재위 기원전 27년~기원후 14년)라고 불리게 됩니다.

〈아우구스투스〉는 기원후 1세기경에 제작된, 로마 제국의 초대 황제인 아우구스투스 카이사르의 전신 대리석 조각상입니다. 이 동상은 1863년 이탈리아 프리마 포르타(Prima Porta)에 있는 리비아 빌라(Villa of Livia: 아우구스투스의 아내인 리비아 드루실라가 소유했던 별장)에서 진행된 고고학 발굴 작업 중에 발견되었습니다. 기원후 14년 아우구스투스가 죽고 나자, 리비아는 그 별장으로 옮겨간 후 이 대리석 조

작가 미상, 〈아우구스투스(Augustus of Prima Porta)〉, 기원후 1세기, 대리석 조각, 바티칸 박물관

각상을 그곳에 보관하게 됩니다. 이 조각상은 당대의 숙련된 그리스 조각가가 제작한 것으로 추정되며, 그리스와 로마적인 요소를 혼합하여 아우구스투스의 공식적 이미지를 나타낸 것으로 보입니다.

이 작품에서 아우구스투스는 그리스 조각상에서 흔히 볼 수 있는 영웅의 자세를 취하고 있습니다. 또 그의 갑옷에는 당시 로마의 숙적이었던 파르티아에게 크라수스가 빼앗긴 로마 군단의 깃발을 로마인에게 반환하는 모습이 묘사되어 있는데, 이는 로마 제국에서 가장 위태로웠던 동부 국경이 평화로워졌음을 상징합니다. 그의 오른발 아래 매달린 아기천사처럼 보이는 것은 천사가 아니라 큐피드입니다. 사랑의 여신인 비너스의 아들이자 로마의 건국 영웅인 아이네이아스의 배다른 동생 큐피드를 등장시켜, 아우구스투스의 혈통이 비너스 여신에서 시작되었음을 암시하는 것이지요. 이처럼 로마 제국을 연 초대 황제 아우구스투스의 조각상을 통해, 로마 제국의 정통성을 강조하고 있습니다. 이 작품은 현재 바티칸 박물관에 전시되어 있습니다.

로렌스 알마타데마가 그린 〈아그리파 저택의 청중들〉은 아우구스투스 조각상이 있는 아그리파의 저택 실내를 묘사한 그림입니다. 이 그림 속 석상은 앞에서 살펴본 프리마 포르타에서 발굴된 〈아우구스투스〉 조각상을 바탕으로 한 것입니다. 로마 역사가 수에토니우스(Gaius Suetonius Tranquillus, 69~130년 추정)에 따르면, 로마 제국의 초대 황제인 아우구스투스의 건축 계획은 로마를 '천박한 벽돌'의 도시에서 '화려한 대리석'의 도시로 바꾸어 놓는 것이었다고 합니다.

로렌스 알마타데마(Sir Lawrence Alma-Tadema, 1836~1912), 〈아그리파 저택의
청중들(An Audience at Agrippa's)〉, 1876년, 네덜란드 프라이스 박물관

하지만 실제 그림 속 흰 대리석은 과도한 시각적 표현으로, 정치 권력을 향한 메시지를 보여주고 있습니다. 오른쪽 하단에는 황실의 호의를 바라며 실세인 아그리파에게 귀중한 은을 선물로 바치고자 하는 충성스러운 청원자들이 보입니다. 중앙 계단을 내려오는 아그리파의 모습은 위풍당당하지만, 한편으로는 절대적 정권에 대한 경고를 보여주는 것이기도 합니다. 대리석 바닥에 깔린 호랑이 가죽은, 아우구스투스의 친구이자 핵심 참모인 아그리파의 화려한 저택에 권력에 아부하려는 사람들이 끊임없이 몰려들었음을 은유적으로 표현한 것입니다. 이 그림은 1876년 영국 왕립 아카데미 전시회에서 처음 공개되었을 때, 로마 시대에서 교훈을 얻고자 하는 많은 관람객들에게 호평을 받았습니다.

기원전 44년, 옥타비아누스의 양아버지인 카이사르가 시해됩니다. 카이사르는 유언장을 통해 자신의 후계자로 옥타비아누스를 지명해 놓은 상태였지요. 당시 옥타비아누스는 18세로, 안토니우스는 물론 원로원도 그런 애송이쯤이야 쉽게 요리할 수 있으리라 착각했습니다. 어린 옥타비아누스도 노회한 정치인들을 제압할 실력은 물론 세력도 없었기에, 제2차 삼두정치를 시작하면서 시간도 벌고 실력도 키우게 됩니다. 그리고 마침내 기원전 31년, 악티움 해전에서 숙적 안토니우스와 클레오파트라를 물리치고 명실상부한 로마 최고의 실권자로 부상합니다.

옥타비아누스 앞에 더 이상 거칠 것은 없어 보였습니다. 그러나 옥타비아누스는 양아버지였던 율리우스 카이사르의 전철을 밟지 않기 위해서, 원로원을 보다 신중히 다루어야 함을 잘 알고 있었습니다. 그래서 즉시 실질적인 황제가 되기보다는 서두르지 않고 좀 더 조심스럽게 접근하려고 합니다. 이처럼 옥타비아누스는 원로원과 로마 시민이 원하는 공화제를 계속 유지하는 척하며 차근차근 권력을 장악하기 시작합니다.

마침내 최고의 자리에 오른 옥타비아누스의 첫 행보는 정적에 대한 용서였습니다. 용서의 여신 '클레멘티아(Clementia)'로 대표되는 용서와 관용은, 그의 양아버지였던 카이사르 때부터 숭배했던 덕목이자 통치 철학의 전면에 내세웠던 가치입니다. 로마를 위대하게 만든 이 용서와 관용이라는 가치는 강력한 제국의 기초를 만들게 됩니다. 옥타비아누스는 오랜 내전에서 자신과 대척점에 섰던 원로원 의원 및 귀족, 로마 군단장 들을 품 안으로 받아들였습니다. 그리고 황제 자리에는 전혀 관심이 없는 척하면서, 집정관 자리만 8년간 유지합니다. 그뿐 아니라 자신에게 위임된 비정규적 특권을 원로원과 로마 시민에게 돌려주겠다고 선언합니다. 나아가 로마의 통치 체제는 공화정임을 공식적으로 선포하지요.

그런 노력은 옥타비아누스가 황제가 되려 한다고 의심했던 원로원 의원들과 로마 시민들에게 다시 공화정 시절로 돌아가려는 모습처럼 보였습니다. 그래서 순진하게도 로마의 공화파들은 옥타비아누스의 말을 믿고 안심하게 됩니다. 사실 공화파는 물론 로마 시민들은 옥타비아누스가 황제가 될까 두려워했습니다. 그런데 옥타비아누스가 황제가 되려는 낌새 없이 공화제를 유지한다고 하자, 원로원도 긴가민가하면서 옥타비아누스에 대한 의심을 풀고 그의 편이 됩니다. 하지만 옥타비아누스는 나이답지 않게 노련했습니다. 그는 명분을 중시하면서 실질적인 권력을 쟁취하는 방법을 썼습니다.

로마는 형식적으로는 공화정이었지만, 실제로는 옥타비아누스의 1인 통치 체제였습니다. 옥타비아누스가 공화제를 유지한다고 선언하자, 그를 두고 황제를 꿈꾸는 야심가라고 여겼던 원로원에서는 잠시 상황을 판단하지 못하고 우왕좌왕하게 됩니다. 그리고 기원전 27년 옥타비아누스가 황제 자리를 포기한다고 선언한 지 3일 후, 감격한 원로원 의원들은 그에게 '존엄한 자'라는 뜻인 '아우구스투스 (Augustus)'라는 존칭을 부여합니다. 그러자 옥타비아누스는 "이제 로마 제국은 평화 시대로 접어들었다"고 선언하면서, 자신이 갖고 있던 모든 특권을 버리고 공화정을 존속하겠다고 다시 한번 밝힙니다. 원로원과 공화파의 끝없는 의심에 옥타비아누스, 즉 아우구스투스 역시 끝없이 대답한 것이지요.

그렇다고 아우구스투스가 양보만 한 것은 아니었습니다. 그는 해외 속주 중에서 자신의 직할지를 늘려 재정을 확보했으며, 17만 명의 로마 정예병을 추가로 양성하여 그 누구도 자신에게 무력으로 도전할 수 없게 만듭니다. 그러면서 '임페라토르(Imperator)', 즉 '최고사령관'이라는 호칭으로 자신을 부르게 합니다. 이제 명목상으로 황제라는 말은 쓰지 않게 되었지만, 실질적으로는 황제의 자리에 오른 것이나 마찬가지였습니다. 이미 아우구스투스라는 칭호가 황제라는 의미가 된 것이지요.

평소 몸이 약했던 아우구스투스는 기원전 23년 중병에 걸려 사경을 헤매게 되었습니다. 로마의 모든 사람들은 아우구스투스가 심복인 아그리파에게 모든 권한을 물려주고, 군사권은 마르켈루스(누나 옥타비아의 아들로서, 아우구스투스의 친조카이자 사위)에게 위임할 것이라고 예상했습니다. 또한 만약 그렇게 된다면 아우구스투스가 회복한 후에 바로 공식적인 황제로 취임할 것이므로, 공화파에서 대대적인 반격을 해야 한다고 준비하고 있었습니다. 그런데 아우구스투스는 뜻밖의 조치로 그들의 허를 찌릅니다. 자신의 권한을 동료 집정관이자 공화파인 피소에게 위임한 것입니다. 절대로 제정 시대를 열지 않겠다는 단호한 의지를 다시 한번 보여준 셈이지요. 로마 시민들과 원로원 공화파들은 그제야 아우구스투스를 전폭적으로 믿게 됩니다.

병석을 털고 일어난 아우구스투스는 자신의 권력을 점차 더욱 강화합니다. 호민관 특권을 영구적으로 부여받고, 로마 시민 제1인자(Princeps civitatis)라는 의미의 '프린켑스' 지위에 올랐으며, 감찰권까지 확보해 사실상 황제와 같은 모든 절대권력을 차지하게 됩니다. 이제 아우구스투스는 표면적으로는 공화정의 수호자이지만, 실질적으로 황제 자리에 오른 것입니다. 그는 로마 공화정 전통을 고수하며 공화국의 일인자인 프린켑스, 즉 '원수(元帥)'의 지위에 있었기에 우리는 이 시기를 원수정(元帥政, principatus: 프린켑스에 의한 통치를 뜻함)이라고 부릅니다(원수정과 구분하여, 후기 로마 제국의 황제가 본격적으로 전제군주가 된 후로는 전제정이라고 부릅니다).

실질적인 황제가 된 아우구스투스는 우선 방대한 제국을 잘 운영하여 풍부한 재정을 확보하기 시작합니다. 또한 군인 연금을 만들어 군대의 충성을 확보했으며, 서서히 원로원의 구세대와 공화파를 제거하여 원로원도 자신의 지지자들로 채우게 됩니다. 그뿐만 아니라 친구이자 심복인 아그리파와 마이케나스를 앞세워, 외교와 무력을 번갈아 사용하여 변경(邊境)을 안정시켜 전쟁 없는 시대를 이끌어 냈습니다. 또한 로마에 소방청과 경찰청을 설치하여, 재해나 범죄에서 안전한 로마를 만들었습니다(당시 100만 명에 육박하는 인구가 살았을 것으로 추정되는 로마 시에, 소방과 치안 조직이 없었다는 사실이 놀랍기도 합니다). 나아가 조세제도의 개혁, 교통과 도로망 구축 등 새로운 정책들을 실시하면서, 로마 시민들의 전폭적인 지지를 이끌어 내게 되지요.

물론 아우구스투스는 자신의 권력을 강화하는 데도 소홀하지 않았습니다. 그는 로마 군단과 별도로, 자신의 경호와 명령을 직속으로 집행하는 정예부대인 근위대(Praetoriani)를 창설했습니다. 근위대는 아우구스투스의 정적을 제거하는 훌륭한 도구였으며, 이후 로마 제국에서 황제가 즉위하고 체제를 유지하는 데 선봉이 됩니다. 물론 훗날 근위대에 의한 쿠데타가 자주 발생하는 문제점이 있기는 하지요. 기원전 12년, 아우구스투스는 과거 카이사르가 차지했던 로마 종교의 수장인 대신관(Pontifex Maximus)이 됩니다. 이제 정치는 물론 종교에서도 최고의 자리에 오른 것으로, 황제 자리의 화룡점정을 찍은 것입니다.

프랑스의 낭만주의 화가 도미니크 앵그르의 〈아우구스투스, 리비아, 옥타비아 앞에서 아이네이스를 읽어주는 베르길리우스〉는 황제 아우구스투스와 그의 아내 리비아, 누나 옥타비아가 등장하는 장면을 담고 있습니다. 왼편에서 이들에게 책을 읽어주는 사람은 당시 로마의 유명한 시인 베르길리우스이고, 붉은 망토를 걸친 채 팔을 뻗은 사람은 아우구스투스입니다. 그리고 아우구스투스의 무릎에 기대 혼절한 상태로 있는 여인은 그의 누나 옥타비아이고, 그 앞에 있는 여인은 그의 부인 리비아 드루실라입니다. 오른쪽 구석 어두운 곳에 서 있는 두 사람은 아우구스투스의 핵심 참모인 아그리파와 마이케나스입니다. 그런데 어떤 연유로 옥타비아는 혼절해 있는 걸까요?

고대 로마의 시인 베르길리우스는 오비디우스, 호라티우스와 함께 역대 최고의 라틴어 문학가로 불리며, 역사상 가장 위대한 작가 중 한 명으로 평가받는 사람입니다. 본명이 푸블리우스 베르길리우스 마로(Publius Vergilius Maro, 기원전 70년~기원전 19년)인 그는 북부 이탈리아에서 가난한 농부의 아들로 태어나, 법률과 수사학을 공부하며 법률가를 꿈꾸었습니다. 하지만 수줍은 성격 탓에 변호를 제대로 할 수 없게 되자, 진로를 바꾸어 평생 장대한 서사시를 쓰기로 결심합니다. 그는 로마에서 창작 활동을 하면서 자신의 작품《농경시》가 유명해지자, 아우구스투스와 인연이 닿아 당시 대표적인 문예 후원자인 마이케나스(Gaius Maecenas, 기원전 68년~기원전 8년)의 후원을 받게 됩니다.

이미 대제국이 된 로마의 황제를 꿈꾸고 있던 아우구스투스는, 늑대 젖을 먹고 자란 로마의 건국 영웅 로물루스의 이야기가 대제국의 위상에 걸맞지 않게 초라하다고 느꼈습니다. 그래서 그리스 신화

속 화려한 신들의 이야기를 로마의 건국 신화에 더하고자 했지요. 그런 이유로, 베르길리우스에게 트로이 출신 아이네이아스의 일대기를 자신들의 건국 신화와 연결하여 작품을 써보라고 부추긴 것이 아닌가 추측됩니다. 베르길리우스 역시 평생의 꿈인 대서사시를 쓰고 싶던 차에, 아우구스투스에게 그런 권유를 듣고 용기를 내어 이후 11년간《아이네이스(Aeneid)》창작에 매달립니다. 그는 3년을 더 집필할 결심으로 그리스 및 터키(오늘날의 튀르키예)로 답사 여행을 떠났으나, 불행히도 열병에 걸려《아이네이스》를 완성하지 못한 채 죽게 됩니다.

그런데 사실 아이네이아스가 주인공인《아이네이스》의 진짜 문제는 트로이와 로마의 시대적 거리를 간과한 데 있습니다. 기원전 1200년경 멸망한 트로이와 기원전 753년 로물루스가 건국한 로마 사이에는 약 500년이라는 시간적 간극이 있었던 것입니다.

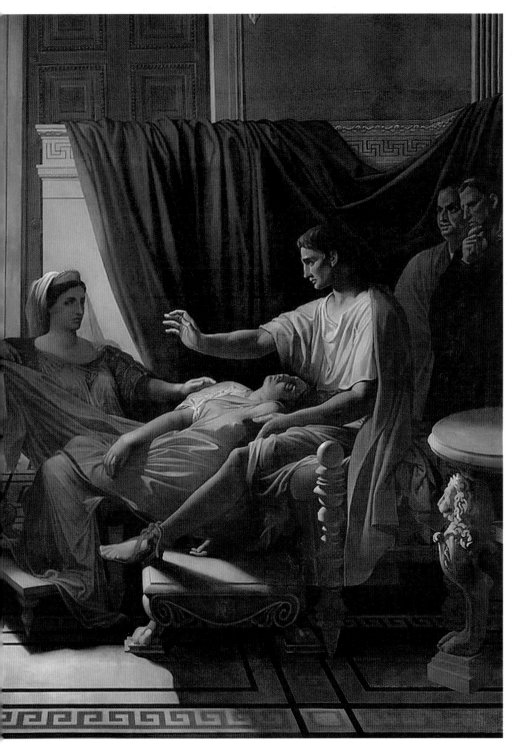

장 오귀스트 도미니크 앵그르(Jean Auguste Dominique Ingres, 1780~1867), 〈아우구스투스, 리비아, 옥타비아 앞에서 아이네이스를 읽어주는 베르길리우스(Virgil reading The Aeneid before Augustus, Livia and Octavia)〉, 1812년, 프랑스 툴루즈 오귀스탱 미술관

이 이야기는 《로마사 미술관》 1권에서 이미 소개한 바 있지만, 사실 억지스러운 면이 없지 않았지요. 어찌 되었든 《아이네이스》는 라틴어로 된 서사시 가운데 가장 영향력이 높으며, 후대에도 강한 영향을 끼치게 됩니다. 그리고 대제국 로마 황제가 될 아우구스투스의 위상이 강화하는 데도 커다란 힘을 발휘하지요. 즉 베르길리우스의 《아이네이스》는 로마 판 '용비어천가'라고도 볼 수 있습니다.

다시 그림으로 돌아가 봅시다. 옥타비아는 어째서 혼절해 있는 걸까요? 베르길리우스가 자신이 지은 《아이네이스》를 읽어주고 있는데요. 12권으로 구성된 이 책에서 유명한 부분은 아이네이아스가 트로이에서 도망 나오는 내용을 다룬 2권, 카르타고의 여왕 디도의 파멸을 그린 4권, 그리고 단테의 《신곡》〈지옥〉 편에 영향을 준 것으로 보이는 6권이 있습니다.

그중 6권에는 저승에 대한 묘사가 세밀하고 독특해 흥미를 끄는 대목이 나옵니다. 그곳에는 기독교의 지옥과 비슷한 고통의 장소인 타르타로스, 천국과 비슷한 개념의 엘리시움 등이 등장하는데, 그 장면에서 죽은 아이네이아스의 아버지가 자기 아들이 세우게 될 나라의 미래를 쭉 예언하는 내용이 나옵니다. 그러고는 많은 장군과 왕들을 묘사하다가, 결국 율리우스 카이사르와 그의 양아들 아우구스투스를 크게 찬미하며 끝을 맺습니다. 그런데 이 장면에서 젊은 나이에 요절한 마르켈루스를 찬양하는 내용이 나오자, 그의 어머니인 옥타비아가 그만 혼절하고 만 겁니다. 마르켈루스는 한때 아우구스투스가 후계자로 점찍었던 인물이기도 합니다.

안젤리카 카우프만(Angelica Kauffmann, 1741~1807), 〈아우구스투스와 옥타비아에게 아이네이스를 읽어주는 베르길리우스(Virgil Reading The Aeneid To Augustus And Octavia)〉, 1788년, 개인 소장

스위스 출신의 여류 화가 안젤리카 카우프만의 〈아우구스투스와 옥타비아에게 아이네이스를 읽어주는 베르길리우스〉 역시 같은 주제를 다룬 작품입니다. 옥타비아가 혼절하자 아우구스투스와 리비아는 물론, 책을 읽어주던 베르길리우스도 놀라 당황해하는 장면을 그리고 있습니다. 리비아는 베르길리우스를 보면서 마르켈루스 얘기는 왜 꺼냈냐며 책망하는 듯합니다. 아우구스투스도 하나밖에 없

조반니 바티스타 티에폴로(Giovanni Battista Tiepolo, 1696~1770), 〈아우구스
투스 황제에게 인문학을 소개하는 마이케나스(Maecenas Presenting the Liberal
Arts to Emperor Augustus)〉, 1743년, 러시아 에르미타주 미술관

는 누나가 혼절하자 많이 당황한 것 같습니다. 사실 아우구스투스에게도 마르켈루스의 요절은, 자신이 계획한 후계 구도를 뒤엉키게 만든 충격적인 일이기도 하였지요.

조반니 바티스타 티에폴로가 그린 〈아우구스투스 황제에게 인문학을 소개하는 마이케나스〉라는 작품은 아우구스투스 황제에게 학문, 특히 인문학(Liberal Arts)의 필요성에 대해 보고하는 마이케나스의 모습을 담고 있습니다. 작품 가운데 있는 세 여인은 그리스 신화에서 문예를 상징하는 뮤즈 여신으로, 각각 회화와 조각, 건축을 의미하지요. 화면 중앙에 등장하는 그리스의 서사 시인 호메로스(Homeros, 기원전 800년 추정~기원전 750년)는 로마는 물론, 그 후 근대를 거쳐 오늘날에 이르기까지 서구인들의 사상에 커다란 영향력을 끼친 사람입니다. 특히 로마의 시인 베르길리우스의 《아이네이스》는 호메로스의 《오디세이아》와 《일리아스》를 충실히 계승하고자 했던 로마 문학의 금자탑인 대서사시입니다. 이 그림에서 알 수 있듯이, 그리스에서 꽃피웠던 인문학은 로마의 지배층에서도 널리 퍼졌던 것입니다.

18세기 화가 티에폴로의 후원자였던 알가 로티 백작은 티에폴로가 죽은 후 〈아우구스투스 황제에게 인문학을 소개하는 마이케나스〉를 포함해 프레스코화와 스케치 등 약 300여 점을 폴란드 왕의 수석 고문인 브륄 백작에게 선물로 주게 됩니다. 브륄 백작은 바로 18세기에 문예 진흥 활동을 통해 마이케나스와 같은 역할을 한 사람입니다.

한편 평소 건강이 좋지 않았던 아우구스투스는 정치체제의 안정을 위해, 후계자를 일찍감치 지명하고자 했습니다. 아우구스투스 자신이 카이사르의 유언으로 후계자가 되고도, 미리 지명되지 않고 권력 승계 과정도 없었던 탓에 고생했던 전철을 다시 밟고 싶지 않았던 이유도 있었을 겁니다. 그가 자신의 후계자로 제일 먼저 점찍은 사람은 앞서 말한 바와 같이 누나 옥타비아의 아들인 마르켈루스였습니다. 그래서 기원전 25년, 마르켈루스와 자신의 외동딸인 율리아를 결혼시킵니다. 그런데 마르켈루스가 기원전 23년에 20살의 나이로 전염병에 걸려서 요절하고 맙니다. 이 사건을 두고 아우구스투스의 부인 리비아가 자신의 아들을 후계자로 삼으려고 마르켈루스를 독살했다는 설이 있기는 하지만, 확실하지는 않습니다.

아우구스투스는, 16살의 나이에 미망인이 된 율리아를 자신의 친구이자 심복인 아그리파와 다시 결혼시킵니다. 아그리파와 율리아는 24살이나 차이가 났는데, 결혼한 후로 5명의 자녀를 낳게 됩니다. 아우구스투스는 다시 자신의 후계자로 아그리파를 지명하려 합니다. 그래야 자기 핏줄이 대대로 황제의 자리에 오르리라 판단한 것이지요. 얼마 후 아그리파는 5년 기한으로 전권을 부여받아 제국의 동방을 담당하게 되었고, 그와 함께 아우구스투스에게만 있었던 호민관의 특권까지 부여받으며 착실하게 후계자의 자리를 굳혀나갑니다.

그러나 기원전 12년, 아우구스투스의 오른팔인 아그리파마저 아우구스투스보다 먼저 세상을 떠나게 됩니다. 그러자 아우구스투스는 자신의 외손자이자 아그리파의 아들인 가이우스 카이사르와 루키우스 카이사르를 후계자로 만들기로 작정하고, 그들을 양자로 삼으면서 확실한 승계 구도를 짜 놓습니다. 가이우스 카이사르와 루키우스 카이사르는 아우구스투스의 배려로 정치적 경력을 착실히 쌓기 시작했습니다. 하지만 두 사람조차 서기 2년과 4년에 차례로 요절하면서 아우구스투스의 승계 구도가 다시 틀어지고 맙니다.

제가 중고등학생 때의 일입니다. 학교 미술실에 가면 항상 아그리파의 석고 흉상이 있었습니다. 지금도 그런지는 모르겠습니다만, 당시 미술반 학생이라면 처음에 무조건 아그리파 흉상을 데생하곤 했었습니다. 그런데 이 대목에서 궁금하시지 않은가요? 왜 당시 학생들은 누군지도 모르면서 아그리파를 그렇게 열심히도 그렸을까요? 당시 미술학도라면 누구나 그 얼굴을 한 번씩은 그려봤을 것이고, 또 아그리파에 한 맺힌 사람들도 적지 않을 겁니다. 당시 미술반 학생들이 그처럼 아그리파를 열심히 그렸던 배경에는 일본의 영향이 있습니다. 사실 우리나라의 미술 교육은 19세기 유럽의 미술 교육을 따라 한 일본의 영향을 받은 것이랍니다. 그럼 19세기 유럽인

작가 미상, 〈아그리파 흉상(Portrait of M. Vipsanius
Agrippa of the Gabii type)〉, 기원전 25년~기원전 24년경,
대리석 조각, 프랑스 루브르 박물관

들은 왜 그렇게도 아그리파를 그렸을까요?

20세기 초반까지만 해도 서양에서 '미술'이라고 하면 무조건 프
랑스를 쳐주었습니다. 15세기에 르네상스 시대가 열리면서 이탈리

아에서 근대 미술이 시작됩니다. 그러다 17세기, 루이 14세의 절대 왕정을 거치면서 예술의 중심이 프랑스로 넘어오지요. 그리하여 프랑스 미술은 시민 계급이 발달한 네덜란드 미술과 경쟁하면서 유럽 최고의 자리를 꿰차게 됩니다. 그러다 보니 프랑스에서는 미술 교육도 발달하게 되었답니다. 그 미술 교육을 최종적으로 관장하는 곳이 바로 '아카데미'였습니다. 즉 국립 미술협회인 아카데미에서 매년 국가의 주관 아래 '살롱 전시'를 실시하였는데, 그 기준으로 고전주의적인 미술을 제시한 것입니다. 따라서 살롱 전시에서 수상하기 위해서는, 당연히 고전적인 주제를 고전적인 방식으로 다룬 작품을 만들수밖에 없었습니다.

물론 1860년대에 들어서, 그처럼 케케묵은 고전주의적인 아카데미 살롱전에 반발하여 인상주의가 출현합니다. 하지만 19세기 후반까지만 해도 공교육 기관인 '에꼴 드 보자르(École des Beaux-Arts)'를 비롯한 미술 학교에서는 교수법마저 확실하게 정해 놓고 있었습니다. 당시 그 교수법에서 미술학도들에게 가장 중요한 것이 바로 데생이었답니다. 데생은 유화나 수채화, 벽화 할 것 없이 그 밑그림으로 가장 중요하고, 특히 미술 학습에서 가장 중요한 분야로 간주되었습니다. 그 결과 학생들은 매일같이 학교에 나가 아카데미에서 제시한 아그리파와 줄리앙 석고상을 그렸던 것입니다(참고로 줄리앙은 로마 시대 사람이 아니라, 16세기 르네상스 시대 명문가인 메디치 가문의 '훈남' 줄리아노 데 메디치랍니다). 당시 학생들은 데생 기술을 완성하기 전까지 채색화로 넘어갈 수도 없었답니다. 그리고 이런 '학습법'은 19세기 말까지 계속 이어집니다.

그런데 일본이 메이지 유신 이후 서양 문물을 도입하면서, 그러한 미술 교육법까지 수용하게 됩니다. 그리고 일제강점기에 일본을 통해 서양미술을 받아들인 우리나라도 별 저항 없이 그런 교육 방식을 받아들였고, 광복 이후 대한민국의 미술 교육 역시 일제강점기의 교육을 관성적으로 이어받게 된 것이지요. 물론 미술의 기초를 닦기 위한 데생의 중요성을 부정하려는 것은 아닙니다. 하지만 왜 그려야 하는지도 모르고 무작정 아그리파를 그렸던 지난날을 생각하니, 만감이 교차하는지라 한 말씀 덧붙여 보았습니다.

한편 아우구스투스의 치세에 영광스러운 일만 있었던 것은 아닙니다. 좋지 않았던 일 가운데 대표적인 것이 게르만족을 대상으로 벌어진 '토이토부르크 숲 전투' 또는 '바루스 참사'라고 불리는 사건입니다. 게르마니아 지역은 카이사르 때부터 지속적으로 정복 전쟁을 벌였음에도 완전히 복속하지 못한 곳이었지요. 그러던 중 서기 6년, 일리리쿰 속주에서 일리리아 대반란이 일어났고, 아우구스투스 황제는 티베리우스에게 8개 군단을 지휘하여 반란을 진압하라고 명령합니다. 그러한 대규모 군단의 동원으로 인해, 신설된 속주인 게르마니아의 총독으로 임명된 바루스(Publius Quinctilius Varus, 기원전 46년~기원후 9년)에게는 겨우 3개 군단만 주둔시키게 됩니다.

바루스는 유대(유다이아) 속주 총독으로, 유대 지방을 다스릴 때 반란을 잔인하게 진압하고 반란자들을 모조리 십자가형에 처했던 것으로 제국 전체에 악명이 높은 인물이었습니다. 그처럼 민중들은 바루스를 두려워한 반면, 원로원은 바루스를 매우 신임했습니다. 당시 바루스는 아르미니우스라는 사람을 신뢰하며 참모로 삼고 있었습니다. 아르미니우스는 케루스키족(게르만족의 일족) 족장의 아들로서, 유년기에 로마로 끌려와 볼모 생활을 하며 군사교육을 받고 기사 자리까지 오른 인물이었습니다.

바루스는 베저강 서안의 여름 숙영지를 출발해 라인 강변의 겨울 본부로 이동하던 중에 게르만족의 반란이 일어났다는 보고를 듣게 됩니다. 그런데 이 보고는 아르미니우스가 조작한 것이었습니다. 바루스는 뿔뿔이 흩어진 게르만족이 단결하여 민족 봉기를 일으키리라고는 꿈에도 생각하지 못했고, 아르미니우스가 자신의 충성스러운 부하라고 믿어 의심치 않았습니다. 바루스는 즉각 반란을 진압하기 위해, 로마인들에게는 알려지지 않은 게르마니아의 토이토부르크 숲 깊숙한 곳까지 군대를 이끌고 들어갑니다. 그런데 게르만족 복병들이 매복 중인 숲에 들어서자, 아르미니우스가 로마군을 돕기 위해 게르만족을 몰아오겠다는 핑계를 대며 로마군에서 이탈하는 것이었습니다. 로마군의 시야에서 벗어난 아르미니우스는 미리 준비시켜 둔 게르만족 군대를 향해 달려갔습니다. 그런 후 게르만 군대를 이끌고 돌아와 로마군 주둔지를 향한 포위공격을 개시했습니다.

바루스가 지휘하는 로마군은 대부분 게르만 전사들과 전투해 본 적도 없고, 게르마니아 같은 원시림 환경에서의 전투 경험도 없는 신병 출신이었습니다. 게르만 복병들은 로마군을 완벽하게 포위했

요한 하인리히 티슈바인(Johann Heinrich Wilhelm Tischbein, 1751~1829), 〈바루스에 대한 헤르만의 승리(Hermann's Triumph after Victory over Varus)〉, 1758년, 독일 바트퓌르몬트 박물관

고, 투창을 비처럼 쏟아부었습니다. 로마식 전투 교육을 받은 아르미니우스는 적의 전술을 속속들이 파악하고 있었고, 곳곳에 흩어진 로마 군단병들을 개별 현장에서의 수적 우위로 각개격파 합니다. 결국 로마군 2만여 명이 전사하고 바루스도 패전의 책임을 지고 자살하고 맙니다. 황제 아우구스투스는 치욕스러운 대패 소식에 충격을 받아 벽에 머리를 찧으면서 "퀸틸리우스 바루스, 내 군단들을 돌려내라!"며 소리쳤다고 합니다. 토이토부르크 숲 전투는 40여 년 전의 내전기 이후 서유럽에서 연전연승을 거듭하던 로마의 정복 전쟁 시대를 느닷없이 종결시키는 계기가 되었습니다.

요한 하인리히 티슈바인은 18세기 독일의 화가입니다. 〈바루스에 대한 헤르만의 승리〉는 그의 대표 작품 가운데 하나인데요. 이 작품은 로마 제국의 치욕스러운 전투 중 하나인 토이토부르크 숲 전투에서, 아르미니우스가 바루스를 상대로 승리한 장면을 묘사하고 있습니다. 토이토부르크 숲 전투의 영웅인 아르미니우스는 독일의 민족주의적 맥락에서 자주 그려지는 주제입니다. 그런데 아르미니우스(Arminius)의 이름이 'Armin'으로 축약되었다가 다시 'Hermann'으로 잘못 번역되면서, 독일에서는 헤르만으로 알려지게 되었습니다.

〈바루스에 대한 헤르만의 승리〉를 보면, 로마인을 상대로 승리한 아르미니우스의 게르만 부족이 숲 가장자리에 모여 있습니다. 다소 나약하고 통통한 아르미니우스가 선 채로, 죽은 로마 총독 바루스의 갑옷과 독특한 붉은 토가를 가리킵니다. 오른쪽을 보면 전투에서 거의 전멸한 로마 3개 군단의 상징인 '독수리 휘장'을 게르만족 병사들이 운반하고 있고, 다른 병사들은 포획한 전리품을 나누고 있습니다. 토이토부르크 숲 전투에서 포로로 잡힌 로마 병사들도 절단되고 처형되었으며, 일부는 큰 냄비에 요리되었다고 합니다. 살아남은 소수의 포로들은 40년 후 로마군이 다시 그곳을 정복할 때까지 풀려나지 못했다는군요.

서기 4년에 아우구스투스는 새로운 후계 구도를 위해 의붓아들이자 리비아의 아들인 티베리우스와, 아그리파의 유복자인 아그리파 포스투무스를 다시 양자로 맞아들입니다. 티베리우스는 5년 기한의 호민관 특권을 부여받았고, 자신의 죽은 동생 드루수스의 아들인 게르마니쿠스를 양자로 들이지요. 티베리우스와 드루수스는 모두 어머니 리비아와 그녀의 전 남편인 클라우디우스 네로 사이의 아들이었습니다. 티베리우스는 게르마니아 원정과 함께 일리리쿰, 달마티아 반란을 진압하였고, 게르마니쿠스는 그 밑에서 착실히 경험을 쌓게 됩니다. 그런데 아그리파 포스투무스가 서기 7년에 방탕한 행실로 인해 추방됩니다. 그리하여 아우구스투스는 아그리파 포스투무스를 후계자로 삼을 계획을 포기하게 되지요.

결국 우여곡절 끝에 티베리우스는 서기 13년에 아우구스투스가 가진 모든 특권을 부여받으며 실질적인 후계자로 등극합니다. 그리고 다음해인 14년 8월 19일, 아우구스투스는 76세를 일기로 숨을 거두게 됩니다. 아우구스투스는 황후 리비아의 품에 안긴 채 평온하고 조용하게 숨을 거두었다고 합니다. 그의 집권 시부터 오현제 시대까지, 200여 년간 지속된 '로마에 의한 세계 평화(팍스 로마나)'를 열었던 아우구스투스는 그처럼 많은 업적을 남기고 역사의 무대에서 사라지게 됩니다.

역사에서 아우구스투스에 대한 평가는 매우 긍정적입니다. 하지만 부정적인 평가가 있는 것도 사실입니다. 그는 제국을 설립한 후 영리한 방법으로 원수정을 확립하여 공화파에게 "공화정의 가면을 썼다"는 비난을 받기도 했습니다. 하지만 100년간 이어지던 로마 공화정 말기의 혼란을 평정하고 '로마의 수호자', '제국의 시조'로서 아우구스투스는 역사의 존경을 받게 됩니다. 리더십을 평가할 때 아우구스투스의 최대 장점은 절제와 경청이라고 볼 수 있습니다.

그는 불과 18세의 나이에 아무 준비도 없이 카이사르의 후계자가 되어, 노회한 정적들과 무려 14년간 내전을 거친 후 최후의 승자가 되었습니다. 그 과정에서 아우구스투스는 혈기 왕성하고 좌충우돌

하는 풋내기의 모습이 아닌, 노련한 정치 감각과 판단력 그리고 협상가로서의 능력을 여실히 보여주었습니다. 이는 그의 양아버지 카이사르도 갖지 못한 리더십이었습니다. 실력도 부족했고 경험도, 능력도, 군사력도, 자금도 부족했기에 아우구스투스는 그 모자람을 채우기 위해 때를 기다리고 인내하며 절제한 것입니다. 그러면서 대권이라는 자신의 목표를 향해 신중하고도 천천히 접근했습니다. 그는 실질적인 권력을 가진 뒤에도 발톱을 바로 드러내지 않고, 오히려 더 조심하며 뒤로 물러섰습니다. 그럼으로써 원로원과 시민들이 자진해서 '존엄한 자'라는 뜻의 아우구스투스라는 최고로 명예로운 호칭을 자신에게 부여하게끔 이끌어 냅니다. 이만하면 아우구스투스야말로 노회한 사람이라고 할 만하지요. 우리말로 하면 지혜로운 '애늙은이'라고 할 수 있겠습니다.

아우구스투스의 두 번째 장점은 자신의 단점을 대신할 만한 머리를 빌린 것이었습니다. 우리나라 김영삼 전 대통령도 "머리는 빌리면 되지만 건강은 빌릴 수 없다"는 말을 남긴 것으로 유명하지요. 아우구스투스는 카이사르에 비해 카리스마, 대중적 친화력, 정무 감각, 전투 지휘력 등 모든 분야에서 미숙하다는 것을 스스로 너무나 잘 알고 있었습니다. 하지만 자신의 약점을 오히려 강점으로 만들었습니다. 자신의 능력을 정확히 인지하고, 부족한 부분에서는 유능한 인재를 영입해 권한을 위임한 것이지요. 전쟁과 내치에서는 아그리파를, 외교, 문화, 교육 등은 마이케나스를 중용해 모든 권한을 위임하고 그들의 능력을 최대한 발휘토록 한 것입니다. 훗날 아우구스투스는 권력을 장악하고 나서도, 건강상의 이유로 자신의 권한을 참모들에게 맡기는 위임통치를 자주 시행했습니다. 그럼으로써 부하들의 실력도 증진시키고, 각자 잘하는 분야에서 마음껏 능력을 발휘하게 한 것입니다.

그처럼 믿고 맡기는 위임통치는 당연히 신뢰를 바탕으로 합니다. 아우구스투스가 권력 투쟁, 원수정 통치를 하는 40여 년 동안 아무도 그를 배신한 사람이 없었다고 하지요. 이 사실만 보아도 그가 얼마나 부하들을 신뢰하고, 또 그들의 실력 발휘를 얼마나 보장했는지 알 수 있습니다. 그 배경에는 아우구스투스의 성품도 물론 한몫하겠지만, 부하들의 조언에 귀 기울이는 '경청의 리더십'이 가장 큰 자리를 차지하고 있을 것입니다. 특히 아우구스투스는 참모들뿐 아니라 황후인 리비아의 조언도 많이 들었다고 합니다. 그녀는 매우 현명하고 지혜로워서 결정적인 순간에 많은 조언을 해주었다지요. 그래서 그녀도 로마 제국 최초로 '아우구스타'라는 여성형 최고 칭호를 부여받게 됩니다. 그처럼 아우구스투스는 절제와 경청 그리고 권한 위임의 리더십으로, 이후 로마 제국 500년을 존속할 수 있는 주춧돌을 마련한 것입니다. 마지막으로 아우구스투스 황제의 일화와 관련된 그림 한 점을 소개하겠습니다.

17세기 프랑스의 바로크 화가였던 세바스티앙 부르동이 그린 〈알렉산드로스 대왕의 무덤을 찾은 아우구스투스〉입니다. 이 작품은 아우구스투스 황제가 반란을 평정하기 위해 이집트로 출정한 동안, 알렉산드리아를 포위하고 알렉산드로스 대왕의 묘지를 방문한 장면

세바스티앙 부르동(Sebastien Bourdon, 1616~1671), 〈알렉산드로스 대왕의 무덤을 찾은 아우구스투스(Augustus before the Tomb of Alexander)〉, 1650년대, 러시아 에르미타주 미술관

을 그리고 있습니다. 그는 대왕의 관을 사당에서 옮기라고 명령하고, 존경의 표시로 머리 쪽의 관 부위에 금관을 놓은 후 관에는 꽃을 뿌렸습니다. 부르동은 행사의 분위기를 사실적으로 전달하기 위해 많은 노력을 기울였습니다. 왼쪽 배경에 묘사된 근위대는 벨트로 고정되어 나무에 장착된 양면 도끼를 손에 쥐고 있습니다. 이것은 로마 제국의 권위를 나타냅니다. 백마 조각상은 알렉산드로스 대왕의 전설적인 애마 부케팔로스를 연상케 합니다.

아우구스투스는 33세에 세계를 정복한 알렉산드로스 대왕(Alexandros the Great, 기원전 356년~기원전 323년)을 존경했습니다. 당시 황제의 나이도 알렉산드로스 대왕이 죽을 때와 같은 33세였지요. 아우구스투스는 알렉산드로스의 주검을 직접 보고 싶어 했습니다. 눈앞에 방부 처리된 대왕의 주검이 나타나자, 아우구스투스는 몸을 굽혀 대왕의 주검에 입을 맞추었다고 합니다. 금관이 놓인 대왕의 관은 검고 불투명해 보이지만, 사실은 유리관이었다고 하는 군요. 자세히 보면 희미하게 미라의 형태가 보이는 듯도 합니다. 그러나 아우구스투스는 알렉산드로스가 정복 전쟁에 정력을 낭비하다 요절하는 탓에, 기껏 이루어 놓은 대제국이 무너진 점을 교훈으로 삼았습니다. 그래서 정복 전쟁보다는 내치에 더욱 힘쓰게 되지요.

2

티베리우스 황제가 조금만 일찍 죽었다면 성군으로 칭송받았을까?

〈빌라도 앞에 선 그리스도〉, 미하이 문카치

기독교의 신약 성경에서 '디베료 황제'로 기록되는 사람이 있습니다. 바로 로마 제국 제2대 황제인 티베리우스(재위 14년~37년)입니다. 그는 예수와 동시대를 살았으며, 예수가 십자가에서 처형된 후 4년을 더 살다가 79세로 세상을 떠난, 상당히 장수한 황제였습니다. 그래서인지 티베리우스 황제처럼 장수하고자 했던 영국의 헨리 8세는 런던 햄튼코트 궁전 입구 오른편에 이 황제의 동상을 조각해 놓기까지 했답니다. 티베리우스는, 구약 성경의 수많은 선지자가 예언했으며 온천지가 고대했던 하나님의 아들인 예수 그리스도가 육신을 입고 이 땅에 왔을 때, 바로 그 땅을 다스리던 황제였습니다.

당시 유대 속주 총독으로, 우리가 흔히 '빌라도'라고 부르는 폰티우스 필라투스(Pontius Pilatus)는 티베리우스 시대의 군인이었습니다.

그는 서기 26년부터 36년까지 유대 속주의 총독으로 부임했습니다. 본래 그 지역은 헤로데 왕이 죽은 후 4개로 분할된 분봉 왕국 중에서 헤로데 아르켈라오스가 다스리던 땅이었답니다. 그러나 아르켈라오스가 폭정으로 서기 6년에 폐위되고 로마 제국 유대 속주로 편입되어, 로마의 총독이 파견되었던 것입니다.

당시 유대 속주에서는 로마 시민권자를 제외하고는 유대 법에 따라 재판을 받았습니다. 다만 사형 판결이 난 경우에는 황제의 대리인인 총독이 허가해 주어야만 사형을 집행할 수 있었답니다. 산헤드린(Sanhedrin: 당시 유대인 사법 기관) 재판에서 유대인들이 예수에게 사형을 선고한 이유는, 예수가 유대 성전을 파괴하겠다며 위협하고 마술을 행하며 귀신의 힘으로 사람을 쫓아냈으며 스스로를 일컬어 메시아라고 주장하기 때문이라는 것이었습니다.

총독 필라투스는 자기 앞에 선 예수가 죄를 지었는지 아닌지 판단할 수 없었습니다. 그래서 예수를 사형하지 않기 위해 나름대로 애를 썼지요. 하지만 유대인 장로들이 "예수가 유대인의 왕이라고 주장한다"며 예수의 사형을 거듭 요청하자 마지못해 승인하게 됩니다. 그리고 그 책임을 유대인들에게 돌립니다. 필라투스는 그 결정으로 사도신경에도 등장하며, 2,000년 동안 예수를 십자가 처형에 처한 장본인으로 욕을 먹고 있습니다.

바로 뒤에 나오는 작품은 19세기 헝가리의 국민 화가였던 미하이 문카치가 그린 〈빌라도 앞에 선 그리스도〉입니다. 이 그림은 오른편의 재판관인 필라투스 총독과, 아우성치는 유대인들 앞에 당당히 서서 담대하게 말하는 왼편의 예수를 대비해 보여주고 있습니다.

문카치는 베네치아를 여행하던 중에 틴토레토가 그린 4장의 거대한 '열정' 시리즈를 보고 큰 감명을 받았습니다. 그 후 문카치는 부다페스트로 돌아와서 프랑스의 철학자 에르네스트 르낭(Ernest Renan, 1823~1892년)이 쓴 소설 《예수의 일생(Vie de Jésus)》을 읽고 예수 3부작을 그리겠노라 결심하게 됩니다. 그리고 렘브란트와 루벤스의 작품을 연구하기 시작했고, 유대인 이민자들을 모델로 35번의 유화 연구와 스케치 끝에, 1880년 부활절에 첫 번째 구성 스케치를 그렸습니다.

1881년 드디어 가로 길이만 6m가 넘는 대작을 완성하였고, 이 그림은 그의 후원자인 미술 중개상 제델마이어에게 소개됩니다. 그리고 제델마이어와 함께 기획한 부다페스트, 빈 및 영국의 20개 이상의 도시에서 열린 그의 전시회는 매일 수천 명의 사람들이 몰려들 정도로 대성공을 거두었습니다. 제델마이어는 그 그림들을 다시 미국으로 가져가는데요. 그 후 문카치는 뉴욕, 필라델피아, 워싱턴에서 6주를 보내며 성공적인 전시회도 열고, 헝가리 출신의 유명한 신문 발행인인 조지프 퓰리처 등의 초상화를 그리기도 했습니다. 미국의 백만장자인 존 워너메이커는 1887년에 문카치의 그림 〈빌라도 앞에 선 그리스도〉, 〈골고다〉 그리고 〈여기 이 사람을 보라〉를 높은 가격에 구입했습니다. 그리고 헝가리에서 처음 전시된 후, 1988년에 소더비 경매를 거쳐 113년 만인 1995년 헝가리에서 다시 전시되어 헝가리 국민들의 많은 성원을 받게 됩니다. 그리스도 3부작 모두가 전시된 것은 그때가 처음이었다고 합니다.

미하이 문카치(Mihály Munkácsy, 1844~1900), 〈빌라도 앞에 선 그리스도(Christ in front of Pilate)〉, 1881년, 헝가리 데리 박물관

이 거대한 3부작은 성경의 말씀(요한복음 18장·19장, 누가복음 23장)에 의존하지만, 그 내용은 상당히 압축적입니다. 이 그림은 눈부시게 하얀빛을 발하며 중앙에 서 있는 예수를 그려냄으로써, 악랄하게 비판하는 바리새인들과 주저하는 로마 총독 필라투스를 물리치는 '승리의 그리스도'를 보여줍니다. 혼란스러운 상황에서도, 흰옷을 입은 채 서로 마주보고 있는 예수와 필라투스의 긴장감이 생생히 느껴지는 그림입니다. 문카치는 불신이 가득한 세상을 살아가면서, 성경에 등장한 예수의 사건을 빌려 믿음이 가득한 세상을 만들고자 하는 생각을 그림으로 표현했습니다.

그림 문카치가 그토록 감명받은 '열정' 시리즈 작품 가운데 한 점을 살펴보겠습니다. 16세기 후기 르네상스 시대의 화가인 틴토레토는 베네치아 태생으로, 티치아노에게 그림을 배웠습니다. 그는 미켈란젤로의 소묘와 티치아노의 색채를 목표로 하였으며, 더불어 인공적인 빛과 그림자, 과장된 단축법을 써서 극적이고도 순간적인 효과를 화면에 폭발적으로 표현했습니다.

야코포 틴토레토(Jacopo Tintoretto, 1518~1594), 〈십자가에 못 박힌 예수(The Crucifixion)〉, 1565년, 이탈리아 산 로코 박물관

〈십자가에 못 박힌 예수〉는 예수 그리스도가 십자가에 못 박힌 장소인 골고다 언덕을 가로 폭만 12m의 장엄한 스케일로 그려냈습니다. 틴토레토는 동시대 화가 중에서도 독특한 스타일과 풍부한 상상력으로 유명했습니다. 이 작품 〈십자가에 못 박힌 예수〉에서는 십자가에 못 박힌 예수의 고난과 승리를 감동적으로 표현하고 있으며, 틴토레토 특유의 화려하고 다이내믹한 화풍이 돋보입니다. 〈십자가에 못 박힌 예수〉는 강렬한 빛과 그림자의 대조, 인물들의 생동감 있는 표현 등이 돋보이며, 그의 예술적인 업적을 대표하는 작품 가운

데 하나로 꼽힙니다. 틴토레토는 1584년 〈성 마르코의 기적〉을 발표함으로써 베네치아 화파로서의 위상을 확실히 굳혔으며, 이탈리아 르네상스의 마지막을 장식한 화가로 이후 매너리즘 화가인 엘 그레코 등에게 영향을 주기도 합니다.

티베리우스 율리우스 카이사르 아우구스투스(Tiberius Julius Caesar Augustus)는 예수와 동시대를 살았으며, 로마 제국의 초대 황제인 아우구스투스의 뒤를 이어 제2대 황제에 즉위한 인물입니다. 그는 반(反) 아우구스투스 파였던 클라우디우스 네로와 리비아 드루실라 사이에서 태어났습니다. 아버지인 클라우디우스 네로는 아우구스투스와 안토니우스의 내전 당시 안토니우스 편에 참여하면서, 아우구스투스에게 쫓기는 신세가 됩니다. 그래서 티베리우스는 1살 때부터 부모와 함께 로마를 떠나서 페르시아와 네아폴리스, 시칠리아, 그리스 등으로 도망 다니며 생활해야 했습니다.

티베리우스가 3살이었을 무렵에 사면령을 받아 그의 일가는 로마로 돌아올 수 있게 됩니다. 그런데 최고 권력자인 아우구스투스가 그만 티베리우스의 어머니인 리비아 드루실라의 미모에 홀딱 반하는 일이 벌어집니다. 난생처음 찾아온 사랑에 가슴 설레던 24살의 청년 아우구스투스는 그 사랑에 눈이 멀어 물불을 가리지 못하게 됩니다. 리비아의 매력에 푹 빠져버린 아우구스투스는 클라우디우스 네로에게 이혼하라며 압박하지요. 자신이 안토니우스 파였다는 이유 때문에 클라우디우스 네로는 눈물을 머금고 부인과 이혼한 후, 아우구스투스에게 리비아를 넘기게 됩니다. 당시 티베리우스는 3살이었고, 리비아는 클라우디우스 네로의 둘째 아들인 드루수스를 임신한 상태였습니다. 그럼에도 리비아는 아우구스투스와 결혼할 수밖에 없었습니다. 드루수스가 아우구스투스의 친아들이었다는 설도 있으나 확실치는 않습니다. 아우구스투스와 리비아의 결혼식은 신부 들러리를 전남편 클라우디우스가 맡는 이색적인 예식이었다고 합니다.

티베리우스는 리비아가 결혼 직후에 출산한 동생 드루수스와 함께 친부에게 양육되었습니다. 그러다 티베리우스가 9살 때 아버지가 죽자, 동생과 함께 어머니와 아우구스투스가 있는 곳으로 가서 함께 살게 되지요. 티베리우스는 12살의 나이로 아우구스투스가 승리한 악티움 해전 개선식에 참가하기도 했습니다. 그 후 군대에 들어가 동생 드루수스와 함께 군단장이 되어 많은 전투에 참전해 혁혁한 무공을 세우며 유능한 장군임을 증명해 냅니다. 그는 판노니아(Pannonia: 오늘날의 헝가리), 달마티아(Dalmatia: 오늘날의 크로아티아), 라이티아(Raetia: 오늘날의 오스트리아 티롤 지방) 및 게르마니아 일부 지역을 정복하여, 제국 북부 국경의 토대를 마련합니다.

그런데 아우구스투스가 후계자로 생각하고 있던 마르켈루스와 아그리파 등이 일찍 죽게 됩니다. 그러자 아우구스투스는 아그리파와 율리아 사이에서 태어난 자신의 손자들인 가이우스와 루키우스를 후계자로 점찍고, 자신의 친척 가운데 최연장자인 티베리우스를 그들의 후견인으로 삼고자 합니다. 당시 티베리우스는 빕사니아 아그리피나(아그리파와 그의 첫 번째 아내 폼포니아의 딸)와 결혼하여 행복하게 잘 살고 있었답니다. 그런데 갑자기 아우구스투스가 티베리우스를 빕사니아와 이혼시키고 아그리파의 부인, 즉 티베리우스의 장모이자 의붓남매이기도 한 율리아와 결혼하라며 강요하는 것이었습니다. 티베리우스는 사랑하는 빕사니아와 강제로 이혼해야 하는 상황에 분노했지만, 어쩔 수 없는 노릇이었습니다. 그렇게 해서 빕사니아와 이혼한 후 율리아와 결혼을 하게 됩니다. 그러나 억지 결혼 생활을 하던 중 워낙에 품행이 좋지 않던 율리아로 말미암아 부부 사이가 악화하기에 이릅니다.

그 모든 상황에 염증을 느낀 티베리우스는 자진하여 로도스섬에 들어가 두문불출하며 은둔 생활을 하게 됩니다. 티베리우스가 로도스섬에서 두문불출하는 동안, 율리아는 간통죄를 추궁받아 티베리우스와 이혼을 당해 로마에서 추방되기에 이르지요. 아우구스투스에게 율리아는 사랑하는 무남독녀 외동딸이었지만, 그녀의 방종이 도를 넘자 아우구스투스도 자식을 내칠 수밖에 없었습니다. 결국 티베리우스는 8년간의 자발적인 유배 생활을 마치고, 기원전 2년에 로마로 귀환합니다.

하지만 아우구스투스가 후계자로 점찍어 놓았던 가이우스와 루키우스가 이미 요절한 상태라, 티베리우스는 황제의 후계자가 됩니다. 가이우스와 루키우스의 갑작스러운 요절에도 리비아가 개입한 것이 아닌가 하는 의심이 있었지만, 알 수 없는 일이었습니다. 아우구스투스는 티베리우스가 탐탁지 않았기 때문에, 다른 사람들을 후보자로 세우려고 갖은 애를 썼습니다. 하지만 결국엔 자신과 사이가 좋지 않았던 티베리우스를 후계자로 택할 수밖에 없었답니다. 티베리우스도 아우구스투스를 증오하며 로도스섬에 틀어박혀 오랜 세월을 은둔하며 살았지만, 운명은 그를 아우구스투스의 후계자로 만들어 버립니다. 결국 서기 4년, 아우구스투스에 의해 티베리우스는 55세의 나이로 로마 시민 제1인자인 프린켑스에 오르면서 공식적인 후계자가 됩니다.

마침내 서기 14년, 로마 제국 초대 황제 아우구스투스가 죽고 티베리우스가 2대 황제에 즉위합니다. 그는 사실상의 황제인 프린켑스에 취임했을 당시부터, 전임자였던 아우구스투스는 물론 제국의 기초를 다져 놓은 카이사르에 비해 자신의 능력이 훨씬 못 미친다는 사실을 인지하고 있었습니다. 그래서 황제로서 잘해야겠다는 욕심이 없었습니다. 물론 본인이 원해서 황제가 된 것도 아니었고요. 하지만 제국으로서 건국 초기였던 로마 제국은 아직 불안정한 상태였고, 손보아야 할 곳도 많았습니다. 더욱이 오랜 내전과 다른 나라와의 전쟁으로 로마 사회의 근간은 안정적이지 않았고, 아우구스투스가 벌여 놓은 사업들도 마무리해야 했습니다.

그런 상황에서 판노니아와 게르마니아에 주둔하던 몇몇 군단에서 반란이 일어납니다. 군단장들로서는 카리스마는 물론 정권 장악력마저 떨어지는 티베리우스를 우습게 보고, 자신들의 정치적 이득을 위해 개별 행동에 나선 것이지요. 또한 로마 군단들 입장에서는 아우구스투스가 약속했던 상여를 받지 못했고, 새로 즉위한 티베리우스가 아무런 조치도 해주지 않자 반란을 일으킨 것입니다.

하지만 그들의 반란은 결국 실패하고 맙니다. 하찮게 보였을지 몰라도, 티베리우스는 한때 지휘력을 인정받았던 장군이고 아우구스투스가 후계자로 인정할 만큼 나름대로 비범한 면도 갖추고 있었기 때문입니다. 티베리우스의 양아들이자 로마 최고의 장군으로 자리 잡은 게르마니쿠스의 지휘 아래 반란군을 진압하고, 나아가 게르마니아로 진군해 라인강과 엘베강 사이의 모든 영토를 점령하기까지 합니다. 게르마니쿠스는 수년 전 바루스가 지휘했던 토이토부르크 전투의 참패를 완벽히 설욕하고 빼앗긴 3개 군단의 독수리 휘장도 회수함으로써, 그 인기가 하늘 높이 치솟게 되지요.

19세기 초 독일의 민족주의 화가인 요한 티슈바인은 〈헤르만과 투스넬다〉를 통해 독일 민족의 새로운 신화를 창조하는 데 기여하기로 마음먹습니다. 그는 역사적 사실과 다르게, 헤르만(아르미니우스)과 그의 부인 투스넬다의 화목한 모습을 그리고 있습니다. 투스넬다는 친로마 게르만 부족 지도자의 딸로서, 토이토부르크 숲 전투가 끝나고 5년 후인 기원후 14년경에 아르미니우스에게 납치되어 강제로 임신을 하게 됩니다. 다행히 이듬해에 그녀는 아버지에게 돌아갈 수 있었으나 다시 로마군에 포로로 잡혀 끌려갔고, 그곳 로마에서 게르마니쿠스의 개선 행렬에 동원되기도 합니다.

또 다른 독일 역사화가인 칼 테오도르 폰 필로티의 〈게르마니쿠스 개선 행렬의 투스넬다〉는 보다 역사적인 사실에 충실한 예술 작품입니다. 이 그림은 기원후 17년, 게르마니쿠스의 승리를 축하하는 개선식에 투스넬다와 그녀의 어린 아들 투멜리쿠스가 들러리로 참

요한 하인리히 티슈바인(Johann Heinrich Wilhelm Tischbein, 1751~1829), 〈헤르
만과 투스넬다(Hermann and Thusnelda)〉, 1822년, 소장처 불명

칼 테오도르 폰 필로티(Carl Theodor von Piloty, 1826~1886), 〈게르마니쿠스 개
선 행렬의 투스넬다(Thusnelda in the Triumphal Procession of Germanicus)〉,
1873년, 독일 뮌헨 노이에 피나코테크

석하여 황제 티베리우스 앞을 지나 행진하는 장면을 보여줍니다. 그
림 정중앙에는 로마 관중이 지켜보는 가운데 어린 아들과 투스넬다
가 함께 지나가고, 그 모습을 오른쪽 위의 티베리우스 황제가 지켜

보고 있군요. 그녀의 뒤로는 게르만족 포로들이 보이고, 그 뒤로 말을 타고 오는 게르마니쿠스의 모습도 보입니다.

이 승리는 기원후 17년 5월 26일 로마에서 일어난 일입니다. 당시 투멜리쿠스는 겨우 2살쯤 되었을 겁니다. 폰 필로티는 민족주의적 신화를 대신하여, 쓰라린 진실에 충실해서 역사를 묘사할 자세가 되어 있는 용감한 화가 가운데 한 사람인 듯합니다. 투스넬다의 아들 투멜리쿠스는 훗날 결국 검투사가 되었습니다. 그리고 아르미니우스도 기원후 21년, 부족의 반란으로 죽었다고 합니다.

티베리우스는 자신이 원치 않던 자리였지만, 일단 황제에 오르자 자기 나름의 개혁 정책을 펼칩니다. 그는 아우구스투스의 팽창 정책으로 인해 군대를 늘리고 지출이 계속되면, 로마 시민권자들이 늘어나 언젠가는 국가재정이 파탄 날 것이라 생각했습니다. 또 기존 정책에 따르면 여러 속주들의 세금을 늘려야 하는데, 이는 결국 속주민의 반란을 불가피하게 만든다고 보았지요. 티베리우스는 그 악순환의 고리를 끊기 위해서, 군대의 규모를 줄일 수밖에 없다고 생각했습니다. 또한 티베리우스는 검투사 경기와 체육대회 같은 문화행사를 축소하여 국고 지출을 줄였습니다. 결국엔 세금을 인상하지 않는 상태에서 긴축 재정 정책을 펼쳐야 했고, 이 정책은 불가피하게 티베리우스의 인기 하락을 수반하게 됩니다.

사실 지도자로서, 대중에게는 인기가 없지만 국가의 미래를 위해서 반드시 필요한 정책을 시행하기란 쉽지 않은 일입니다. 오늘날 대한민국의 상황을 비추어 보아도 쉽게 알 수 있습니다. 30년 후에 고갈될 전망인 국민연금을 신속하게 손보지 않으면 미래 세대가 고통받으리란 것은 뻔한 일이지요. "바꿀 수 없는 것은 받아들이는 평온함을, 바꿀 수 있는 것은 바꾸는 용기를, 또한 그 차이를 구별하는 지혜를 주소서." 신학자이자 철학자인 라인홀드 니부어(Karl Paul Reinhold Niebuhr, 1892~1971년)가 남긴 말이라고 하지요. 이 말을 곱씹으면서 지도자의 덕목을 다시 한번 생각해 보면 좋겠습니다.

기원후 18년에 게르마니쿠스는 아그리파와 티베리우스처럼 제국 동부에 대한 지배권을 부여받습니다. 이것은 게르마니쿠스가 티베리우스의 후계자가 되리라는 신호로 해석되었습니다. 하지만 게르마니쿠스는 1년여 만에 시리아의 안티오키아에서 비명횡사하게 되지요. 기원후 22년, 티베리우스는 호민관의 지위를 자신의 아들인 소(小) 드루수스에게도 부여하여 후계자 구도를 공고히 했습니다. 그리고 매년 캄파니아 지방으로 여행을 떠나기 시작했는데, 여행 기간이 해가 갈수록 점점 더 길어지게 됩니다. 그러다 서기 23년, 유력한 후계자였던 드루수스가 알 수 없는 이유로 요절하고 맙니다.

이후 상심한 티베리우스는 원로원과의 오랜 갈등으로 심신이 지쳐갑니다. 주로 재정 문제로 사사건건 원로원과 부딪치다 보니 피폐해질 수밖에 없었겠지요. 그러던 기원후 26년 어느 여름날, 나폴리를 여행하던 티베리우스는 돌연 나폴리 앞에 있는 작은 섬인 카프리섬으로 들어갑니다. 그때부터 그는 그곳 외딴섬에 머물면서 근위대장인 루키우스 아일리우스 세야누스를 통해 로마를 통치합니다. 그럼으로써 그의 인기는 한층 더 떨어지게 되었습니다. 또한 29년에 이루어진 아그리피나 소탕 작전은 티베리우스의 인기가 더욱 추락하는 계기가 되지요.

티베리우스가 카프리섬으로 '가출'한 뒤, 황제 일가족의 주도권은 아그리피나가 쥐게 되었습니다. 아그리피나는 아그리파와 아우구스투스의 딸인 율리아의 자식으로, 티베리우스 황제의 조카이자 양자였던 게르마니쿠스의 부인이었기에 황제의 며느리이기도 했습니다. 그리고 그녀의 어머니 율리아는 아우구스투스의 딸이자 티베리우스의 부인이었기에, 아그리피나에게 티베리우스는 계부가 되기도 했지요. 물론 집안의 안주인 격인 '대비마마' 리비아가 있었지만, 그녀는 이미 80대 중반의 고령이었습니다. 따라서 티베리우스에게 다른 아내가 없는 이상, 40대에 접어든 아그리피나가 주도권을 잡는 것은 당연한 일이었습니다.

그런데 아그리피나는 제국의 창시자인 아우구스투스의 피를 적통으로 이어받은 것은 외손녀인 자신이라고 생각했습니다. 나아가 아우구스투스의 혈통이 아닌 티베리우스는 찬탈자일뿐더러, 피소에게 교사하여 남편 게르마니쿠스를 독살한 교살범이라고 믿어 의심

벤저민 웨스트(Benjamin West, 1738~1820), 〈게르마니쿠스의 유골함을 들고 브린디시에 도착하는 아그리피나(Agrippina Landing at Brundisium with the Ashes of Germanicus)〉, 1776년, 미국 예일대학교 미술관

치 않았습니다. 시리아 총독이었던 피소와 남편 게르마니쿠스가 갈등 관계에 있었고 하필 게르마니쿠스가 시리아 원정길에서 횡사하

였기에, 아그리피나는 자신의 남편을 피소가 죽였다고 확신하고 있었던 것이지요. 게다가 이 여인은 기다릴 줄을 모르는 성격이었습니다. 그녀는 황궁에서 사사건건 티베리우스를 비방했고, 그 때문에 시아버지 티베리우스는 물론 다른 황족들과 감정의 골은 깊어만 갔습니다.

벤저민 웨스트는 영국 출신의 미국 역사화가입니다. 그는 〈게르마니쿠스의 유골함을 들고 브린디시에 도착하는 아그리피나〉에서, 남편 게르마니쿠스와 함께 시리아에 갔다가, 귀국할 때는 비명횡사한 남편의 유골함을 들고 침통한 표정으로 로마의 브린디시 항구로 들어오는 아그리피나를 그리고 있습니다. 아그리피나의 어린 자녀들과 하인들이 쓸쓸히 걸어오고, 이를 지켜보는 로마 시민들도 함께 슬퍼하는 모습입니다.

안젤리카 카우프만은 스위스 출신의 영국 여류화가입니다. 그녀가 그린 〈게르마니쿠스의 유골함을 안고 슬퍼하는 아그리피나〉는 남편의 유골함을 꼭 끌어안고 침통한 표정으로 앉아 있는 아그리피나의 모습을 담담히 그려내고 있습니다. 아그리피나는 남편의 유골함을 끌어안은 채, 복수를 결심한 듯 보입니다.

하지만 카프리섬에 은둔하던 티베리우스는 아그리피나의 불충한 행동들을 보고 받고 있었습니다. 그래서 근위대장 세야누스를 앞세워 아그리피나 일파 소탕 작전을 펴게 됩니다. 티베리우스가 카프리섬에 은둔하고 있는 사이, 로마에서는 세야누스와 그를 따르는 일당이 판치고 있었고, 황궁에서는 티베리우스의 아들 드루수스의 부인인 리빌라가 자신의 아들이자 티베리우스의 손자인 티베리우스 게멜루스를 앞세워 아그리피나를 압박하고 있었습니다. 그러자 아그리피나는 자신의 파벌을 만들고 끊임없이 티베리우스를 비방하기 시작합니다. 그 틈을 노린 세야누스는 아그리피나를 계속 공격했지요. 그러면서 아그리피나와 그녀의 차남 드루수스 카이사르 사이를 이간질하였고, 장남인 네로 카이사르와 드루수스 카이사르를 누명씌운 후 추방합니다.

역사가인 타키투스(Publius Cornelius Tacitus, 55~117년 추정)는 이 사건을 두고 불손한 며느리에 대한 티베리우스의 증오심에서 발생한 일이라 보았습니다. 그러나 현대의 많은 연구자들은 대부분 그와는 다른 의견을 제시합니다. 아그리피나가 게르마니쿠스의 신화를 받드는 라인강 연안의 게르마니아 군단과 수시로 연락하면서, 티베리우스에 대한 쿠데타를 획책하기 시작했다는 것이지요.

결국 아그리피나는 장남인 네로 카이사르와 함께 군단병들을 매

안젤리카 카우프만(Angelika Kauffmann, 1741~1807), 〈게르마니쿠스의 유골함을 안고 슬퍼하는 아그리피나(Agrippina Mourns the Urn of Germanicus)〉, 1793년, 독일 뒤셀도르프 미술관

수하여 반역을 도모했다는 혐의로 세야누스에게 고발당합니다. 이후 아그리피나의 남편 친구들 및 그녀의 측근들과 마찬가지로 그녀의 아들인 네로 카이사르, 드루수스 카이사르는 유폐되었다가 죽임을 당했고, 아그리피나는 벤토테네섬에 유배되기에 이르지요. 그러자 아그리피나는 결국 곡기를 끊고는 굶어 죽는 길을 선택합니다.

훗날 그녀의 막내아들인 칼리굴라가 제위를 이어받게 됩니다. 칼리굴라에게 제위가 돌아올 수밖에 없다는 정세 판단을 하지 못했다는 점에서, 아그리피나는 무척 성급했다고 볼 수 있습니다. 게르마니쿠스 가문으로서 제위 계승의 정통성을 지니고 여론의 지지도 얻고 있었지만, 아그리피나는 티베리우스를 향한 증오심 때문에 정면으로 맞서 싸우려다 참화를 당하고 말았습니다. 티베리우스는 로마 제국의 확립이라는 웅대한 목표 앞에서라면, 각자 자신의 책무를 다하는 것이 가장 중요하다고 믿었던 사람입니다. 그런 티베리우스에게 사사건건 아우구스투스의 핏줄을 들먹이며 주제넘게 나서는 아그리피나만큼 불손한 존재는 없었을 테지요. 티베리우스가 아우구스투스의 강요로 결혼한, 아우구스투스의 외동딸이자 아그리피나의 어머니이기도 한 율리아와 일찌감치 파경을 맞은 것도, 그런 유형의 여자를 참지 못했기 때문이었

헨리크 시에미라츠키(Henryk Siemiradzki, 1843~1902), 〈티베리우스 시대의 난교(Orgy in the time of Tiberius anagoria)〉, 1881년, 러시아 트레티야코프 미술관

을 겁니다. 그처럼 눈엣가시 같았던 며느리 아그리피나를 제거한 티베리우스는 서기 31년, 권력욕을 거리낌없이 드러내던 세야누스마저 교묘한 전략을 사용해 처형해 버립니다.

한편 카프리섬에 틀어박힌 티베리우스는 쇠퇴한 자신의 성감을 자극하기 위해, 섬 안에 온갖 종류의 변태스러운 성적 유희시설을 만들어 놓고 즐겼다고 합니다. 폴란드의 화가 헨리크 시에미라츠키가 그린 〈티베리우스 시대의 난교〉는 티베리우스가 카프리섬에서 벌인 주지육림의 모습을 그리고 있습니다. 자신이 직접 뛰어들어 즐기기도 하였지만, 그보다는 전국에서 뽑아 온 청춘남녀에게 집단 성교를 벌이도록 한 후 그 장면을 지켜보며 즐기는 것이 주된 취미였다고 하는군요. 티베리우스는 성행위를 직접 하기에는 힘도 없었고, 정신적으로도 건강하지 못했습니다. 그래서인지 오늘날 나폴리 사람들조차 굳게 믿고 있는 '티베리우스 전설'이 있습니다. 티베리우스의 음행에 희생된 사람들은 각자의 역할이 끝나고 나면, 해발 300m 벼랑에서 떠밀려 바다로 떨어지는 운명을 면치 못했다는 것입니다. 물론 이런 이야기는 로마의 역사가 수에토니우스가 티베리우스 사후 100년이 지난 후에나 쓴 것이라, 정설로 인정받지는 못하고 야사 쯤으로 여겨지고 있습니다.

티베리우스에게는 황위 계승자 후보가 2명 있었습니다. 조카 게르마니쿠스의 유일한 생존 아들인 칼리굴라와 자신의 친손자 티베리우스 게멜루스(Tiberius Gemellus)였습니다. 그러나 게멜루스는 아직 십 대로 어렸기 때문에, 티베리우스는 칼리굴라를 재무관으로 임명합니다. 그리고 생애 말기에는 칼리굴라를 섬으로 불러 5년간이나 함께 생활하게 되는데, 칼리굴라에게 후계자 후보로서의 신뢰도를 어느 정도 높여주기 위한 일이었습니다.

장 폴 로랑은 〈티베리우스의 죽음〉을 통해, 건장한 젊은 남자와 함께 예복을 입은 노인을 보여줍니다. 노인은 바로 티베리우스 황제입니다. 젊은 남자는 왼손으로 티베리우스의 가슴을 진찰하는 듯도 하지만, 실제로는 그의 목을 졸라 질식시키려는 것으로 보입니다. 티베리우스는 오른팔을 뻗어 젊은 남자의 손을 막고 있는 듯 보이는

장 폴 로랑(Jean-Paul Laurens, 1838~1921), 〈티베리우스의 죽음(The Death of Tiberius)〉, 1864년, 프랑스 폴 뒤퓌 박물관

데, 이는 티베리우스가 마지막 힘을 다해 저항해 보려 하지만 역부족임을 나타냅니다. 젊은 남자가 왼쪽 무릎으로 티베리우스의 오른편 복부를 찍어 누르며 꼼짝하지 못하게 하고 있기 때문입니다. 물론 칼리굴라나 근위대장 마크로로 보이는 젊은이가 쓰러진 티베리우스를 돕고 있는 것으로 해석할 수도 있지만, 그보다는 티베리우스를 살해하려는 장면으로 보아야 할 것입니다. 화가가 일부러 그 부

분에 대한 정보를 명확하게 제공하지 않으면서 모호하게 처리한 듯합니다. 그렇게 티베리우스는 타살인지 자연사인지 확실하지 않은 이유로 76세에 생을 마감합니다.

사후에 공개된 유언장에서, 티베리우스는 칼리굴라와 티베리우스 게멜루스를 공동 상속자로 지명합니다. 만약에 로마 제국의 제2대 황제 티베리우스가 서기 23년 이전에 죽었다면, 현제(賢帝)로서 칭송받았을 것입니다. 그는 카이사르가 그린 설계도를 바탕으로 아우구스투스가 세운 제국의 주춧돌 위에 튼튼한 기둥을 올린 황제였습니다. 비용이 많이 드는 정복 전쟁을 자제하고 그 대신에 추가 군단 주눈지를 건설했으며, 외교와 군사적 협상을 활용하여 경쟁 관계에 있던 국경의 폭군들과 사소한 말다툼에 빠지는 것을 자제함으로써 기존 제국을 강화했지요. 그 결과 제국은 더욱 통합되고 강력해질 수 있었고, 양부 아우구스투스가 도입한 제국의 제도가 향후 수 세기 동안 유지될 수 있도록 보장했습니다.

하지만 티베리우스는 아들 드루수스를 잃고 나이가 들면서 정신 이상적인 행동을 보이며 난잡한 생활을 하기도 합니다. 결정적으로 카프리섬에 잠적하면서 제대로 정사를 돌보지 않음으로써, 로마의 국정은 표류하게 되지요. 또한 티베리우스는 자신을 비방하는 말을 정보원들에게 전해 들으며, 밤새 분노를 삭인 다음 날 처형 명단을 내려 많은 사람들을 죽음으로 몰았습니다. 티베리우스에게 살인은 하나의 유희와도 같은 것이었습니다. 그가 죽인 사람들에는 정적은 물론이고 무고한 시민이나 어린이도 포함되어 있었다고 합니다. 공포 속에 살던 당시 로마 시민들은 이 늙은 학살자가 테베레강에 던져질 날만 고대하며 숨죽인 채 살아야 했습니다. 또한 티베리우스는 물욕에 미친 사람이었습니다. 로마 시민들은 수확물을 구매하며 로마의 주화로 세금을 내야 했습니다. 그래서 티베리우스는 역사상 최악의 냉혈 독재자로 평가되며, 이후 괴팍한 폭군들의 나쁜 본보기가 되었습니다.

참고로, 당시 로마 시민들은 주피터의 아내 '주노' 여신이 제국을 보호한다고 믿었습니다. 주노의 신전은 '돌본다'는 뜻을 지닌 '모네타(Moneta)'로 불렸는데, 당시 로마 제국의 주화가 바로 이 주노 신전 모네타에서 주조되었습니다. 여기서 '머니(money)'라는 말이 탄생했다고 합니다.

3

희대의 변태 황제 칼리굴라가 자신의 근위대에 시해된 이유는?

〈칼리굴라 황제의 암살〉, 라자로 발디

여기, 한 남자가 납골당에 안치하기 위해 유골함을 들고 있습니다. 남자 앞에 푸른 옷을 입고 앉아 그 모습을 지켜보는 사람은 월계관을 쓰고 있군요. 그렇다면 황제라는 이야기인데, 이 사람이 바로 로마 제3대 황제인 칼리굴라입니다. 이 그림을 그렸을 때인 17세기에는 파란색을 내는 안료가 참으로 귀했습니다. 멀리 아프가니스탄에서만 구할 수 있는 값비싼 것으로, 청금석(靑金石) 또는 라피스 라줄리(lapis lazuli)라 불리던 안료였는데요. 그래서 파란색은 성모 마리아나 황제를 그릴 때만 사용할 수 있었답니다.

17세기 프랑스의 바로크 화가였던 르 쉬외르는 시몽 부에의 제자였습니다. 그는 이탈리아로 유학을 가지 않았음에도, 스승의 스타일을 버리고 니콜라 푸생과 라파엘로의 스타일을 선호하여 17세기 파

외스타슈 르 쉬외르(Eustache Le Sueur, 1616~1655), 〈조상의 무덤에 어머니와 형제의 유골을 바치는 칼리굴라(Caligula Depositing the Ashes of his Mother and Brother in the Tomb of his Ancestors)〉, 1647년, 영국 로열 컬렉션

리 화단에서 많은 찬사를 받았습니다. 르 쉬외르의 명성은 그가 '프랑스 라파엘로'라고 평가받던 18세기 들어 정점에 달합니다.

〈조상의 무덤에 어머니와 형제의 유골을 바치는 칼리굴라〉는 전임 황제인 티베리우스의 죽음으로, 시민들의 안도감과 환호의 물결 속에서 통치를 시작한 칼리굴라의 모습을 그린 작품입니다. 칼리굴라는 특히 티베리우스에게 추방되고 살해된 그의 형들과 어머니의 유골을 로마로 되찾아 올 때의 경건한 모습으로, 로마 사람들에게 깊은 인상을 남겼습니다.

또한 이 장면은 오른쪽에 작은 피라미드가 있는 황제 영묘를 배경으로 합니다. 칼리굴라는 월계관을 쓰고 지휘봉을 든 채 오른쪽에 앉아 있는 모습입니다. 그는 석관 벽의 아치 중 하나에 항아리를 놓고 있는 나이 든 성직자를 가리키며, 유골함 배치를 직접 지시하고 있습니다. 두 번째 유골함은 무릎을 꿇고 있는 보조 성직자 옆의 삼각대 테이블 위에 놓여 있습니다. 오른쪽에는 또 다른 성직자가 지켜보고 있고, 왼쪽에는 한 무리의 군인이 군기와 창을 하늘로 향해 든 채, 경의를 표하기 위해 힘겹게 앞으로 나아가고 있습니다.

이 그림의 주인공인 칼리굴라(재위 37년~41년)는 티베리우스의 뒤를 이어 로마 제국 제3대 황제가 되었습니다. 그는 아우구스투스 황제의 증손자이자 제2대 황제 티베리우스의 종손자였습니다. 하지만 전임 티베리우스 황제는 유언장을 통해, 자신의 어린 손자인 티베리우스 게멜루스와 칼리굴라가 공동 황제가 되어야 한다고 밝혀 놓았지요. 게멜루스의 아버지이자 티베리우스의 아들인 드루수스는 젊은 나이에 급사했는데, 그 이유는 게멜루스의 어머니 리빌라가 불륜 관계였던 근위대장 세야누스와 오랜 공모 끝에 독을 조금씩 먹여 독살했기 때문이라고 전해집니다.

서기 31년, 칼리굴라는 성년식을 할 무렵이 되자 할아버지 티베리우스가 머무는 카프리섬으로 소환되어 후계자 수업을 받게 됩니다. 말이 후계자 수업이지, 그는 변덕스러운 티베리우스의 감시하에 생명의 위협을 느끼며, 6년간 하루하루를 긴장 속에서 살아갑니다. 서기 37년, 77세를 일기로 함께 살던 큰할아버지인 티베리우스가 드디어 노환으로 사망하게 됩니다. 그런데 칼리굴라는 게멜루스의 제위 계승권을 무시한 채, 일방적으로 단독 상속권을 갖고 로마 시민 제1인자인 프린켑스의 지위에 오릅니다. 당시 티베리우스와 관계가 최악이었던 원로원 및 로마 민중을 이용해 밀어붙이기식으로 일을 단행한 것이지요. 따라서 게멜루스는 할아버지의 유언과 달리 프린켑스 지위를 얻지 못하고, 대신 육촌형인 칼리굴라에게 양자이자 황태자로 임명되었습니다. 하지만 얼마 후에 칼리굴라와 원로원 그리고 근위대 사이에 있었던 모종의 합의에 따라, 반역죄를 뒤집어쓰고 자살하는 방식으로 숙청되고 맙니다.

칼리굴라의 아버지는 티베리우스 황제의 동생인 대(大) 드루수스의 아들이자, 로마의 명망 있는 장군이었던 게르마니쿠스였습니다. 앞서도 말했다시피 초대 황제 아우구스투스가 미리 정한 바에 따르면, 티베리우스의 후계자는 게르마니쿠스가 되어야 했습니다. 하지만 게르마니쿠스는 알 수 없는 이유로 급사하고 말았지요. 정황상 티베리우스가 자신의 아들인 소 드루수스에게 황위를 물려주고자, 게르마니쿠스를 살해했다는 소문이 파다했습니다. 그래서 게르마니쿠스의 아내였던 아그리피나는 남편을 죽인 사람이 티베리우스 황제라고 주장합니다.

분노한 티베리우스 황제는 아그리피나를 추방하고 그녀의 첫째 아들과 둘째 아들마저 처형합니다. 그리고 아들 가운데 셋째였던 칼리굴라만이 나이가 어린 덕에 살아남아, 조부모 아래서 자라게 됩니다. 칼리굴라를 중심으로 쿠데타가 일어날지도 모른다고 우려한 티베리우스 황제가, 자신이 칩거하고 있던 카프리섬으로 칼리굴라를 불러들였던 거지요. 그 후로 칼리굴라는 카프리섬에서 생명의 위협을 느끼며 하루하루 눈치를 보며 살게 됩니다. 하지만 티베리우스가 죽고 게멜루스마저 제거하며 자기 세상이 된 칼리굴라는, 이제 티베리우스 지우기에 나섭니다. 우선 그는 외딴섬에 귀향 가 있던 자신의 세 누이동생인 아그리피나, 리빌라, 드루실라를 황궁으로 불러들입니다. 그리고 어머니와 형들의 유골함을 황실 영묘에 바칩니다.

칼리굴라의 매력 가운데 하나는 전쟁터의 막사에서 태어났다는 점이었습니다. 칼리굴라는 어릴 때 아버지 게르마니쿠스를 따라 게르마니아 군단 병영에서 자랐습니다. 병영에서 생활할 때 칼리굴라는 작고 귀여운 어린이용 반 부츠인 '칼리가(caliga)'를 신고, 로마 사병과 같은 제복을 입었다고 합니다. 그래서 작은 군화라는 뜻의 '칼리굴라(Caligula)'라는 별명을 얻었고, 그 별명이 이름처럼 불리게 되었다지요. 하지만 그의 본명은 가이우스 율리우스 카이사르 아우구스투스 게르마니쿠스(Gaius Julius Caesar Augustus Germanicus)라는 긴 이름이었습니다. 즉위 당시 24세였던 칼리굴라는 로마 시민들의 압도적인 지지를 받으며 제위를 계승할 수 있었습니다. 티베리우스가 치세 말년에 공포 정치를 폈던 탓에 인기가 크게 떨어져 있었기 때문이지요. 칼리굴라는 황제에 취임한 직후 티베리우스의 긴축 재정 정책을 중단하고, 로마 시민에게 식량을 나누어주며, 검투사 시합을 부활하고, 공공사업을 시행하는 등 시민들의 요구에 부응하는 정책을 실시하였습니다.

그런데 즉위한 지 7개월 만에 칼리굴라는 고열로 쓰러져 심하게 병을 앓게 됩니다. 그 후로도 병의 후유증으로 정신 이상이 생겨, 정상적인 생각과 판단을 하지 못하는 상황에 이릅니다. 그때부터 칼리굴라는 자기 마음대로 미친 듯이 나라를 다스리기 시작합니다. 검투사 시합을 과격하고 참혹한 내용으로 바꾸고 화려한 만찬을 즐기고 도박을 일삼았습니다. 심지어는 황제의 마차를 끌고 온 인부에게 거액을 주는 등 국고를 탕진하여 재정이 파탄 나기에 이릅니다. 그로 인해 민심은 급속도로 이탈하게 되지요. 그러나 무엇보다 그의 엽기적인 행동은 세 누이동생들과 근친상간을 벌인 일입니다. 당시 로마에서 근친상간은 절대 해서는 안 될 중대 범죄였습니다. 하지만 칼리굴라는 귀양살이를 하던 세 누이 아그리피나, 리빌라, 드루실라를 로마 황실로 불러들인 후 함께 살기 시작합니다.

그의 기행은 여기서 멈추지 않았습니다. 여동생 중에서 가장 사랑했던 드루실라가 자신의 아이를 임신했으나 열병에 걸려 죽자, 그녀를 '디바 드루실라'라고 부르게 하면서 신격화하는 등 비정상적인 통치를 하였습니다. 또한 자신도 신들과 같은 복장을 하는 등의 기행을 일삼았는데, 칼리굴라의 그런 이야기는 여러 번 영화화되기도 하였답니다.

특히 1979년에 제작된 영화 〈칼리굴라〉는 잔혹한 장면 묘사와 포르노 영화 수준의 선정성으로 화제를 일으키기도 하였지요. 거기서 '칼리굴라 효과'라는 용어도 생겼답니다. 칼라굴라 효과는 1979년, 미국에서 칼리굴라 황제의 생애를 그린 영화 〈칼리굴라〉가 상영되었던 당시 상황에서 유래합니다. 이 영화는 잔혹한 장면과 성적 묘사가 많다는 이유로 미국 보스턴시에서 상영 금지되었습니다. 그러나 상영 금지령은 오히려 사람들에게 강한 호기심을 일으켰고, 보스턴 시민들이 인접 도시의 영화관까지 몰려가는 사태로 이어졌습니다. 영화를 본 관객들은 물론 평론가들은 이 영화에 극찬을 아끼지 않았습니다. 그래서 칼리굴라 효과는 금지된 것에 더욱 끌리는 심리적 현상을 일컫는 말이 되었다고 하지요. 영국의 대영제국 훈장을 받은 대배우 헬렌 미렌은 이 영화에 칼리굴라의 부인 카이소니아로 등장하는데, 포르노 배우 이미지의 여파로 그 후로 몇 년간 제대로 된 영화에 출연하지 못했다고 합니다.

가장 사랑했던 누이동생 드루실라가 죽은 후로 완전히 정신이 이상해진 칼리굴라는, 주변 인물을 향한 대대적인 숙청 작업에 들어갑니다. 자신이 후계자로 지정했던 게멜루스는 물론 자신이 황제로 즉위하는 데 결정적으로 공헌한 근위대장 마크로마저 살해합니다. 그

영화 〈칼리굴라〉 포스터, 1979년

리고 첫째 여동생인 아그리피나의 주도로 황제 암살 시도가 벌어지자, 여동생 둘을 다시 귀양보내고 병으로 죽은 드루실라의 남편은 사형에 처합니다.

칼리굴라는 서기 38년부터 돈을 펑펑 쓰면서 국고를 탕진하기 시작합니다. 그다음에는 온갖 수단을 동원해 원로원을 협박했고, 대중에게는 국고 자금을 마구 대출해 주었습니다. 자신의 실정을 감추기 위해, 서민에게 법적 이자 이하로 저금리 대출을 해 주면서 재위 초반부의 인기몰이를 이어가고자 한 것이었지요. 칼리굴라는 그처럼 다양한 방식으로 권력을 강화하는 데 집중했고, 그 과정에서 대대적으로 공공건물을 건축하고 인프라를 건설하며 로마군의 지지를 확보하는 데 막대한 자금을 활용했습니다.

여동생 드루실라가 죽은 후, 칼리굴라는 후계자인 아들을 얻기 위해 여러 번에 걸쳐 결혼과 이혼을 반복합니다. 이때 그는 빨리 후계자를 얻고자, 출산 경험이 있어서 확실하게 불임이 아닌 젊은 로마 귀부인들을 신붓감으로 택했습니다. 그의 마지막 아내는 전남편과의 사이에서 딸 셋을 낳아 불임이 아닌 것이 확실한 밀로니아 카이소니아였습니다. 칼리굴라는 카이소니아에게서 첫딸인 율리아 드루실라를 얻은 뒤, 더 많은 자녀를 얻으리라 확신하게 됩니다. 그리고 같은 해에 그는 여세를 몰아 로마의 제정 출범 이후 유명무실해진 민회를 형식적으로 부활합니다. 그럼으로써 로마 시민의 지지를 얻어냈고, 그를 통해 원로원을 견제하게 되었지요. 더불어 로마 제국 전역에서 황제를 보좌하는 행정 관료들을 발탁하면서, 자신의 지지 세력을 넓혀갑니다.

칼리굴라가 황제에 즉위하고 4년 후인 41년 1월 24일, 황궁이 있는 팔라티노 언덕에서 축제가 열렸습니다. 정오가 지날 무렵, 칼리굴라는 극장 안에 있다가 점심을 먹으러 자리를 떴습니다. 이동하던 중에 그는 거리에서 트로이 전쟁 춤을 연습하고 있던 귀족 남자아이들을 보게 됩니다. 칼리굴라는 잠시 멈춰서서 아이들을 격려하고는,

극장으로 데리고 가서 연습도 도와주고 공연을 시켜주려고 했습니다. 그렇게 칼리굴라가 아이들과 함께 있을 때였습니다. 그 전에 칼리굴라에게 심한 질책과 모욕을 당한 근위대장 카시우스 카이레아가 갑자기 뒤쪽에서 나타나더니 "이걸 받아라"라고 소리치고는 칼리굴라의 목 깊숙이 칼을 꽂는 것이었습니다. 칼리굴라는 온몸으로 저항해 보았지만, 다시 달려든 여러 명의 병사들에게 30군데의 상처를 입으며 칼에 찔려 죽게 됩니다.

그의 통치는 3년 9개월 만에 참혹하게 막을 내리게 되었고, 그때 칼리굴라의 나이는 29세에 불과했습니다. 칼리굴라의 유해는 비밀리에 라미우스 정원으로 옮겨 숨겨진 다음, 황급히 만든 장작더미로 대충 태운 후 얇은 잔디 아래에 가매장되었습니다. 그 사이 또 다른 근위병들은 황궁으로 가서 칼리굴라의 아내 카이소니아를 칼로 찔러 죽이고, 딸 율리아 드루실라는 벽으로 내팽개쳐서 머리를 깨뜨려 죽였다고 합니다.

17세기 이탈리아의 역사화가인 라자로 발디는 그 끔찍한 사건을 화폭에 담았습니다. 그 작품이 바로 〈칼리굴라 황제의 암살〉입니다. 그림 앞부분에는 시해된 칼리굴라가 누워 있고, 그 옆으로는 그의 아내와 딸이 살해되는 모습을 그려내며 끔찍한 살육 현장을 묘사하고 있습니다. 물론 이는 역사적 사실과는 다소 차이가 있습니다. 칼리굴라와 그의 가족은 같은 장소에서 죽임을 당하지 않았으며, 그의 딸 율리아 드루실라도 그림처럼 다 큰 아이가 아닌 갓난아기였습니다. 작가가 비극적인 상황을 더욱 강조하기 위해, 한 화면에 담

라자로 발디(Lazzaro Baldi, 1624~1703), 〈칼리굴라 황제의 암살(The Assassina-
tion of the Emperor Caligula)〉, 17세기 추정, 이탈리아 스파다 회화관

은 것으로 보이는군요.

근위대장 카시우스는 부하들에게, 황궁을 샅샅이 뒤져 당시 남자로서는 유일하게 살아남은 황족이자 칼리굴라의 숙부인 클라우디우스를 찾아오라 명합니다. 하지만 그들이 어느 곳에서도 클라우디우스를 찾지 못한 사이, 또 다른 근위대장인 아레키누스 클레멘스의 부하들이 황궁 깊숙한 곳에서 클라우디우스를 찾아냅니다. 그런 후 근위대 병영으로 클라우디우스를 데리고 가 황제로 추대했고, 원로원은 이를 추인할 수밖에 없었습니다.

그런데 새로운 황제가 된 클라우디우스는 칼리굴라를 살해한 카시우스에게 황제를 시해한 죄를 물어 자결을 명령합니다. 카시우스는 말없이 그 명령에 따라 자결하고 말지요. 하지만 칼리굴라 황제를 암살한 동기는 전혀 밝혀지지 않았습니다. 원로원이 개입되었다는 증거는 어디에도 없었습니다. 근위대가 원로원에 돈으로 매수되었다는 설이 있지만, 근위대장이 자결을 순순히 받아들인 것을 보면 설득력이 없습니다.

카시우스는 칼리굴라의 아버지 게르마니쿠스 때부터 게르마니아 전쟁에 참전해 동고동락한 사이였고, 그 아들인 칼리굴라에게도 충성을 다했던 사람이었습니다. 따라서 칼리굴라 암살은, 평생 목숨 걸고 지켜온 로마가 망가져 가는 모습을 더 이상 지켜볼 수 없었던 카시우스의 결행이었다고 볼 수 있습니다. 칼리굴라의 암살에서 시작된 황제 암살은 로마 권력 투쟁사의 한 특징이 되었습니다. 로마 제국 500년 동안, 로마를 퇴행시키는 황제라고 판단되면 언제라도 측근들에게 제거되었습니다. 동기야 무엇이든, 근위대의 거사로 칼리굴라의 재앙을 조국에서 걷어낸 것만은 틀림없는 사실입니다.

칼리굴라의 광적인 정치는, 어릴 때 겪은 정신적 트라우마에서 비롯됐다고 볼 수 있습니다. 아버지 게르마니쿠스는 물론 전임 황제인 티베리우스의 죽음을 통해, 칼리굴라는 권력이 피를 부른다는 사실을 알게 되었을 것입니다. 어머니와 두 형의 비극적인 죽음도 마찬가지 역할을 했을 테지요. 특히 황제에 즉위하고 7개월 만에 고열로 죽다 살아난 뒤, 칼리굴라는 피해망상증이 더욱 심해지면서 거침없는 폭정에 들어갔습니다.

칼리굴라는 무표정 연기의 달인으로 불리는 황제입니다. 눈앞에서 사람이 죽어가도 눈 하나 깜짝하지 않을뿐더러 오히려 그것을 즐기는 괴물이었습니다. 그런 성격 또한 티베리우스 별장이 있는 카프리섬에 머물 당시 체득한 생존법에서 비롯되었을 것입니다. 그러한 광적인 정치가 21세기 우리나라에서도 벌어지는 것은 아닌지 걱정됩니다. 칼리굴라의 만행을 반면교사 삼아, 우리나라의 정치권이 권력을 잡기 위해, 또 권력을 잡고 나서도 반대파에게 복수를 하기 위해 칼을 휘두르고 있지는 않은지 성찰해 볼 때라고 생각합니다.

4

공처가 클라우디우스 황제는 어째서 아내에게 독살되었을까?

〈로마 황제 클라우디우스〉, 로렌스 알마타데마

여기, 한 남자가 쓰러져 있고 그 옆에 또 다른 남자가 공포에 질린 모습으로 커튼 뒤에 숨어 있습니다. 사시나무 떨듯 떨고 있는 이 남자를 찾아낸 근위대 장교는 그에게 정중히 인사를 합니다. 긴박감이 느껴지는 이 그림은 어떤 이야기를 담고 있을까요?

다음에 나오는 그림 〈로마 황제 클라우디우스〉에서 쓰러져 있는 사람은 제3대 황제 칼리굴라이고, 그 옆의 커튼 뒤에 숨어 있는 사람은 제4대 황제 클라우디우스입니다. 이 그림은 고대 로마 시대 그림의 단연 일인자라고 할 만한 19세기 영국 화가 알마타데마의 작품입니다. 알마타데마는 벽을 기준으로 좌우로 이등분한 뒤에, 대조를 통해 당시 상황을 긴장감 있게 그려내고 있습니다.

서기 41년, 방탕한 로마 황제 칼리굴라가 살해당하고, 근위대 병사가 클라우디우스가 숨어 있던
황궁의 밀실로 들이닥쳐 그가 숨
어 있던 커튼을 열어젖힙니다. 그
때 겁에 질린 클라우디우스의 모
습을 그림은 잘 드러내고 있습니
다. 중앙에 칼리굴라의 시신이 누
워 있고, 왼쪽에는 환호하는 근위
대원들과 구경꾼들이 보입니다.
하지만 오른쪽 커튼 뒤에 숨은 클
라우디우스는 병사가 자신을 죽
이러 온 줄 알고 공포에 질린 모
습이네요. 이 그림은 커튼을 사이
에 두고 왼쪽의 환호하는 사람들
과 오른쪽의 겁을 잔뜩 먹은 클라

우디우스를 보여줌으로써, 역사적 현장을 극명한 대비로 드러내고
있습니다. 물론 이 장면은 극적인 구성을 위하여 화가가 한 화면에
그린 것으로, 칼리굴라가 살해된 현장과 클라우디우스가 발견된 장
소는 다른 곳이었습니다.

　칼리굴라가 암살된 후 로마 제국 제4대 황제에 오른 사람은 클라
우디우스(재위 41년~54년)입니다. 제위에 오르기 전의 본명은 티베리
우스 클라우디우스 네로 게르마니쿠스(Tiberius Claudius Nero Germani-
cus)였습니다. 클라우디우스의 큰아버지, 형, 사촌형 모두가 아우구스

로렌스 알마타데마(Sir Lawrence Alma-Tadema, 1836~1912), 〈로마 황제 클라우디우스(A Roman Emperor Claudius)〉, 1871년, 미국 월터스 미술관

투스 가문인 율리우스 가문에 입양될 때, 클라우디우스만 유일하게 그 가문에 입양되지 못했습니다. 따라서 그는 율리우스가 아닌 클라우디우스 가문 사람으로는 처음으로 황제가 된 인물로, 로마에서 최초로 카이사르(Caesar)를 황제 개인의 성씨가 아닌 황제 자체를 뜻하는 명사로 사용한 황제이기도 합니다.

클라우디우스는 아우구스투스의 양아들인 대 드루수스의 둘째 아들로서, 게르마니쿠스의 동생이었습니다. 즉 티베리우스의 조카이면서 전임 황제인 칼리굴라의 작은아버지였던 것이지요. 클라우디우스는 말더듬이에 절름발이였고, 요즘으로 치자면 뇌전증을 앓고 있기도 했습니다. 그래서 황실의 핵심 인물임에도 불구하고, 배신과 음모로 얼룩진 정치판에서는 아무도 그를 주목하지 않았습니다. 그는 바보로 불리며 조롱거리에 불과했고, 오히려 아무에게도 위협이 되지 않았기에 끝까지 살아남을 수 있었습니다. 하지만 칼리굴라가 암살되고 난 후, 황실의 직계가족에서 유일한 남자였기에 근위대는 그를 황제로 옹립한 것이었습니다.

지금까지 클라우디우스는 남들에게 주목받지 않으며, 평탄한 삶을 살고 있었습니다. 특히 신체적 결함 때문에 권력 계승 구도에서 배제된 것은 이점으로 작용하기도 했습니다. 클라우디우스가 황위를 계승할 가능성이 전혀 없다고 판단되었기 때문에, 황실 내의 음모에서 안전할 수 있었던 것이지요. 소 드루수스, 율리아의 자손들, 게르마니쿠스의 자손들이 유배와 처형, 의문사를 당할 때, 아우구스투스 혈육 가운데 성인이 된 남자 황족임에도 클라우디우스는 아무런 생명의 위협 없이 살 수 있었습니다. 그래서 그는 일찍부터 역사 공부에 전념하게 됩니다.

클라우디우스는 20대 초반의 젊은 나이에 스승 리비우스 밑에서 로마사, 에트루리아사, 카르타고사 등을 연구하여 그 분야의 권위자로 인정받았다고 합니다. 또한 골동품 수집가이자 감정사로도 명성이 자자해, 많은 유명 인사들이 그에게 골동품 감정을 맡겼다고 하지요. 그는 할아버지 아우구스투스와 형 게르마니쿠스의 후광으로,

젊은 시절부터 로마의 평민들에게도 의외로 인기가 많았습니다. 그래서 정계에서 활동한 적이 없었음에도 대중의 신망을 잃지 않았답니다.

칼리굴라가 암살될 때 클라우디우스도 팔라티노 언덕의 궁전에 있었습니다. 하지만 클라우디우스는 칼리굴라의 숙부인 자신도 죽임을 당하리라 지레짐작하고는, 겁에 질린 채 밀실 안 커튼 뒤로 숨었습니다. 실제로 칼리굴라와 카이소니아, 율리아 드루실라가 모두 살해된 뒤, 근위대장 카시우스의 지시로 클라우디우스를 찾아서 죽이려는 시도가 있었지요. 당시 암살을 결행한 카시우스 일행은 아우구스투스 일가를 완전히 끝장낼 작정이었습니다. 다행히 그들은 클라우디우스를 찾지 못했고, 때마침 또 다른 근위대장 클레멘스의 부하들에게 클라우디우스가 발견됩니다. 클레멘스는 황실의 유일한 혈족인 클라우디우스를 찾자마자 정중히 예의를 갖추고 로마 근교의 근위대 병영으로 데려갑니다.

칼리굴라 암살 이후 극적으로 황제에 오른 클라우디우스는 전면적인 사면과 정보 통제를 실시합니다. 또한 원로원을 설득하여, 급히 가매장된 조카의 시신을 수습해 정식으로 장례를 치른 후 아우구스투스 영묘에 매장합니다. 동시에 클라우디우스는 근위대와 합의하여, 칼리굴라 암살에 가담했던 주범들을 처형함으로써 또 다른 암살을 방지하는 조치도 취합니다. 사실 클라우디우스는 건강치 못한 몸 때문에 일찌감치 제위 계승 후보에서 밀려났지만, 아우구스투스의 후원 아래 젊은 시절부터 역사와 법을 연구하면서 자연스레 자신만의 통치 철학과 정국 분석에 대한 식견을 쌓을 수 있었답니다. 또한 어렸을 때부터 명문가인 클라우디우스 가문의 수장이 되면서, 가문의 수많은 클리엔테스(clientes: 귀족에게 예속된 신분으로, 귀족의 보호를 받는 대가로 봉사 의무를 맡았음)들을 후원하고 대규모의 행사를 개최해 본 경험이 많았습니다.

클라우디우스는 즉위 당시 자신을 얕잡아보던 원로원을 놀라게 만들었습니다. 그의 뜻밖의 카리스마와 연설 솜씨, 정치적 식견 때문이었지요. 클라우디우스는 이어서 원로원의 군대 통제권과 원로원이 임명한 속주 권한을 약화시켰습니다. 더불어 행정의 효율성을 높이고 프린켑스를 겸임하는 자신의 권한을 강화하기 위해, 원로원 관할 국고를 황제 휘하의 재무관 2명이 담당하도록 변경했습니다. 그처럼 클라우디우스는 원로원의 세력을 축소하면서, 여러 부문에서 거둬들인 세금을 황제 국고로 귀속시켰습니다. 그리고 곡물 공급, 수로 관리, 홍수 조절, 도로 건설 및 운하 · 항구 관리권까지 황제 관할로 바꿔 버렸습니다. 동시에 자신의 유능한 해방노예 3인방을 황제 비서로 활용하면서, 효율적인 국가 경영을 실시하지요. 서신 비서를 담당한 나르키수스는 제국 전역에 황제의 모든 법과 정책 들을 전달했고, 칼리스투스는 속주들에서 황제에게 보낸 탄원서를 사전 심의했으며, 팔라스는 속주 내 모든 국고와 황제 대리인들의 활동을 통제, 관리했습니다. 이들 세 사람은 후에 '문고리 3인방'이 되면서 밀실정치의 폐해를 낳기도 합니다. 또한 클라우디우스는 자신의 롤 모델인 아우구스투스처럼 이탈리아 내 서민들의 삶을 안정화하는 데 주력했습니다. 그는 당시 문제가 되고 있던 십 대 청소년에게 저리로 막대한 자금을 빌려주면서, 고리대금을 엄격히 금지하고 고리대금업자를 강력하게 처벌했습니다.

클라우디우스는 대외 국방 정책에서도 능력을 발휘했습니다. 먼저 반란을 일으킨 달마티아 총독 카밀루스 스크리보니아누스의 반란도 단 며칠 만에 제압했고, 지속적으로 문제를 일으키던 트라키아 왕국과 마우레타니아의 반란도 진압하여 황제 속주로 편입시킵니다. 한편 한 세기 전에 카이사르가 원정했던 브리타니아에서 계속 불온한 상황에 대한 보고가 들어오자, 클라우디우스는 아울루스 플라우티우스에게 5만 명의 병력을 이끌고 가서 브리타니아를 정벌하게 합니다. 서기 43년, 클라우디우스는 갈리아 내 로마 상인들의 자유로운 상업을 보호하고, 브리타니아에서 광물, 목재, 가축 등을 획득하는 동시에 노예를 확보할 목적으로 브리타니아 원정군을 보낸 것입니다.

그때 로마군은 잉글랜드 섬 동남부의 켄트에 상륙한 후 간단히 승리를 거두고 템즈강으로 진격했습니다. 오늘날 런던인 론디니움 일대에서 행군을 멈춘 원정군은 그곳에서 자신들과 합류할 총사령관인 황제 클라우디우스를 기다렸습니다. 처음으로 군사 행동에 나선 클라우디우스는 먼저 도착해 주둔 중인 아울루스 플라우티우스 휘하 브리타니아 원정군을 이끌고, 브리타니아의 맹주이자 드루이드교의 보호자를 자처한 카라타쿠스에 총공세를 감행했습니다. 그리고 그동안 친로마 세력과 로마 제국 내의 갈리아, 게르마니아 일대를 위협하던 카라타쿠스의 본거지인 카물로두눔(오늘날의 콜체스터)을 점령한 뒤, 그곳에서 브리타니아인 왕 11명에게 항복을 받아냅니다. 원로원은 투표를 거쳐 황제의 개선식을 통과시키고, 브리타니아를 정복한 클라우디우스에게 '브리타니아를 정복한 자'라는 뜻을 지닌 '브리타니쿠스(Britannicus)'라는 존칭을 부여해 클라우디우스와 그 가족들이 대대로 사용하도록 했습니다. 클라우디우스는 브리타니아에 로마 군단을 상주시켜 브리타니아 일대 정복 및 속주 건설 사업을 지시한 뒤, 로마로 금의환향하여 44년에 성대한 개선식을 거행했습니다.

하지만 그처럼 승승장구하던 클라우디우스는 당대 로마인들조차 "진짜 박복한 운명이다"라고 평할 정도로 아내 복이 지지리도 없었습니다. 그는 결혼을 네 번 했는데 워낙에 공처가였습니다. 게다가 장애인이었기에, 그의 아내였던 플라우티아, 아일리아, 발레리아 메살리나, 소 아그리피나에게 온갖 시달림을 받았습니다. 불행하게도 네 번의 결혼 모두 진정한 사랑으로 맺어진 것은 없었고, 아내들에게 무시당하거나 이용당할 뿐이었습니다. 사실 그는 어린 시절 양할아버지였던 아우구스투스의 결정으로 아이밀리아 레피다와 약혼한 적이 있었습니다. 그런데 약혼녀가 아우구스투스에게 불충한 행동을 하면서 파혼을 하게 되었지요. 이후 다시 할머니 리비아 드루실라의 종손녀인 리비아 메둘리나와 약혼을 합니다. 하지만 약혼녀가 결혼식 당일 갑자기 사망하면서 예식조차 올리지 못했습니다.

그런 후 클라우디우스는 다시 전직 집정관의 딸인 플라우티아와 결혼을 합니다. 하지만 플라우티아는 남편이 소아마비로 다리 한쪽이 불편하고 자신감이 빈약한 것을 허물로 삼아 은연중에 남편을 무시했고 늘 냉담했습니다. 그런 상황에서 플라우티아가 여러 남자와 바람을 피운 사실이 들통나면서 이혼하게 됩니다. 당시 임신 중이었던 그녀는 이혼 후 출산한 딸의 이름을 클라우디우스의 이름을 딴 '클라우디아'로 지으면서, 둘 사이는 완전히 파국을 맞습니다. 클라우디우스는 얼마 지나지 않아 아일리아 파이티나와 재혼하며 새로운 아내를 맞이했습니다. 두 번째 아내였던 아일리아 파이티나는 정숙하면서 상당한 미인으로 소문이 자자했고, 클라우디우스와의 결혼 생활도 원만했지요. 그러나 이 결혼 생활 역시 아일리아의 집안이 대를 잇기 위해 입양한 동생 세야누스 때문에 강제 이혼으로 파탄을 맞습니다. 티베리우스 황제 시절에 근위대장이었지만 반역으로 처형된 세야누스의 누이라는 이유로 미움을 받아, 황제의 명으로 또다시 이혼하게 된 것입니다.

클라우디우스는 48살에 조카 칼리굴라 황제의 중매로 15세에 불과한 메살리나와 결혼하게 됩니다. 클라우디우스는 이 세 번째 아내를 진심으로 사랑했고, 둘 사이에서는 딸 클라우디아 옥타비아와 브리타니쿠스가 태어납니다. 하지만 이후 황후가 된 메살리나는 너무 사치스러울뿐더러 믿기 어려울 만큼 방종한 생활을 하여, 그 결혼도 완전히 파탄 나게 됩니다. 그녀의 불륜 행각은 경악을 금치 못할 지경이었습니다.

메살리나는 무슨 짓을 하든 나이 많은 황제 클라우디우스가 아

페데르 세베린 크뢰위에르(Peder Severin Krøyer, 1851~1909), 〈메살리나(Mes-salina)〉, 1881년, 독일 고텐부르르크 미술관

무런 신경도 쓰지 않자, 쾌락의 세계에 몸을 던집니다. 그녀는 궁정 안에 은밀한 방을 만들어 애인들과 밀회를 나누었는데, 그 애인에는 황제의 해방노예 비서들도 있었다고 합니다. 또한 메살리나는 황제가 압류한 아시아티쿠스의 저택에 살면서, 그곳을 자신의 호화 놀이터이자 불륜 장소로 이용했습니다. 그녀는 원로원의 미남 의원인 아피우스 실라누스가 마음에 들어 유혹했으나 거부당하자, 황제에게 모함하여 그를 죽이기도 합니다. 그런 식으로 그녀의 불륜 상대가 되길 거부한 원로원 의원들은 누명을 쓰거나 추방되었습니다. 클라우디우스가 원로원을 존중하고 황제로서 아무런 특권도 요구하지 않았음에도 불구하고, 황제와 원로원 사이가 악화한 데는 그런 배경이 있었답니다.

페데르 세베린 크뢰위에르는 19세기 말부터 20세기 초에 활동한 덴마크의 인상파 화가로 유명합니다. 북유럽 인상주의인 스카겐파는 덴마크와 노르웨이, 스웨덴 화가들이 모여서 스카겐(Skagen: 덴마크의 도시)의 풍경과 사람들의 모습을 주제로 그림을 그렸습니다. 그래서 스카겐파는 인상주의 예술의 한 부류로 알려져 있으며, 특히 해변과 바다 풍경 그리고 당대의 사회적인 상황을 주제로 한 작품으로 유명하지요. 스카겐파의 리더였던 크뢰위에르는 덴마크와 스웨덴을 넘나들며 다양한 풍경을 그렸는데, 그의 작품은 밝은 색상과 독특한 조명이 특징입니다. 그는 현실주의와 자유주의적인 예술적 접근을 채택하면서, 북유럽 인상파의 선구자가 되었습니다. 크뢰위에르는 풍경화 및 부인인 마리 크뢰위에르의 초상화를 많이 그렸지만, 드물게 역사화를 그리기도 하였습니다.

그의 작품 〈메살리나〉는 금빛으로 가득 장식한 방 안에 시스루 스타일의 옷 하나만 걸치고 당당히 서 있는 메살리나 황후를 그리고 있습니다. 그녀를 미인으로 묘사하기보다는 탐욕스러운 모습으로 그렸다는 특징이 있습니다. 크뢰위에르에게도 사랑했던 부인 마리 크뢰위에르가 다른 남자와 함께 떠나버린 동병상련의 아픔이 있었기에, 그로서는 흔치 않은 〈메살리나〉 같은 역사화를 그린 것으로 보입니다.

메살리나의 기행은 거기서 멈추지 않았습니다. 황제가 잠들면 그녀는 매음굴을 찾아가 직접 창녀가 되어 수많은 남자들과 즐겼다고 합니다. 심지어는 당시 제일가는 창녀와 하룻밤에 누가 손님을 더 많이 받는지 내기를 해서 이겼다고도 하지요. 참 기가 찰 노릇인데, 오죽하면 그녀는 창녀 황후(meretrix augusta)라고 불릴 정도였습니다.

19세기 이탈리아의 역사화가였던 페데리코 파루피니는 〈메살리나의 난교〉라는 그림을 통해, 당시 메살리나의 난잡한 성생활을 그려냈습니다. 수많은 남녀가 메살리나가 주최한 난교 파티를 즐기고 있고, 그 가운데에 메살리나는 마약에 취한 듯 벌거벗은 채 앉아 있군요. 정말 황후가 이런 행위를 대놓고 했다는 것이 믿기지 않습니다.

이윽고 메살리나는 스스로 파멸의 길에 들어섭니다. 그 사건은 바로 서기 48년에 있었던 황후의 중혼(重婚)과 궁정 쿠데타 시도였습니다. 황제가 오스티아 항만 건설을 위해 로마를 비운 틈에, 메살리

페데리코 파루피니(Federico Faruffini, 1831~1869), 〈메살리나의 난교(The orgies of Messalina)〉, 1867년, 소장처 불명

나는 궁전에서 많은 사람이 지켜보는 가운데 연인이었던 원로원 의원 가이우스 실리우스와 결혼식을 거행합니다. 거기에 더해 그녀는 클라우디우스를 폐위하려는 반역 음모까지 계획해 실행에 옮기려고 했습니다. 가이우스 실리우스와 공모하여, 오스티아로 시찰 나간 클라우디우스를 폐위시키기로 음모를 꾸민 것이지요. 하지만 그러한 사태가 신속히 클라우디우스에게 보고되면서, 궁정 쿠데타는 실패로 끝나고 맙니다.

실리우스는 간통과 중혼 및 국가 반역죄로 체포되어 공모자들과 함께 즉시 처형되었습니다. 하지만 아내를 진심으로 사랑했던 클라우디우스는 정작 메살리나를 처벌하는 데는 뜸을 들이고 계속 미루기만 하였습니다. 그러자 근위대장 나르키수스는 결단력이 부족한 클라우디우스를 대신해, 메살리나가 머물던 루쿨루스 별장에 사람을 보내 황제의 명이라 밝히며 그녀를 죽입니다.

프랑스의 화가 조르주 로슈그로스는 〈메살리나의 죽음〉에서 메살리나가 처형되기 직전의 모습을 그리고 있습니다. 황제 근위대장은 칼로 메살리나를 죽이려고 합니다. 메살리나는 악명에 걸맞게 정열적인 붉은색 옷을 입고 왼손으로 그를 밀어내려고 하고 있습니다. 왼쪽에는 하녀가 차마 못 보겠다는 듯이 두 손에 얼굴을 묻은 채 현장을 등지고 서 있습니다. 배경 왼쪽 가장자리로는 공포에 질린 표정을 한 두 여성이 보입니다. 처형이 임박한 장면 뒤로 클라우디우스가 허리춤에 손을 얹은 채 쓴웃음을 지으며 그 현장을

조르주 앙투안 로슈그로스(Georges Antoine Rochegrosse, 1859~1938), 〈메살리나의 죽음(The Death of Messalina)〉, 1916년, 개인 소장

한스 마카르트(Hans Makart, 1840~1884), 〈빌브란트의 연극에서 메살리나로 분
한 샤를로테 볼터(Charlotte Wolter in Adolf Wilbrandt's tragedy, Arria und Mes-
salina)〉, 1875년, 오스트리아 미술사 박물관

보고 서 있고, 그 뒤로는 근위병들이 서 있습니다. 바로 전경에는 유혈 사태를 반영하는 듯한 아름다운 붉은 꽃이 흐드러지게 피어 있군요. 물론 실제로 클라우디우스가 메살리나의 처형 현장에 있었던 것은 아니지만, 극적인 효과를 높이기 위해 황제가 친히 그곳에 참여한 것으로 묘사했습니다.

로마 제국 시대 최고의 '팜 파탈 (femme fatale: 남성을 파멸적인 상황으로 이끄는 매력적인 여자라는 뜻)'황후였던 메살리나의 충격적인 이야기만큼이나 그녀를 그린 그림도 많습니다. 그녀의 이야기는 연극으로 공연되기도 했습니다. 오스트리아의 화가 한스 마카르트는 메살리나로 분한 19세기의 여배우 샤를로테 볼터를 그리면서 메살리나의 모습을 보여줍니다.

프랑스의 유명한 인상파 화가인 툴루즈 로트렉도 연극 〈메살리나〉를 보고 감명받아 메살리나 그림을 몇 점 그리게 됩니다. 로트렉의 〈메살리나〉는 그 연극의 한 장면을 표현하고 있는데, 아마도 매음

툴루즈 로트렉(Henri de Toulouse-Lautrec, 1864~1901), 〈메살리나(Messalina)〉,
1900~1901년, 미국 프린스턴대학교 미술관

굴에서 손님들을 받는 메살리나의 모습을 그린 것으로 보입니다. 그녀가 붉은 드레스를 입고 당당하게도 손님들을 기다리고 있는 모습입니다.

스페인의 대표적인 인상파 화가인 호아킨 소로야도 메살리나를 그렸습니다. 그는 젊은 시절에 로마의 장학금을 받아 유학하며 로마 예술계에서 활발하게 활동하는 동안 이 작품을 만들었습니다. 소로야는 로마에서 유학하던 시절, 많은 사람들과 긴밀한 관계를 맺어 당시 널리 퍼져 있던 예술적 경향을 익히고 로마의 역사를 공부합니다. 그리고 그 내용들을 자신의 개인적인 언어로 체화했습니다.

다음에 나오는, 캔버스에 그린 유화 〈검투사의 팔에 안겨 있는 메살리나〉는 당시 여성 누드에 대한 소로야의 취향을 보여줍니다. 이 작품은 또한 그 시기 소로야 그림의 특징인 모더니즘 운동의 세기말적인 미학으로 물들어 있으며, 이는 작품에 스며들어 있는 장식적인 디테일에서 엿볼 수 있습니다. 소로야는 이 그림에서 승리한 검투사 옆에 있는, 여신 바칸테의 모습으로 분한 메살리나를 묘사합니다. 그녀가 실제로 그처럼 검투사와 사랑을 나누었다는 기록은 없지만, 워낙 많은 남자를 상대한 그녀이니만큼 당시 제일가는 인기 스타였던 검투사도 충분히 거기에 포함되었을 것입니다. 장소는 아마도 원형경기장이 아닌 그녀의 별장으로 보이는군요.

특별히 언급할 만한 점은 전체에 대한 구성 분석과 역동적인 에너지를 주는 대각선 구도를 들 수 있습니다. 이는 매우 흥미로운 구도인데요. 구도의 중심에는 당시 다른 그림에도 등장하는 양탄자 위

에 반쯤 나체로 누워 있는 메살리나가 보입니다. 그녀는 머리에 월계관을 두른 검투사에게 화관을 건네고 있습니다. 특히 눈에 띄는 것은 두 인물의 대조되는 피부 색상으로, 메살리나에게 스포트라이트를 비추고 있는 듯이 보입니다. 그리고 주변의 의상과 꽃의 색상에 모두 화려하게 빛의 포인트를 주어서 깊이를 더하고 있습니다. 소로야가 고대 로마 역사의 맥락이 담긴 고전적 주제를 활용하여 자신의 작품에서 가장 에로틱하게 표현한 것으로, 눈이 부실 정도입니다. 황제의 아내이자 방탕함의 본보기인 메살리나의 감각적인 아름다움과 검투사의 강인함 사이의 대조는 정말이지 감탄을 금치 못하게 하는군요. 현대 이탈리아어에서 '메살리나'라는 말은 '아무 남자와 동침하는, 몸가짐이 헤픈 여자'의 대명사로 쓰인다고 합니다.

클라우디우스는 세 번째 결혼마저 파경을 맞고 다시 재혼 상대를 고르게 됩니다. 그는 해방노예 출신인 문고리 3인방에게 각각 신부 후보를 제출하게 합니다. 일부에서는 두 번째 부인이었던 아일리아 파이티나와의 재결합을 제안하기도 했지만, 반대의견이 많아 포기하게 됩니다. 그러다 황실의 안정과 아우구스투스 일가의 명예 회

호아킨 소로야(Joaquín Sorolla y Bastida, 1863~1923), 〈검투사의 팔에 안겨 있는 메살리나(Messalina in the Arms of the Gladiator)〉, 1886년, 개인 소장

복을 위해서, 황제의 조카이자 율리우스 가문의 유일한 여성인 소 아그리피나와 결혼해야 한다는 주장에 결국 칼리굴라의 여동생이자 자신의 조카인 아그리피나를 네 번째 부인으로 맞게 됩니다. 마침 그때 아그리피나는 두 번째 남편을 의문사로 잃은 뒤 미망인인 상태

였습니다(아그리피나가 황후가 되기 위해 두 번째 남편을 독살했다는 설도 있습니다). 하지만 아무리 근친혼이 흔했던 로마에서도 삼촌과 조카의 결혼은 상당한 무리수였고, 당시 사회의 전체적인 분위기도 좋지 않았습니다. 하지만 클라우디우스의 오랜 측근인 원로원의 중진 루키우스 비텔리우스가 앞장서서 이 결혼을 밀어붙입니다. 그러나 이 결혼의 결과는 최대의 파국으로 이어지고 맙니다.

클라우디우스 부부가 결혼한 지 5년 후의 일이었습니다. 아그리피나는 아들인 네로를 황제로 옹립하기 위해 클라우디우스를 독살하기로 결심합니다. 그래서 클라우디우스가 좋아하는 버섯 요리에 독을 넣었으나 황제가 바로 죽지 않자, 다시 황실 주치의를 포섭하지요. 황실 주치의는 구토를 유도한다는 핑계를 대며 독이 묻은 깃털을 클라우디우스의 목 안으로 집어넣어, 결국 황제를 살해하는 데 성공합니다. 클라우디우스는 죽기 전까지 자신의 후계 구도를 명확히 정해 놓지 않았습니다. 황제의 친아들인 브리타니쿠스가 유력한 후계자가 되어야 했지만, 클라우디우스가 생전에 후계자를 명확하게 밝혀 놓지 않고 갑자기 죽는 바람에 혼선이 빚어집니다. 그 틈을 이용해 아그리피나는 네로 옹립파들과 결탁하여 네로를 황제로 추대하지요.

그처럼 갑자기 황제에 올랐던 클라우디우스는 죽을 때조차 황당하게 자기 아내에게 독살되고 맙니다. 정말 아내 복은 지지리도 없는 황제였습니다. 선천적 장애 탓에 황실의 수치로 낙인찍혔던 클라우디우스. 그러나 바로 그 이유 때문에 정적의 횡포에서 살아남아 최고의 권력자가 되었습니다. 모두들 꼭두각시 황제가 될 줄 알았지만, 일단 황제가 된 뒤 그는 놀랍게도 뛰어난 통치력을 보여주었습니다. 사법제도를 개선하고, 야만인의 땅이라 무시했던 갈리아와 브리타니아 지역에 식민지를 건설하여 도시화를 촉진하고, 공공사업을 벌여 경제 성장을 도모하는 등 다양한 업적을 이루어 냈지요. 우리에게는 잘 알려지지 않은 황제이지만, 그야말로 도광양회(韜光養晦: 자신의 재능을 밖으로 드러내지 않고 인내하면서 때를 기다림)를 이룬, 소리 없이 강한 남자였다고 하겠습니다.

5

"로마 역사상 가장 훌륭하고 공정"했던 네로 정부가

내리막을 달린 이유는?

⟨로마 대화재를 시찰하는 네로⟩, 칼 폰 필로티

18세기 프랑스의 풍경화가 위베르 로베르가 그린 ⟨로마 대화재⟩입니다. 도시 전체가 화마에 휩싸여 아비규환에 빠진 불지옥을 인상 깊게 표현하고 있습니다.

서기 64년 7월 18일 로마 시내에 대화재가 발생합니다. 화재는 키르쿠스 막시무스(대전차 경기장) 근처에서 발생하여 로마 시내 전역으로 급속히 번졌습니다. 당시 로마 시는 14구역으로 나뉘어 있었는데, 그중에 10개 구역이 불에 타고 수만 명의 이재민이 발생할 정도로 초대형 화재였습니다. 무려 6일 동안 이어진 대화재로 팔라티노 언덕에 있던 황궁도 일부 피해를 입었으며, 그 외 거의 모든 도심의 공공시설과 민가가 화마에 휩쓸렸고 인명피해도 많았습니다.

위베르 로베르(Hubert Robert, 1733~1808), 〈로마 대화재(The Fire of Rome)〉, 1771년, 프랑스 앙드레 말로 현대 미술관

당시 황제 네로는 안티움에 있다가 화재가 커지자 급히 로마로 돌아와 진두지휘하며 재난 상황에 대응합니다. 그는 이재민에게 긴급 구호 조치를 하고 공공건물을 임시 거주지로 제공하며 구호금품도 나누어 주었습니다. 화재가 완전히 진압된 후에는 복구 작업을 위한 자금도 빌려주고 보조금도 지급했습니다. 또한 복구를 하며 새

칼 테오도르 폰 필로티(Carl Theodor von Piloty, 1826~1886), 〈로마 대화재를 시찰하는 네로(Nero Views the Burning of Rome)〉, 1861년, 독일 뮌헨 알테 피나코테크

로 짓는 건물의 경우 화재 발생의 위험을 줄이기 위해 내화성이 강한 자재를 쓰도록 하는 등의 조치를 취하게 됩니다. 그리고 다신교 국가였던 만큼, 로마 신들의 분노를 달래기 위해 속죄의식을 치르고 기도를 올리기도 했습니다. 언뜻 보면 네로는 불가피하게 발생한 대형 재난에 나름대로 신속하게 대처하고 사후 조치도 잘한 듯합니다.

19세기 독일의 화가인 칼 폰 필로티는 그의 작품인 〈로마 대화재를 시찰하는 네로〉로 유명합니다. 이 작품은 로마 시의 대화재를 목격하는 황제 네로를 그린 것으로, 역사적 사건을 다룬 주제와 필로티의 뛰어난 화가적 테크닉이 결합되어 있습니다. 이 작품은 당시에도 큰 관심을 받았으며, 현재는 뮌헨의 미술관인 알테 피나코테크의 대표작으로 소장되어 있습니다. 칼 폰 필로티의 작품은 훌륭한 역사적 재현력과 놀라운 상상력으로 유명하며, 이 그림 역시 그의 예술적 재능을 잘 보여주는 대표적인 작품 중 하나

알폰스 무해(Alphonse Maria Mucha, 1860~1939), 〈불타는 로마를 지켜보는 네로(Nero Watching the Fire of Rome)〉, 1887, 체코 프라하 국립미술관

입니다. 그림을 보면, 대화재로 폐허가 된 로마 시내를 둘러보는 네로의 표정이 비통하기 그지없습니다.

체코의 국민 화가이자 19세기 말 아르누보(art nouveau: 19세기 말~20세기 초 프랑스에서 유행한 예술 양식)의 대가인 알폰스 무하도 로마 대화

재 사건을 화폭에 담았습니다. 그의 장기인 감각적이고 장식적인 붓
터치는 그리 돋보이지 않지만, 가운데에 있는 네로 황제 주위에 스
포트라이트를 비추면서 로마 도시 전체가 검붉은 연기에 휩싸인 비
극적인 모습을 그만의 스타일로 그려냈습니다. 해가 떠 있는 것으로
보아 대낮임에도 불구하고, 시커먼 연기와 불꽃으로 마치 한밤중처
럼 보이게 합니다. 그러나 네로와 그 주변 사람들을 자세히 살펴보
면, 불타는 로마 시내를 지켜보며 안타까워하기보다는 감상하고 있
는 것 같기도 합니다. 아마도 네로가 불타는 로마 시내를 내려다보
면서 시를 지었다는 속설이 있는데, 그 이야기를 바탕으로 그린 것
같습니다.

실제로 당시 로마 시민들의 민심은 곱지 않았습니다. 로마 시민
들은 네로가 자신의 새 궁전을 짓기 위해서 일부러 불을 지르라고
명령한 것으로 믿고 있었지요. 또한 네로는 평소에도 그리스 문화에
심취하다 못해 탐닉했고, 로마가 너무 지저분하고 촌스럽다며 죄다
허물고 새롭게 단장해야 한다는 주장을 자주 해왔던 터라 더 의심을
받게 되었습니다. 그래서 네로는 그처럼 흉흉한 민심을 달래기 위해
희생양을 만들기로 합니다. 그 희생양이란 바로 기독교인들이었습
니다.

서기 33년 티베리우스 황제 때 유대 속주에서 십자가에 처형된
예수 그리스도를 따르는 기독교라는 신흥 종교 세력은 로마 전역에
서 급속히 늘어나고 있었습니다. 하지만 다신교를 믿고 있던 대다수
의 로마인들에게 유일신을 믿는 배타적인 기독교는 많은 반감을 사

고 있었지요. 사실 로마 제국은 초기의 예수 신앙 공동체에 관용 정책을 베풀었습니다. 로마 제국의 포용 정책에 따라, 정복지 주민들이 믿는 종교가 제국의 안녕과 이익을 침해하지만 않는다면 문제없다고 여겼기에 관용을 베풀었던 것이지요. 그러나 대화재의 원인이 황제에게 있다는 소문이 나돌자 생명의 위협까지 느낀 네로 황제는, 고대 로마 신들과 황제 숭배를 거절하여 로마 시민들로부터 비난을 받던 기독교인들에게 그 책임을 돌립니다. 게다가 유대인과 기독교인이 주로 사는 지역은 대부분 화재의 피해에서 벗어나 있었기에, 그들에게 방화범이라고 뒤집어씌우기도 안성맞춤이었습니다.

네로는 화재 발생의 범인으로 규정한 기독교인들을 무차별적으로 학살하기 시작합니다. 수많은 기독교인들에게 가혹한 고문과 핍박을 가하였고, 거리에는 무고한 사람들의 피가 흘러넘치게 되었습니다. 또 네로는 기독교인들에게 짐승의 털가죽을 입혀서 개나 맹수에게 물려 죽게 했습니다. 때로는 십자가에 매달아 처형하기도 하고, 심지어는 정원에 나무를 세워 기독교인들을 묶어 놓은 후 기름을 바르고 불을 지른 채 인간 횃불을 만들어 처형하기도 했습니다.

폴란드의 화가 헨리크 시에미라츠키의 작품 〈네로의 횃불〉은 1876년에 제작된 그림으로, 로마 황제 네로가 불에 탄 로마의 속죄양으로 기독교인들을 처형하는 장면을 묘사하고 있습니다. 이 그림은 네로가 로마를 불태우고 그 잔해 위에서 아무 거리낌없이 자신의 창작 활동을 펼치는 것을 상징적으로 나타내며, 시에미라츠키의 작품들에서도 특히 유명한 것 중 하나입니다. 수많은 대신과 노예 들

헨리크 시에미라츠키(Henryk Siemiradzki, 1843~1902), 〈네로의 횃불(Pochodnie Nerona)〉, 1876년, 폴란드 크라쿠프 국립미술관

사이에서, 그림 중앙의 황금빛 지붕을 한 왕좌에 앉아 거만하게 기독교인을 처형하는 광경을 지켜보고 있는 사람이 바로 네로입니다. 그림 속 횃불들은 네로가 기독교인들을 잔인하게 살해하기 위해 만든 횃대에 사람들을 묶은 후 불을 붙여 횃불로 사용했다는 끔찍한 이야기를 담고 있습니다. 이 작품은 현재 폴란드 크라쿠프 국립미술관에서 전시되고 있습니다.

헨리크 시에미라츠키가 네로 황제를 그린 또 다른 그림 한 점을 더 보겠습니다. 〈디르케처럼 처형당한 기독교인〉이라는 그림으로, 기독교인들을 끔찍하게 처형하는 장면을 담고 있습니다. 로마의 원형경기장에 검은 황소가 널브러져 있고, 그 옆에는 벌거벗은 여인

헨리크 시에미라츠키(Henryk Siemiradzki, 1843~1902), 〈디르케처럼 처형당한 기독교인(Christian Dirce)〉, 1897년, 폴란드 국립박물관

이 피 흘리며 쓰러져 있군요. 디르케는 그리스 신화에 나오는 테베의 섭정 리코스의 아내였는데, 몸을 황소 뿔에 묶은 뒤 황소를 달리게 하여 그 뿔에 찔려죽는 방식으로 복수를 당한 사람입니다. 네로는 기독교 여인들을 그처럼 잔인한 방식으로 처형하기도 했습니다. 시에미라츠키가 그린 〈디르케처럼 처형당한 기독교인〉에서는, 네로가 디르케처럼 처형당해 황소 뿔에 찔려 죽은 여인을 바라보고 있는 비정한 장면을 담았습니다.

이 시기에는 네로의 박해로 사도 베드로와 바울 역시 순교했습니다. 베드로의 경우 머리는 땅으로 다리는 위로 향하는 자세로, 즉 거꾸로 된 십자가에 못 박혀 죽었습니다. 예수와 같은 자세로 죽을 만

필리피노 리피(Filippino Lippi, 1459~1504), 〈사도 베드로의 십자가형과 시몬 마구스와의 논쟁(The Crucifixion of Saint Peter and the Dispute with Simon Magus)〉, 1481~1485년경, 이탈리아 브랑카치 예배당

큼 고귀하지 못하기에, 스스로 거꾸로 매달려 죽겠다고 한 것으로 전해집니다.

15세기 르네상스 초기 이탈리아 화가인 필리피노 리피는 〈사도 베드로의 십자가형과 시몬 마구스와의 논쟁〉이라는 프레스코화에서, 바로 그 내용을 잘 담아냈습니다. 그림을 보면 베드로가 거꾸로

십자가에 매달려 처형당하는 장면이 묘사되어 있습니다.

　그림 오른쪽에 등장하는 시몬 마구스는 신약 성경 사도행전에 등장하는 인물입니다. 그는 최초의 마법사이자 영지주의자(靈智主義者)였습니다. 자신을 하느님의 현신이자 힘이라고 주장했고, 사마리아 사람들을 현혹해 자신을 추종하는 교회까지 만들었던 일종의 사이비 교주입니다. 그러다 사마리아에 도착한 사도 베드로와 사도 요한이 성령 강림의 기적을 보이자, 그들에게 돈을 주면서 자신에게도 그 능력을 달라고 요청하기도 하지요. 베드로와 마술 대결을 벌였다는

엔리케 시모네(Enrique Simonet Lombardo, 1866~1927), 〈사도 바울의 처형(The Beheading of Saint Paul)〉, 1887년, 스페인 말라가 대성당

등 여러 설이 있긴 하지만, 실제로 시몬은 베드로와 만난 적이 없었습니다. 아마도 화가가 베드로의 처형 장면에 시몬도 등장시킴으로써, 베드로가 사역하는 모습을 강조한 것으로 보입니다.

베드로처럼 사도 바울도 네로에게 희생당한 인물입니다. 바울은 그리스도의 복음을 전파하기 위해 숭고한 희생과 수고를 치른 후, 네로의 박해 아래서 순교를 맞이합니다. 로마 병사들에게 사형집행장으로 끌려간 바울은 기도를 마치고 칼에 목이 베입니다. 19세기 스페인 화가 엔리케 시모네의 〈사도 바울의 처형〉은 바로 그 내용을 담고 있습니다. 수많은 사람들 앞에서 사도 바울이 공개 처형당하는 끔찍한 장면인데, 잘려 나간 바울의 머리에서는 광채가 흐릅니다. 로마 제국의 기독교 박해는 이후로도 300년 가까이 지속됩니다. 하지만 기독교는 죽지 않고 포교를 확대하여, 훗날 로마의 국교가 되는 기적을 만들어 냅니다.

1951년 제작된 〈쿼바디스(Quo Vadis)〉라는 영화는 바로 네로 황제 시절의 베드로 사도의 이야기를 담고 있는 고전입니다. 당대 미남 배우였던 로버트 테일러와 지적인 아름다움으로 뭇 남성들의 사랑을 받은 데보라 카가 주연한 영화로, 과거 7, 80년대 '주말의 명화'라는 TV 프로그램의 단골 메뉴였지요. 〈쿼바디스〉는 "Quo Vadis, Domine(라틴어로 '주여, 어디로 가시나이까?'라는 뜻)"라는 베드로의 물음을 제목으로 한 것입니다. 폴란드의 작가인 헨리크 시엔키에비치(Henrik Sienkiewicz, 1846~1916년)가 1896년에 발표한 동명 소설을 원작으로 하여, 마빈 르로이가 감독한 대작 영화입니다. 폭군 네로의 치하에서 사도 베드로는 기독교인의 박해를 피해 로마를 떠나 도망을 치게 됩니다. 그 길에서 베드로는 예수 그리스도를 만나는데, 이때 신자들만 남겨 놓은 채 로마를 빠져나온 자신의 잘못을 깨닫게 되지요. 그래서 다시 로마로 돌아가 담대하게 그리스도의 말씀을 전하고 십자가에 못 박혀 죽습니다. 이처럼 〈쿼바디스〉는 폭군 네로조차 꺾을 수 없었던 초기 기독교인들의 신앙에 대한 의지를 잘 그려내고 있습니다.

로마 제국의 제5대 황제 네로(재위 54년~68년)의 본명은 루키우스

도미티우스 아헤노바르부스(Lucius Domitius Ahenobarbus)입니다. 그는 황제가 되면서 네로 클라우디우스 카이사르 아우구스투스 게르마 니쿠스(Nero Claudius Caesar Augustus Germanicus)로 이름을 바꿉니다. 그의 어머니는 초대 황제 아우구스투스의 증손녀이자 게르마니쿠스의 딸이며 칼리굴라의 여동생인 소 아그리피나였습니다. 그러나 네로가 태어난 지 얼마 안 되어 아버지가 사망하고, 어머니 아그리피나가 클라우디우스 황제와 결혼하면서 그는 클라우디우스의 양자가 됩니다. 그리고 욕망의 대명사인 그의 어머니 아그리피나의 계략으로, 3살 차이의 의붓동생 브리타니쿠스를 제치고 5대 황제로 즉위하게 된 것입니다.

집권 초기, 네로는 유명한 철학자이자 정치가인 세네카의 도움으로 선정을 베풀었습니다. 또한 로마의 문화와 건축 기술도 발전시켰습니다. 네로는 자신을 예술가의 지도자 또는 위대한 시인으로 여겨 시, 노래, 건축 등 예술을 지원했습니다. 그러나 앞서 살펴본 대로, 로마 대화재 당시 민심 수습책으로 신흥 종교였던 기독교를 희생양 삼아 그 교도들을 대대적으로 학살하면서 폭군으로 역사에 남게 되지요. 게다가 전임 황제 클라우디우스를 독살하고 자신을 황제에 오르게끔 주도한 어머니 아그리피나와도 관계가 틀어지고 맙니다. 아그리피나는 물론 그녀의 정부인 파쿨라스가 노골적이고도 방자한 태도로 황제의 정무를 간섭하자, 더 이상 참지 못하고 만 것입니다.

그는 우선 파쿨라스를 국외로 추방하고 아그리피나마저 쫓아내려 합니다. 그러자 생명의 위협을 느낀 아그리피나는 브리타니쿠스

를 자신의 편으로 만들기 위해 노력하지요. 그러자 네로는 브리타니
쿠스를 독살해 버립니다. 아그리피나는 최후의 수단으로 자신의 미
모를 이용해 아들 네로를 침대로 유혹하여 꼼짝 못 하게 했다고 전
해집니다. 물론 그들 모자가 근친상간을 했는지 확실하지는 않으나,
대부분 사실이었으리라 인정하고 있습니다. 하지만 얼마 지나지 않
아 네로는 어머니와의 비정상적인 관계에 싫증을 내게 됩니다. 그래
서 아그리피나를 안토니아 궁전으로 옮겨 살게 하고는 그 후 만남조
차 거절했습니다.

그 무렵 네로의 마음을 사로잡았던 여인은 포파이아였습니다. 그
녀는 네로의 동성 애인인 오토의 아내였는데, 네로가 탐내는 것을
알고는 오토가 바친 정부였습니다. 포파이아는 황후인 옥타비아를
제치고 스스로 황후가 되고자 하였습니다. 그러나 옥타비아보다는
우선 네로와 옥타비아의 이혼을 반대하는 아그리피나가 걸림돌이라
생각하여, 네로에게 아그리피나를 제거하라며 충동질합니다. 결국
자신의 어머니를 죽이기로 결정한 네로는, 아테나 여신의 축일에 나
폴리 서쪽 미세노 곶 근처에 있는 바코리 별장에서 잔치를 열어 아
그리피나를 초대합니다. 잔치가 끝난 후 네로는 선착장까지 가서 태
연히 아그리피나를 배웅했습니다. 하지만 아그리피나가 탄 배는 출
발한 지 얼마 지나지 않아 가라앉고 맙니다. 네로가 미리 배에 구멍
이 나도록 조치해 놓았기 때문이지요. 그러나 워낙에 헤엄을 잘 쳤
던 아그리피나는 스스로 살아나오게 됩니다.

19세기 오스트리아의 화가인 구스타프 베르트하이머가 그린 〈아

그리피나의 난파〉를 보실까요. 이 작품은 아그리피나가 네로의 계략으로 구멍이 난 배에 탔다가, 배가 난파되는 장면을 그리고 있습니다. 이 그림은 몇 가지 극적인 사건을 보여줍니다. 그림 중앙을 보면 비밀리에 비단 천으로 덮어 놓은 무거운 납덩어리가 무너져 배가 반으로 부서지고 있습니다. 불안에 휩싸인 아그리피나는 갇힌 침대 아래에서 빠져나오는 동시에 겁에 질린 시녀를 보호합니다. 오른쪽은 어두워서 잘 보이지는 않지만, 악의로 가득 찬 노잡이들이 시녀를 장대로 찔러 익사시키려 하고 있습니다. 그 와중에도 아그리피나는 헤

엄쳐서 무사히 배에서 탈출합니다. 전체적으로 볼 때 베르트하이머의 역동적인 붓 터치, 강조된 파도와 배의 곡선, 겁에 질린 여성들에 비춘 스포트라이트, 붉은색 천에 대한 시선 집중 등으로 매우 뛰어난 구성을 보여주는 명화입니다.

구스타프 베르트하이머(Gustav Wertheimer, 1847∼1902), 〈아그리피나의 난파
(The Shipwreck of Agrippina)〉, 연대 미상, 개인 소장

노엘 쿠아펠(Noël Coypel, 1628~1707), 〈어머니 살해를 지시하는 네로(Nero Ordering the Murder of his Mother)〉, 17세기, 프랑스 그르노블 박물관

아그리피나의 사망 소식을 기다리던 네로는 그녀가 살아 돌아왔다는 보고를 듣고는 크게 실망합니다. 하지만 포기하지 않고 근위대 병사들에게 안토니아 궁전에 쳐들어가서 그녀를 죽이라고 명령합니다. 자신을 죽이러 온 근위대 병사들을 본 아그리피나는 저항했으나, 결국 칼을 맞고 쓰러집니다. 그녀는 죽는 순간에도 자기 옷을 들추고는 복부를 가리키며 "여기가 네로가 태어난 곳이니 여기를 찔러 죽여라"라며 고함을 쳤다고 하는군요. 그때 아그리피나의 나이는 44세였고 네로는 22살이었습니다.

17세기 프랑스의 화가 노엘 쿠아펠은 장엄하고 화려한 스타일로 역사화 및 그리스 로마 신화를 그린 화가로 유명합니다. 그의 그림

조반니 무치올리(Giovanni Muzzioli, 1854~1894), 〈옥타비아의 머리를 가져오게 하는 포파이아와 네로(Poppaea and Nero Have the Head of Octavia Brought Forward to Them)〉, 1876년, 이탈리아 모데나 미술관

〈어머니 살해를 지시하는 네로〉를 보면, 배를 침몰시켜 아그리피나를 살해하려는 계획이 실패했다는 보고를 들은 네로가, 이번에는 직접 그녀를 칼로 살해하라는 지시를 내리고 있습니다. 네로의 맞은편에 앉아 있는 여인이 바로 포파이아입니다. 그림 속 그녀는 관람객인 우리를 빤히 쳐다보고 있는데, 마치 그 음모의 현장에 우리를 공범으로 끌어들이려는 듯합니다.

아그리피나가 죽은 후 포파이아가 임신을 하게 됩니다. 그러자 네로는 옥타비아와 이혼하고 그녀를 외딴섬으로 추방한 뒤 몇 년 후 간통 혐의로 처형합니다. 그리고 포파이아를 새로운 황후로 맞이하지요.

19세기 이탈리아 역사화가인 조반니 무치올리가 그린 〈옥타비아의 머리를 가져오게 하는 포파이아와 네로〉는, 하인에게 처형한 옥타비아의 머리를 가져오게 해서 확인하는 포파이아를 그리고 있습니다.

　하지만 그처럼 악녀였던 포파이아도 얼마 못 가 65년에 네로에게 죽임을 당합니다. 더구나 그때 포파이아는 임신한 상태였습니다. 매일 밤늦게까지 시 낭송과 경주대회에 다니느라 황궁에 늦게 들어오는 네로에게 포파이아가 잔소리를 해대자, 술에 취한 네로가 순간의 분노를 참지 못하고 그녀의 복부를 걷어차 죽게 만든 것입니다. 술에 취해 아내를 때려죽인 후 제정신이 든 네로는 그녀의 죽음에 매우 슬퍼했다고 합니다. 그래서 대대적으로 포파이아의 장례식을 치르고 시신을 방부 처리한 뒤, 아우구스투스의 영묘에 안장했습니다.

　이듬해 66년 네로는 스타틸리아 메살리나를 새 황후로 맞이하지만, 아내 말고도 수많은 정부와 남자 노예를 사귀었습니다. 그 남자 노예 가운데 하나였던 스포루스를 보고 네로는 첫눈에 반합니다. 스포루스가 포파이아와 너무도 닮았기 때문이었지요. 그래서 그 노예를 데려와 거세하고 여장을 시킨 후 심지어 그와 성대한 결혼식까지 올립니다. 신하들도 스포루스를 황후라 칭하면서 황후 대접까지 해주었다고 합니다. 하지만 네로의 네 번째 부인이었던 스포루스도 네로의 사후 비참하게 자살하고 맙니다.

　네로의 스승은 당시 로마의 스토아학파 철학자인 세네카(Lucius

Annaeus Seneca, 기원전 4년 추정~기원후 65년)였습니다. 히스파니아 출신이었던 세네카는 칼리굴라와 클라우디우스 황제 시절에는 핍박을 받았습니다. 하지만 네로가 어린 나이에 황제로 즉위하자, 그의 어머니였던 아그리피나에게 네로의 가정교사로 초빙됩니다. 세네카가 네로의 스승이 되었을 때, 네로는 시와 음악에 뛰어난 총명하고 밝은 소년이었다고 합니다. 그 후 8년 동안 세네카는 근위대장 브루스와 함께 사실상 로마 제국을 통치하게 되지요. 그들이 젊은 황제 네로를 통해 통치한 그 기간은 '로마 제국의 역사 전체를 통틀어서도 가장 훌륭하고 공정한 정부'라는 평가를 들을 정도였습니다. 속주 총독들의 부패를 감시하고, 간접세 인하와 같은 일련의 법률 제정 및 재정적 개혁을 통해서, 로마 경제를 부흥시켰습니다.

하지만 세네카의 그늘에서 벗어나고자 한 네로는 그를 부정 축재 및 자신의 어머니 아그리피나와 동침했다는 누명을 씌워 고발합니다. 세네카는 궁정에서 물러나 조용히 지방으로 은퇴한 뒤 저술 활동을 하지요. 하지만 몇 년 후, 피소가 네로를 축출할 음모를 꾸미다 발각되는데, 네로는 이 사건에 세네카를 연루시키며 그에게 자살을 명합니다. 황제의 명령을 받은 세네카는 빨리 세상을 뜨고자, 칼로 허벅지 정맥을 그어 죽으려 했습니다. 하지만 뜻대로 되지 않자, 시녀에게 부탁하여 아내를 멀리 데려가게 합니다. 당시 세네카의 부인 파울리나 역시 남편을 따라 죽으려 했습니다. 세네카는 서로가 죽는 모습을 바라보면서 마음이 약해지는 것을 막고자 했던 것입니다.

18세기 프랑스 신고전주의의 거장 자크 루이 다비드가 그린 〈세

자크 루이 다비드(Jacques-Louis David, 1748~1825), 〈세네카의 죽음(The Death of Seneca)〉, 1773년, 프랑스 프티 팔레 미술관

네카의 죽음〉을 보면, 의사가 세네카의 허벅지를 칼로 그어서인지 사방으로 피가 튄 처참한 광경을 드러내고 있습니다. 피를 흘리면서도 빨리 죽지 않자 노예에게 독약을 가져오라 명하고, 한 노예가 다가와 다시 독약을 건네는 광경도 보입니다. 또한 흐르는 피를 받으려고 세네카의 발 아래에 놓은 대야도 보이는군요. 세네카의 뒤로

는 처형을 집행하려 온 근위대 백부장(百夫長: 로마 군대에서 100명으로 조직된 단위 부대의 우두머리)이 서 있고, 오른쪽 끝에는 세네카의 제자가 당대 최고의 철학자인 세네카의 마지막 말을 기록하고 있습니다. 바로 옆에는, 세네카와 함께 죽으려는 부인 파울리나와 그녀를 세네카에게서 멀리 데려가려는 하녀들의 화려한 의상이 눈에 띕니다. 그래서 죽음이 엄습하는 왼쪽의 암울한 분위기와는 정반대인 여인들 의상의 화려한 색상이 대조를 이루고 있습니다. 이처럼 화려한 표현은 신고전주의 이전에 유행하던 로코코 양식으로, 이 그림이 다비드가 신고전주의 양식을 표현하기 이전인 청년기에 그린 작품임을 보여줍니다.

아그리피나가 살해된 후 10년 동안, 네로의 과대망상증과 잔인한 살육은 멈추지 않았습니다. 결국 네로 시대는 로마 역사상 최악의 암흑기로 기록됩니다. 그러나 드디어 네로의 폭정을 참지 못하고 서기 68년 근위대가 반란을 일으킵니다. 또한 히스파니아 타라콘네시스 속주의 총독인 세르비우스 술피키우스 갈바(Servius Sulpicius Galba)도 반란을 일으켜 내전이 일어나고, 이에 각지의 총독들이 동조하게 됩니다. 그러자 원로원은 마침내 네로에게 '공공의 적(Hostispublicus)'이라는 선고를 내립니다. 로마 역사에서 이미 수많은 위험 인물들이 공공의 적으로 규정되었지만, 살아 있는 현직 황제에게 원로원이 파문한 일은 처음이었습니다. 공공의 적으로 규정된다는 것은 보는 즉시 체포하거나 살해하라는 의미였습니다. 공공의 적을 처형한 사람은 원로의 이름으로 포상금을 받았습니다.

결국 68년 6월 8일, 네로는 4명의 노예들과 함께 로마를 탈출합니다. 그리고 마지막까지 황제의 편에 섰던 해방노예 파온의 별장에서 자살로 생을 마감하지요. 네로는 죽은 뒤에도 공공의 적으로 규정됩니다. 바로 '담나티오 메모리아이(Damnatio Memoriae)', 즉 기록 말살형을 받아 그와 관련된 모든 기록이 철저히 삭제됩니다. '기록 말살형'은 공식적인 황제로 인정하지 않겠다는 의미로, 우리의 경우 조선시대 연산군이나 광해군이 반정으로 폐위된 것과 비슷하다고 보시면 되겠습니다. 기록 말살형을 받은 탓에 네로의 흉상은 극히 드물게 됩니다. 이로써 기원전 27년 초대 황제 아우구스투스에서 이어온 율리우스-클라우디우스 황조는 막을 내립니다.

즉위 초기 네로는 인기가 높았습니다. 하지만 자신을 천재 시인으로 착각하면서 올바른 판단을 하지 못하고, 어머니 아그리피나와의 갈등 속에 더욱 광적인 행동을 이어가게 되었지요. 결정적으로 로마 대화재 이후 기독교도들을 희생양으로 삼으면서 민심은 더욱 흉흉해졌고, 화재 방지를 위한 세금을 신설함으로써 모든 것을 잃고 망연자실해 있던 로마 시민들을 더욱 분노케 하였습니다. 그렇게 거둬들인 세금은 네로의 궁전 건립과 모금을 위한 복권 자금으로 활용되었다고 하는군요. 2,000년 전 로마의 흑역사이지만 오늘날 우리도 접할 수 있는 일입니다. 우리에게도 언제부터인가 공공의 적이 넘쳐나고 있습니다. 국민이 진짜로 필요로 하는 것이 무엇인지, 국가의 미래를 위해서 어떤 비전으로 국가정책을 실행해야 하는지, 충분히 고민하고 준비된 지도자가 아쉬운 요즘입니다.

잠시 쉬어가기: 로마의 화폐제도

인류의 4대 문명 발상지인 메소포타미아에서는 기원전 7000년 전부터 금속 덩어리인 잉곳(ingot)을 화폐로 사용했습니다. 그런 화폐를 받아들인 그리스에서는 기원전 7세기부터 주화를 사용하기 시작했지요. 그리스인들이 정착해 살았던 이탈리아 남부의 마그나 그라이키아 대도시들에서도 그 화폐를 사용하고 있었는데, 당시 후진국이던 로마는 기원전 3세기경에 그러한 선진 화폐제도를 도입합니다.

당시 주화에는 여러 신들이 새겨져 있었습니다. 그러다 기원전 1세기 카이사르가 자신의 초상이 담긴 주화를 발행하면서, 본격적인 로마 주화 시대를 열게 되며 그 화폐는 고대 지중해 세계의 기축통화가 됩니다. 이후 로마 황제들은 자기 모습을 담은 화폐를 발행하는 일이 관례가 되었습니다.

오늘날의 대부분 주화와는 달리, 고대 로마의 주화는 실제 가치를 보유했답니다. 즉 금화인 아우레우스 및 은화인 데나리우스는 순도 100%로, 실제 그 무게에 걸맞은 가치를 지녔습니다. 1아우레우스는 25데나리우스의 가치를 가지고 있었고요. 그러나 이 순도가 세월이 지남에 따라 점차 떨어지게 됩니다. 고대 그리스의 은화인 드라크마에 대항하기 위해 제2차 포에니 전쟁 직후인 기원전 211년부터 발행한 데나리우스는, 아우구스투스 황제 때까지는 순도 100%를 유지했습니다.

네로의 아우레우스 화폐

하지만 네로 황제는 대화재 때의 복구 비용을 마련하고
자 화폐 개혁을 통해 데나리우스의 순도를 92%로 떨어뜨리
고는 그 가치는 그대로 두어, 8%의 인플레이션 요인을 발생
시키게 됩니다. 이후 트라야누스 시대에 순도가 83%로 조
정되었다가, 212년 카라칼라 시대에는 40%대까지 떨어지
지요. 이후 군인 황제 시대에 혼란이 가중되면서 데나리우스
의 은 함유량이 고작 5%에 그친 적도 있었답니다. 아우렐리
아누스 황제 시대에는 그런 문제들을 해결하고자, 화폐 개혁
을 통해 저품질의 데나리우스 발행을 금지했습니다. 하지만
이미 순도 저하로 발생한 살인적인 인플레이션을 막을 수는

없었습니다.

이후 디오클레티아누스 황제는 최악의 인플레이션을 해결하기 위해, 아예 데나리우스를 폐지하고 아르겐투스라는 새로운 은화를 만들었습니다. 하지만 그마저도 인플레이션을 잡기에는 역부족이었지요. 결국 콘스탄티누스 황제가 제국을 재통일한 뒤, 데나리우스를 솔리두스라는 금화로 대체하고 나서야 물가를 잡을 수 있었습니다. 하지만 몇몇 로마의 속국이었던 지역에서는 지금도 이 데나리우스의 명칭을 따서 자국의 화폐로 쓰고 있답니다. 프랑스의 옛날 동전인 '데니어'나 오늘날 영국의 동전인 '페니'는 물론, 아랍권에서 쓰는 '디나르'도 모두 데나리우스에서 유래된 화폐 단위입니다.

6

79년 8월 24일 오후 1시, 폼페이에서는 무슨 일이 있었던 걸까?

〈폼페이 최후의 날〉, 카를 브륨로프

서기 68년 네로 황제의 죽음 이후, 1년 동안 로마는 끊임없이 반란이 일어나며 4명의 황제가 즉위하는 극심한 혼란기를 겪습니다. 그 4명의 황제는 갈바, 오토, 비텔리우스 그리고 베스파시아누스였습니다. 오토는 네로의 연인이자, 아내인 포파이아를 네로에게 빼앗긴 인물이기도 합니다. 비텔리우스는 황제에 오른 뒤 대놓고 네로를 찬양하고 그를 존경한다고 말하면서, 네로의 영혼을 위로하고 그 정책을 계승하기도 했습니다.

비텔리우스(Vitellius)는 '로마의 돼지'라고 불렸는데, 별명답게 자신의 유일한 취미인 폭식에 탐닉하며 국정을 돌보려 하지도 않았습니다. 그는 앉은 자리에서 굴 1,000개를 까먹었다고 전해질 만큼 대식가였고, 집권 8개월 동안 오늘날 가치로 약 1,000억 원에 상당하

조르주 앙투안 로슈그로스(Georges Antoine Rochegrosse, 1859~1938), 〈로마 시민들에게 조리돌림당하는 비텔리우스(Vitellius Dragged Through the Streets of Rome by the People)〉, 1882~1883년, 프랑스 상스 박물관

는 돈을 파티 비용으로 물 쓰듯 낭비하기도 했습니다. 결국 그는 베스파시아누스 반란군에 의해 황궁에서 체포되어 짐승처럼 끌려 나오게 됩니다. 옷이 거의 벗겨진 상태여서 반나체로 로마 시내 여기저기를 끌려다닌 후, 포로 로마노(Roman Forum: 고대 로마 시민들의 생활 중심지였던 곳)에서 갖은 모욕과 고문을 당한 뒤 그 자리에서 참수형을 당하고 말았습니다.

프랑스의 화가 조르주 로슈그로스가 그린 〈로마 시민들에게 조리돌림당하는 비텔리우스〉라는 작품을 보실까요. 이 그림은 비텔리우스가 처참한 몰골로 로마 시내 곳곳을 끌려다니며, 시민들에게 조롱당하는 모습을 보여주고 있습니다. '로마의 돼지'라는 별명에 걸맞게 탐욕스럽고 살진 모습으로 그렸는데, 얼마나 먹기만 해댔으면 저렇게 많은 시민들이 야유를 보내는지 알 수 있을 것 같습니다.

1년간 혼란스러웠던 정국에 마침표를 찍고 새로이 제9대 황제로 등극한 베스파시아누스(Vespasianus, 재위 69년~79년)는 세리 집안의 아들로 태어난 평민 출신이었습니다. 로마 제국의 권부 최상층에 오르기에는 어려운 신분이었지요. 그는 트라키아 지방에서 군 복무를 시작하여, 네로 황제 시대에는 뛰어난 장군으로 브리타니아를 비롯한 로마 제국 역내의 반란을 진압하는 데 많은 공을 세웠습니다. 그런데 네로 황제의 그리스 별궁에서 황제가 베푸는 연회에 참석했다가, 네로의 시를 들으며 졸았다는 이유로 유배되어 시골에서 양봉을 하며 지내게 되었습니다.

그러던 2년 후, 유대 지역에서 유대교 강경파 민족주의 세력인 열심당원들이 독립전쟁을 일으킵니다. 반란이 걷잡을 수 없이 커지자, 베스파시아누스는 그 사태를 평정할 지휘관으로 발탁되어 유대 속주로 파견됩니다. 그는 지략과 용맹한 능력을 발휘하여 반란을 진압하고 예루살렘을 점령합니다. 그리고 이어서 유대 북부 갈릴리 지역을 점령하고, 요셉이라는 유대인 지도자를 포로로 잡으면서 다시 능력을 인정받게 되지요.

후에 요셉은 로마로 들어가 시민권을 얻으며 이름을 요세푸스라고 로마식으로 변경하고, 로마와 유대 사이에 절충안을 제시하며 양쪽의 상생을 모색하도록 돕습니다. 결국 베스파시아누스는 그의 도움으로 유대 지역을 무리 없이 통치할 수 있게 됩니다. 물론 베스파시아누스 또한 자신의 정치를 도운 요세푸스에게 안전하고 편안한 삶을 보장해주었습니다. 그 와중에 서기 68년이 되어 로마에서는 네로의 자살 이후 연이은 쿠데타로 엄청난 혼란이 야기되고, 그 상황을 수습할 적임자로 베스파시아누스가 로마인에게 선택되면서 로마에 입성하게 되었던 것입니다. 결국 베스파시아누스는 지난 1년간 혼란했던 로마를 평정하고 국가의 질서를 회복하면서, 군인 출신이었던 3명의 황제를 이어 새로이 로마 제국 제9대 황제 자리에 등극하게 됩니다.

제위에 오른 그는, 초대 황제였던 아우구스투스 이래 율리우스-클라우디우스 황조의 황제들에게 주어진 것과 같은 권한을 자신에게도 부여하는 '베스파시아누스의 명령권에 관한 법률'을 원로원에게 제정하도록 합니다. 그럼으로써 베스파시아누스도 율리우스-클라우디우스 황조의 여러 황제처럼 통치하고 카이사르라는 명칭을 사용할 수 있는 법적 기반이 정비되었습니다. 또한 베스파시아누스는 종래로 원로원에 관습적으로 부여되던 황제 탄핵권을 없애면서, 황제와 원로원 사이에 놓인 권력의 균형추를 황제에게 완전히 기울도록 만들었습니다. 그럼으로써 원칙적으로는 황제가 사망해야만 정권을 교체할 수 있게 한 것이지요. 그것은 후대에 이르기까지 정권 교체를 위해 황제를 시해하는 일이 자주 발생하는 원인이 되기도 합니다.

새 황제의 과제는 내전으로 피폐해진 로마를 재건하는 일이었습니다. 그래서 서기 72년에는 대형 원형경기장인 콜로세움(Colosseum)을 건설하기 시작합니다. 8년에 걸쳐 만든 콜로세움은 로마 건축의 혁명이었습니다. 새로운 아치와 같은 구조적 발상과 대리석에서 콘크리트로의 재료의 변화, 그리고 당시 최신 기계장치인 도르래를 이용한 기중기 등 혁신적인 건축 기술을 이용하여 콜로세움을 완성했습니다.

콜로세움은 위치부터 남달랐습니다. 원래 그곳은 로마 한복판에 있던 네로 황제의 '황금궁전' 자리였습니다. 네로 황제는 64년 대화재로 궁전이 타버리자 화려한 황금궁전을 짓고는, 그 옆에 자신의 거대한 청동 동상인 콜로서스를 세웠지요. 베스파시아누스는 이 황금궁전 안에 있는 인공 호수 터에 원형경기장을 지은 것입니다. 콜로세움의 건설에는 네로의 폭정에 지친 시민들의 마음을 달래고, 전임 황제들과 자신을 차별화하려는 정치적 의도가 있었습니다.

조반니 파올로 판니니(Giovanni Paolo Panini, 1691~1765), 〈로마 카프리치오:
콜로세움과 다른 기념물들(Roman Capriccio: The Colosseum and Other Monu-
ments)〉, 1735년, 미국 인디애나폴리스 미술관

　　하지만 72년에 콜로세움 건설을 시작한 베스파시아누스 황제는,
건물 2층까지만 짓고 완공을 다 보지 못한 채 79년에 사망하게 됩
니다. 그래서 콜로세움은 그의 후계자이자 아들인 티투스(Titus Flavius
Vespasianus, 재위 79년~81년) 황제가 80년 들어 완공하기에 이르지요. 이
후 82년, 그의 동생 도미티아누스 황제가 4층으로 건물을 개축합니
다. 이쯤에서 궁금하시지 않은가요? 네로와 세 황제 시절을 거치며

국고가 바닥난 상황에서, 어떻게 10년이라는 짧은 기간에 그런 대규모 건설이 가능했을까요? 그 이유는 바로 유대인 반란을 진압하고 거기서 가져온 전리품과 유대인 포로를 노동력으로 쓴 덕분이었습니다.

18세기 이탈리아 화가이자 건축가였던 조반니 파올로 판니니는 주로 풍경이나 전경을 많이 그렸습니다. 그래서 '전경화가(view painter)'라는 별명으로도 불렸지요. 그는 특히 고대 로마의 건축물에 대한 전경을 많이 그린 것으로 유명합니다. 그의 작품 〈로마 카프리치오: 콜로세움과 다른 기념물들〉에서는 콜로세움을 비롯한 로마의 여러 기념물을 보여주고 있습니다. '카프리치오(capriccio)'는 즉흥성이 강한 소품을 일컫는 이탈리아어로, 주로 음악에서 광상곡(狂想曲)이나 기상곡(綺想曲)을 의미합니다. 미술에서는 이처럼 전경을 그린 그림을 카프리치오라고도 하지요.

18세기는 유럽의 계몽주의 시대로서, 당시 유럽의 부유층 자제들은 '그랜드 투어'라고 해서 장기간 이탈리아 곳곳을 다니며 고대 문화와 예술을 공부하는 것이 유행이었습니다. 유럽의 귀족 청년들은 고대 로마의 유적을 보면서 역사도 배우고 문화, 예술에 대한 소양도 키웠답니다.

네덜란드 출신의 영국 화가 로렌스 알마타데마는 빅토리아 시대의 대표적인 역사화가입니다. 일반적으로 그의 그림들은 보는 사람에게 평화로운 느낌을 전달하는, 밝고 유쾌한 고대 시기를 배경으로 하고 있습니다. 그 좋은 예가 바로 이 〈콜로세움〉이라는 작품입니다.

로렌스 알마타데마(Sir Lawrence Alma-Tadema, 1836〜1912), 〈콜로세움(The Colosseum)〉, 1896년, 개인 소장

로렌스 알마타데마는 철저한 고증을 통해 고대 로마의 유적들을 매우 상세하게 그려냈습니다. 우리는 이 작품을 통해 고대 로마의 조각과 부조 또는 건물의 모습을 감상할 수 있게 되었습니다. 오늘날 로마 여행에서도 콜로세움은 훼손된 모습으로만 만나볼 수 있답니다. 그런데 알마타데마의 노력으로 이처럼 콜로세움의 완전하고 웅장한 모습을 볼 수 있다니, 매우 인상적이고 고맙기까지 합니다.

콜로세움의 원래 이름은 '플라비우스 원형경기장'으로, 베스파시아누스 황제 일가의 이름을 딴 것입니다. 콜로세움이라는 이름은, 경기장 옆에 있는 네로 황제의 금박 동상인 '콜로서스(Colossus)'에서 유래했다는 설이 있습니다. 콜로세움은 지하 2층에서 지상 4층짜리 건물로, 높이 52m, 둘레 527m, 총면적 2만 4,000m²에 이르는 대규모 건축물이었습니다. 당시 로마인들의 뛰어난 건축 기술을 보여주는 집약체였지요. 아치형 구조를 쌓아 만들었으며, 석회 반죽에 화산재를 섞은 콘크리트를 사용하여 아주 견고했다고 합니다. 콘크리트라는 건축 재료가 현대에 발명된 것이 아니라 이미 2,000년 전 로마 시대부터 쓰였음을 알 수 있군요. 또 1층은 남성적이고 단순한 도리아식, 2층은 여성적이며 섬세한 이오니아식, 3층은 화려한 코린트식 기둥으로 지어서, 층마다 다른 건축 양식을 사용했습니다. 맨 꼭대기엔 수백 개의 나무 봉을 설치해 천막을 달아 거대한 햇빛 가리개(베라리움)를 만들 수 있었답니다.

검투사와 맹수가 싸우는 경기장 바닥 부분은 나무판을 모래로 덮었기 때문에, '모래'라는 뜻의 라틴어 '아레나(arena)'로 불렸습니다.

타원형 경기장은 관중석이 5만 개였지만, 입석까지 들어차면 최대 8만 명까지 수용할 수 있었다고 합니다. 당시 로마 인구가 100만 명이었다고 하니, 대단한 규모가 아닐 수 없습니다. 또한 터널과 출입구를 효과적으로 설계하여, 출입구 80곳으로 관중이 모두 빠져나가는 데 겨우 20분밖에 안 걸렸다고 하는군요. 관중의 시야를 최대로 확보하기 위해 좌석은 37도 경사지게 만들었는데, 아래층으로 내려갈수록 경기를 가까이서 생생히 볼 수 있었습니다. 따라서 아래층에는 신분 높은 사람들이 앉았지요.

지하에 있는 '히포게움(hypogeum)'은 원래 물을 채워서 모의 해전까지 가능하도록 만든 공간이었습니다. 하지만 배수 관리가 번거로운 탓에 개조되어, 검투사 대기실과 맹수 우리 등을 두게 됩니다. 검투사와 맹수는 수동 승강기를 타고 경기장 위로 올라와 극적인 장면을 연출했답니다. 물론 이 콜로세움은 검투사나 맹수와의 경기가 벌이지는 곳이었을 뿐 아니라, 수많은 기독교인들을 처형하는 비극의 현장이 되기도 하였습니다.

콜로세움을 그린 작품의 대다수는 폐허가 된 상태를 보여주지만, 19세기 이후 일부 예술가들은 내부를 재구성한 모습을 보여주려고 시도했습니다. 그처럼 콜로세움 내부를 재구성하여 보여주는 작품 가운데 가장 유명한 것은, 프랑스의 화가 장 레옹 제롬이 그린 장엄한 작품 〈황제 폐하 만세! 죽음을 앞둔 우리가 당신께 경의를 표합니다〉입니다. 손상되지 않은 원형경기장의 내부를 그린 다른 그림도 있지만, 이 그림만큼 원래의 콜로세움과 유사하게 묘사한 것은 매우

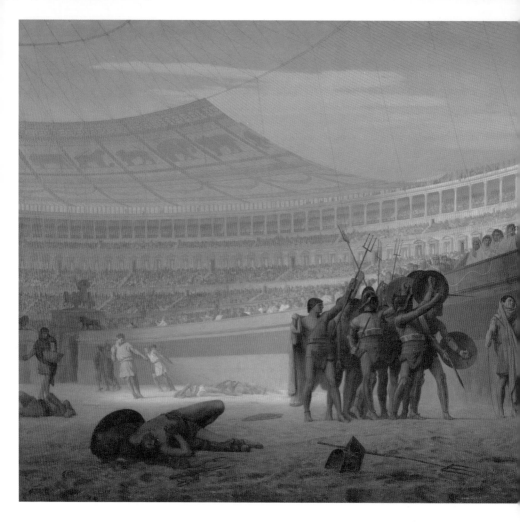

장 레옹 제롬(Jean-Léon Gérôme, 1824~1904), 〈황제 폐하 만세! 죽음을 앞둔 우리가 당신께 경의를 표합니다(Hail Caesar! We Who Are about to Die Salute You(Ave Caesar, Morituri Te Salutant))〉, 1859년, 미국 예일대학교 미술관

드뭅니다.

콜로세움 안 수많은 관중들의 환호성 속에, 승리한 검투사 무리는 황제 앞에 나와 경의를 표하고 있습니다. 그 뒤로는 패배한 검투

사들의 시체를 끌고 가는 노예들이 보이는군요. 객석 황제의 자리에 앉은 황제와 검투사 사이에 조심스럽게 약간의 긴장감이 흐르고, 황제는 거만하게 그들의 승리를 치하하고 있습니다. 황제의 오른쪽에서 그처럼 타락한 광경을 함께 지켜보며 즐기는 여인들은 베스타 여사제들입니다. 작가인 제롬은 베스타 여사제를 함께 그려 넣음으로써, 성(聖)과 속(俗)이 뒤섞인 감정을 불어넣어 보는 이의 놀라움을 자아냅니다. 대중적인 매력에도 불구하고, 이 그림은 탁 트인 전망과 군중의 함성보다 더 많은 의미를 내포하고 있습니다. 제롬의 많은 그림들이 그렇듯이, 관람객은 이 광경을 바라볼 뿐만 아니라 궁극적으로 참혹한 현장을 즐기는 사람이 되기도 합니다. 이 그림은 매우 성공적이어서, 19세기 유명한 화상(畵商)인 구필(Goupil)은 그 후 50년 동안 이 그림의 수많은 복제품을 만들어서 판매했다고 하지요.

로마 제국의 정책을 흔히 '빵과 서커스'라고 부릅니다. 국가가 시민에게 제공한 무상 식량과 오락거리를 빗댄 말인데, 대중들의 인기에 영합하는 '포퓰리즘'을 이르는 말로 쓰이기도 하지요. 여기서 콜로세움은 오락을 위한 대표적인 '서커스'였습니다. 로마 황제들은 콜로세움을 통해 제국의 건재함을 대외에 알리고, 시민들이 열광할 수 있는 볼거리를 제공해 황제에 대한 충성을 유도했습니다. 시민들의 정치적 관심과 불만을 다른 곳으로 돌릴 수도 있었지요. 황제는 인기를 얻으려 타조나 악어, 하마, 표범 등 이국적인 짐승을 구해와 시민들에게 보여주기도 했다고 합니다. 콜로세움은 80년부터 서로마 제국이 멸망(476년)한 후로도 523년까지 사용되었습니다. 이후 지진 등으로 파괴되고 게르만족의 약탈을 거치며 폐허 상태로 방치되어, 지금은 원형의 1/3만 남아 있답니다.

최초의 평민 출신 로마 황제 베스파시아누스는, 아들 티투스가 뒤를 이어 황제가 되면서 플라비우스 황조를 이루게 되었습니다. 서기 79년, 베스파시아누스의 뒤를 이어 황제가 된 티투스는 겨우 2년밖에 제위에 있지 못했지만, 역사상 매우 유명한 전쟁을 치른 사람으로 널리 알려져 있습니다.

콜로세움 광장에서 북쪽으로, 포로 로마노로 진입할 때 티투스 개선문이 보입니다. 높이 15.4m이니 콜로세움에 비하면 매우 작은 규모의 건물로, 현재 로마에 남아 있는 3개의 개선문 가운데 가장 작지만 가장 오래된 것이기도 합니다. 이 개선문은 르네상스 시대와 신고전주의 시대에 건립된 많은 개선문들에 영향을 끼친 원조입니다. 파리에 있는 나폴레옹 개선문도 그중 하나랍니다.

옆의 그림은 18세기 베네치아 화파의 풍경화가였던 카날레토가 그린 〈티투스 개선문〉이라는 작품입니다. 화가의 본명은 조반니 안

조반니 안토니오 카날(Giovanni Antonio Canal(Canaletto), 1697~1768), ⟨티투스 개선문(the arch of Titus)⟩, 1744년, 소장처 불명

토니오 카날이지만, 흔히 카날레토라고 불립니다. 이 개선문은 19세기 들어 복원되는데, 카날레토의 그림에는 아직 복원되지 않아 많이 손상된 모습으로 나타납니다. 그림에서 보듯이, 티투스 개선문 정면 윗부분에 쓰여 있는 글은 '원로원과 로마 시민들이 신격 베스파시아누스의 아들인 신격 티투스 황제에게'라는 뜻입니다. 로마에서는 살아 있는 황제를 신격화하지 않았습니다. 따라서 티투스가 신격화되었다는 것은, 이 개선문이 그가 죽은 다음에 세워졌다는 뜻이 됩니다. 그러면 이 개선문에는 어떤 역사적 사연이 담겨 있을까요?

서기 66년, 로마 제국 유대 속주에서 일어난 반란을 베스파시아누스가 진압했다고 말씀드린 바 있습니다. 그 후 수도 로마에서 일어난 정변으로 베스파시아누스가 황제로 옹립되자, 그는 아들 티투스에게 그 임무를 맡기고 로마로 돌아오게 되지요. 유대 전쟁의 새로운 사령관이 된 티투스는 70년 6월, 유대 지역의 나무들을 베어 예루살렘 성전 둘레에 뾰족한 말뚝으로 7km에 달하는 벽을 세운 후 유대인들을 가두도록 조치합니다. 그는 순례자들이 유월절을 기념하기 위해 도시로 들어갈 수 있도록 허용한 다음 다시 나오지 못하게 함으로써, 주민들의 식량과 물 부족을 더욱 악화시킵니다. 예루살렘은 4개월간 계속된 포위를 견디지 못하고 끝내 함락되었고, 티투스가 이끄는 로마 군단은 예루살렘 성벽을 허물고 성내로 들어가 유대인들을 살육했습니다. 일설에 의하면 당시 살해된 사람이 무려 100만 명에 이른다고 하는데, 다소 과장된 숫자로 보이긴 합니다.

그렇게 예루살렘 성전은 완전히 파괴됩니다. 그때 로마군은 성전의 서쪽 담장 하나만 남겨졌는데, 이것이 바로 지금까지 남아 있는 '통곡의 벽'입니다. 살아남은 유대인들은 마사다 요새로 옮겨가 끝까지 항전했으나 결국 함락되면서, 1차 유대 전쟁은 막을 내립니다. 생존한 유대인들은 세계 여러 곳으로 피신 가서 살 수밖에 없었고, 이것이 유대인 디아스포라가 널리 퍼지게 된 계기가 되었습니다. 이후 티투스가 황위에 오르지만 2년 만에 죽고, 그의 동생 도미티아누스가 제위에 올라 티투스가 이끈 유대 전쟁의 승리를 기념하는 개선문을 세운 것입니다. 개선문 아치의 안쪽 벽은 격자형으로 장식되어 있는데, 내벽에는 로마군의 전쟁 장면 및 쌍두마차를 타고 개선하는 티투스와 베스파시아누스에게 승리의 여신 빅토리아가 승리의 면류관을 씌워주는 모습이 부조되어 있습니다.

19세기 이탈리아의 낭만주의 화가 프란체스코 하예즈가 그린 〈예루살렘 성전의 파괴〉를 보실까요. 가운데 하단부를 보면, 붉은 망토를 입은 사령관 티투스가 이끄는 로마 군단 병사들이 예루살렘 성전을 파괴하면서 많은 사람들을 살해하는 끔찍한 광경이 묘사되어 있습니다. 하예즈는 이 그림을 그리기 위해서 오랫동안 준비했습니다. 그는 1860년 그림을 그리기 시작하여 7년 후인 1867년에야 작품을 완성하는데, 이 작품이 공개되자 비평가들의 많은 찬사를 받게 됩니다. 이 그림은 대학살이 극에 달한 바로 그 순간에 사원이 파괴되는 모습, 이미 화염에 휩싸인 건물의 모습, 그리고 절정에 달하는 파괴적인 분노를 상세하게 묘사함으로써, 자유를 박탈당한 유대 민족이 겪은 극적인 곤경에 대한 이야기를 담고 있습니다. 그때 예루

프란체스코 하예즈(Francesco Hayez, 1791~1882), 〈예루살렘 성전의 파괴(Destruction of the Temple of Jerusalem)〉, 1867년, 이탈리아 베네치아 아카데미 미술관

살렘 성전의 보물들은 로마로 이송되었는데, 대표적으로 황금으로 된 일곱 갈래 촛대, 진설병(陳設餠: 구약성서 시대, 성전에서 성소 북쪽의 상 위에 차려놓는 떡) 황금상 등이 있습니다. 그림을 자세히 보면, 그러한 보물들을 약탈당하는 장면이 있습니다. 그리고 당대의 작곡가 주세페 베르디의 오페라 〈나부코〉의 '히브리 노예들의 합창'이 그랬던 것처럼, 이 그림은 당시 이탈리아인들이 오스트리아 제국으로부터 겪은 탄압에 대한 은유가 되었습니다. 그럼으로써 이탈리아 통일운동인 '리소르지멘토(Risorgimento)'의 가치를 대변하는 상징적인 그림으로 자리 잡습니다.

프랑스 파리 근교의 베르사유 궁전에 가면 '비너스의 방'이 있습니다. 그 방의 천장에는 〈티투스와 베레니케〉라는 그림이 있는데요. 이 그림은 17세기 프랑스의 궁정화가였던 르네 앙투안 우아스의 작품입니다. 루이 14세가 베르사유 궁전을 지을 때 우아스가 그린 천장 벽화이지요. 여기에 등장하는 티투스와 베레니케는 누구일까요? 티투스는 지금 우리가 얘기하는 로마 황제 티투스가 맞습니다. 그리고 베레니케는 당시 유대 왕국의 여왕이었습니다.

당시 유대 지역은 로마 속주이기는 했지만, 헤로데 왕조의 유대 왕이 있었답니다. 유대 전쟁에서 유대 왕국은 로마군을 돕게 되는데, 그때 로마군 사령관이기도 했던 티투스와 그보다 10살이나 많은 베레니케는 첫눈에 반해 사랑에 빠집니다. 그 후 몇 년이 지나 베레니케는 티투스와 함께 로마로 들어와서는, 그의 아내처럼 행동하며 같이 살기도 했습니다. 그러나 로마 시민들은 이 동방의 여인을 과거 클레오파트라처럼 나라를 망치는 요부로 여기며 많은 비난을 하게 됩니다. 결국 티투스는 황제에 오르기 직전, 시민들의 압력에 굴복하여 유대로 그녀

르네 앙투안 우아스(René-Antoine Houasse, 1645~1710), 〈티투스와 베레니케
(Titus and Berenice), 1678년, 프랑스 베르사유 궁전

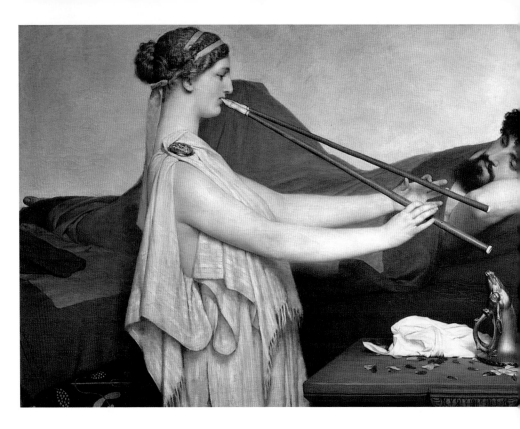

로렌스 알마타데마(Sir Lawrence Alma-Tadema, 1836~1912), 〈시에스타 혹은 폼페이의 풍경(The Siesta, or Pompeian Scean)〉, 1868년, 스페인 프라도 미술관

를 돌려보내야 했지요. 그렇지만 지금까지 유럽에는 티투스와 베레니케의 사랑을 다룬 문학 작품과 오페라 등이 많이 남아 있습니다.

티투스가 제위에 오른 지 2달밖에 안 된 서기 79년 8월 24일 오후 1시, 이탈리아 남부 나폴리 근처에 있는 베수비오 화산이 돌연 폭발하며 대재앙이 벌어집니다. 베수비오 화산 아래에 있던 로마의 휴양도시 폼페이는 삽시간에 불구덩이와 암흑천지로 변합니다. 폼페이는 당시 포도주와 생선을 발효한 젓갈인 가룸(garum)의 생산 거점

으로 번창했으며, 검투사의 경기가 상설적으로 열리고 공중목욕탕
도 활성화되는 등 작지만 번화한 도시였답니다.

여기, 고대를 배경으로 한 그림이 있습니다. 노인과 청년이 긴
의자에 기댄 채 시에스타(낮잠)에 빠져 있고, 매력적인 젊은 여성이
더블 플루트를 연주하고 있군요. 더블 플루트는 로마 시대의 악기
입니다. 의복과 배경 모두 고대 로마를 암시하는데, 모티프와 복식
은 19세기 중반 고고학적 발견으로 엄밀히 고증되었습니다. 로렌스
알마타데마는 네덜란드 태생임에도 불구하고, 영국으로 건너와 영

국 라파엘 전파(Pre-Raphaelite Brotherhood: 르네상스 미술의 절정이었던 라파엘로 이전의 화풍으로 돌아가고자 한 문예 유파)의 양식과 우아함에 더 가까운 신고전주의를 절충했습니다. 그림에서 알 수 있듯이, 1세기 당시 휴양도시인 폼페이에서는 고급스럽고 편안한 일상이 지속되고 있었답니다.

폼페이의 모습을 그린 또 다른 작품을 보실까요? 19세기 이탈리아 낭만주의 화가인 도메니코 모렐리는 로마 제국 당시 번영을 누리던 폼페이의 목욕탕을 그리고 있습니다. 현대의 목욕탕이라고 해도 손색없을 목욕탕 내부에서, 여인들이 목욕도 하고 담소도 나누고 누워서 쉬기도 하는 모습이군요. 그처럼 편안한 일상을 보내던 사람들은 화산이 폭발하여 도시가 화산재에 뒤덮여 멸망하는 대재앙을 상상조차 하지 못했을 것입니다.

갑자기 거대한 폭발음과 함께 검은 구름이 분출되면서 화산이 분화하기 시작하자, 엄청난 양의 화산재와 용암이 인근 도시로 쏟아져 내렸습니다. 나폴리 남동부에 자리 잡고 있던 로마 귀족들의 휴양도시 폼페이는 이 화산 폭발로 커다란 피해를 입고 소멸합니다. 하늘에서 비 오듯 쏟아져 내리는 엄청난 양의 흙과 돌은 순식간에 폼페이를 뒤덮어버렸습니다. 일부 운 좋게 도망친 사람들도 있었지만, 대부분의 사람들은 피할 겨를도 없이 지상을 뒤덮은 고온 가스에 질식사하거나 뜨거운 화산재에 타죽고 말았습니다. 이 폭발로 폼페이가 화산재에 뒤덮여 사라지면서, 당시 약 2,000명의 주민들이 도시의 운명과 함께 희생되었다고 하는군요. 티투스 황제까지 나서서 폼페

도메니코 모렐리(Domenico Morelli, 1823~1901), 〈폼페이 목욕탕(The Pompeian Bath)〉, 1861년, 이탈리아 국제 발찬 재단

이의 재난을 막아보려 했지만, 결국 폼페이는 역사 속으로 사라지고 말았습니다.

역사에서 사라졌던 폼페이가 다시 세상에 알려지게 된 것은 1592년의 일이었습니다. 운하를 건설하는 과정에서 일부 건물들이 발견되면서, 폼페이의 소재가 밝혀지게 되었지요. 하지만 본격적인 발굴은 1748년에서야 시작되었고, 아직도 다 마치지 못한 채 진행 중에 있습니다. 그래도 그 덕분에 2,000년 전의 로마 시대 건물과 유물 그리고 많은 미술 작품을 거의 당시 모습 그대로 볼 수 있게 되었답니다.

〈폼페이 최후의 날〉은 베수비오 화산의 폭발을 주제로 1830년부터 1833년의 4년 동안 제작된, 러시아 화가 칼 브률로프의 대형 역사화입니다. 이 작품은 가로 길이만 6.5m로, 그림이 그려진 19세기 초 당시 러시아의 지배적인 스타일이던 신고전주의와 프랑스에서 유행하던 낭만주의 사이에 위치한다는 점에서 주목할 만합니다. 이 그림으로 브률로프는 거의 전 세계적으로 호평을 받으며, 국제적인 명성을 얻은 최초의 러시아 화가가 되었습니다. 당시의 불구덩이가 된 참상을 그리기 위해, 브률로프는 이탈리아를 직접 방문하여 화산 폭발 당시의 모습을 재현하려고 노력했습니다.

그림의 오른쪽 위로는 화산이 폭발하며 시뻘건 불꽃과 용암이 쏟아지는 긴박한 순간과 함께, 건물 위의 조각상들이 화산 폭풍으로 무너지는 순간을 실감 나게 표현하고 있습니다. 그 아래로는 아비규환 속에서 공포에 질린 사람들의 모습이 보이는군요. 도망치는 말과 부서진 마차는 우리를 그 혼란의 현장에 몰입하게 만듭니다. 그림에 등장하는 사람들은 러시아 모델을 썼는데, 예를 들어 왼쪽 하단에 그린 두 딸을 양팔로 안고 있는 부인의 모습은 러시아의 한 백작부인과 그녀의 딸들을 모델로 한 것입니다. 그림의 왼쪽 상단 첨탑 아래로는 붓 등의 화구(畵具)가 보이는데, 그 아래 있는 사람은 화가 자신으로 추정됩니다. 브륜로프는 그 비극의 현장에 함께 있다는 감정이입을 통해, 당시 모습을 재현하고자 했던 것으로 보입니다.

티투스 황제는 치세 내내 폼페이 구호 활동을 하는 등 고생만 하다가, 즉위한 지 2년 만에 열병에 걸려 죽고 맙니다. 그의 사후 동생인 도미티아누스가 로마 제국 제11대 황제에 즉위합니다.

카를 브륄로프(Karl Bryullov, 1799~1852), 〈폼페이 최후의 날(The Last Days of Pompeii)〉, 1830~1833년, 상트페테르부르크 러시아 국립박물관

7

오현제는 어떻게 로마의 최전성기를 이룩할 수 있었을까?

〈트라야누스의 정의〉, 외젠 들라크루아

티투스를 뒤이어 제위에 오른 그의 동생 도미티아누스(Titus Flavius Domitianus, 재위 81년~96년)는 유능하지만 고압적인 인물로서, 군대의 충성을 확보하고 제국의 복지를 증진시키고자 애썼습니다. 그러나 그는 원로원 의원 박탈권을 남용하며 원로원 내 반대파들을 숙청하면서, 그들의 반감을 사게 됩니다. 도미티아누스는 전제 정치로 인해 많은 사람들의 불만을 낳았고, 결국 96년에 근위대장과 궁정 관리 그리고 그의 아내 도미티아 롱기나의 음모로 암살당합니다. 그럼으로써 플라비우스 황조는 겨우 3대 만에 막을 내리게 되지요. 그리고 도미티아누스는 칼리굴라와 네로에 이어 세 번째로 기록 말살형에 처해지면서, 그의 업적과 기록이 모두 말살되고 맙니다.

도미티아누스를 암살한 자들은 군대의 반발에도 불구하고, 66세의 고령인 네르바(재위 96년~98년)를 로마 제국 제12대 황제로 추대했습니다. 로마 제국을 개창한 아우구스투스 이후 칼리굴라나 네로 같은 폭군도 있었고 한 해에 4명의 황제가 즉위하는 혼란기도 있었지만, 네르바에서 시작된 오현제(五賢帝)가 잇달아 등장하면서 로마는 전성기를 맞이하게 됩니다. 오현제 시대는 네르바, 트라야누스, 하드리아누스, 안토니누스 피우스, 마르쿠스 아우렐리우스 황제의 치세 시기로, 기간으로는 약 100년 동안을 가리킵니다. 오현제 모두 네르바-안토니누스 황조에 속합니다.

마르쿠스 코케이우스 네르바(Marcus Cocceius Nerva)는 로마 제국의 네로와 플라비우스 황조의 통치자들 밑에서 생애 대부분을 보낸 후, 거의 70세에 이르러서야 황제가 되었습니다. 96년 9월 18일에 도미티아누스가 황제 근위대와 그의 해방노예가 연루된 음모로 암살되자, 같은 날에 로마 원로원은 네르바를 황제로 선포합니다. 자신들의 안위를 위해 관리형 황제가 필요했던 원로원으로서는, 70세에 가까운 고령에다 자식도 없는 네르바가 최적의 인물이었기 때문이지요.

새로운 로마 황제로서 네르바는 도미티아누스의 전제 정권 기간에 제한되었던 자유를 회복하기로 선포했습니다. 당시 로마 영토는 사상 최대로 확장되어 약 500만km²에 이르고, 1만km의 국경선 안에 약 7,000만 명의 주민이 살았다고 합니다. 그러나 네르바는 재위 2년 만에 자연사로 세상을 떠나게 됩니다. 그는 세상을 떠나기 전, 트라야누스를 양자로 삼으면서 후계자로 지명합니다. 그래서 네르바의 뒤를 이어, 로마 제국의 속주였던 히스파니아 출신인 트라야누스(재위 98년~117년)가 로마 제국 제13대 황제에 즉위합니다.

속주 출신의 로마 황제로는 트라야누스가 처음이었습니다. 그는 로마 제국의 영토를 최대로 확장한 황제였습니다. 그래서 로마의 원로원은 오현제에서 두 번째인 그에게 특별히 '최고의 통치자(Optimus Princeps)'라는 별칭을 부여합니다. 그는 군인 황제로서 군 통솔에 탁월한 능력을 보여, 오늘날 루마니아의 서부이자 그리스 북부에 위치한 다키아는 물론, 아르메니아와 메소포타미아 등 서아시아의 많은 영역을 로마의 영토로 편입하였습니다. 다키아 전쟁(101년~ 106년) 이후 로마 제국의 속주가 된 다키아에는 로마인들이 이주해 오고 라틴어가 사용되었습니다. 하지만 100년 남짓 지나 다키아에 있던 로마인들은 게르만족에 의해 다시 로마로 쫓겨나지요. 그 영향으로 로마인들이 이주한 곳이라는 의미에서 '로마니아(Romania)'라 불리게 되었고, 그 이름은 오늘날 루마니아의 국호가 되기에 이릅니다.

트라야누스의 업적이 군사적 영토 확장에만 국한되었다면, '최고의 통치자'라는 영광스러운 호칭은 부여받지 못했을 것입니다. 그는 건설 사업도 벌여 로마라는 도시의 외형을 바꾸어 놓았습니다. 다키아 원정에서 얻은 전리품은 트라야누스 광장을 건설하는 재정적 뒷받침이 되었고, 광장의 핵심부에는 트라야누스 시장이 건립되기도 했습니다. 트라야누스 시장은 세계 최초의 쇼핑몰이었으리라 오해할 수 있지만, 실은 트라야누스의 행정부가 집무하던 종합청사였다고 합니다.

한편 일반 민중의 불만을 달래기 위해 다양한 축제도 개최되었습니다. 노예 검투사와 죄수, 맹수를 동원한 대규모 검투 경기 축제를 3개월간 대대적으로 거행하기도 했지요. 그뿐 아니라 트라야누스 황제는 이미 2,000년 전에 사회복지정책을 시행하였습니다. 그는 '알리멘타(alimenta)'라는 사업을 벌여, 이탈리아 전역에서 고아와 가난한 아이를 지원하는 기금을 조성했을 뿐 아니라 그들의 교육과 급식까지 책임졌습니다. 이 정책은 원래 네르바 황제가 실시하려던 것인데, 그가 일찍 죽자 트라야누스 황제가 계승하여 시행한 것입니다.

이 정책의 재원은 원래 다키아 전쟁에서 들어온 수입이 모체가 되었습니다. 그러나 좀 더 영구적인 수입을 마련하기 위하여, 은행과 같은 국가기관을 설립해 연리 5%의 저리로 농민들에게 돈을 빌려주고 땅을 사게 했습니다. 이자는 받았지만 원금의 상환기간을 정해 놓지 않아서, 영구 대출이나 마찬가지였지요. 또한 그 제도하에서 소년들은 매월 16세스테르티우스, 소녀들은 12세스테르티우스의 아동수당을 받을 수 있었습니다. 그리고 빈곤층 성인에게만 무상으로 배급하던 밀을 10세 이상의 빈곤층 소년들도 받을 수 있게 하였습니다. 그 제도 덕분에 이탈리아 본토에서는 자녀를 적게 낳으려는 풍토가 개선되었고, 가난한 가정에서도 마음 놓고 아이를 낳아 키울 수 있는 환경이 조성되면서 이탈리아의 인구 증가에도 기여하게 되었습니다.

빈곤층을 위한 재산 분배 정책은 그 후로도 몇 차례 더 시행되었습니다. 세금과 모금을 통해 국가가 고아와 가난한 아이에게 식량과 교육을 제공해 주는 이 복지정책은, 당시로서는 매우 혁신적이고 선진적인 제도였습니다. 이 정책은 이후 150여 년간 지속됩니다. 그래서 중세 시대의 신학자 토마스 아퀴나스도 정의로운 사람의 예로 트라야누스를 꼽을 정도였고, 단테도 《신곡》에서 그를 의인의 반열에 올려놓았습니다. 2,000년이 지나도록 후대에게 별다른 비난 없이 칭찬만 듣는 로마의 황제는 아마도 그가 유일할 것입니다.

　제국의 내치에 어느 정도 안정을 이룬 트라야누스는 재위 19년간 로마의 영토를 최대로 확장하게 됩니다. 그중에서도 다키아 정복은 그의 가장 큰 업적이라 할 수 있지요. 다키아의 왕 데케발루스는 로마를 끊임없이 괴롭혀 왔습니다. 전임 도미티아누스 황제 때는 그들과 굴욕적인 평화조약을 맺는 바람에, 로마의 위신을 추락시키고 시민들의 원성을 산 나머지 황제가 암살되는 원인이 되기도 했습니다. 다키아는 철과 구리 등 자원이 풍부하여 튼튼한 강철 검을 제조하기로 유명했고, 이를 바탕으로 강력한 군대도 보유하고 있었습니다. 더이상 그런 다키아를 좌시할 수 없었던 트라야누스 황제는 101년 다키아와 전쟁을 시작합니다.

　다키아는 산과 숲이 많은 지형이었고 원주민의 독립심도 강했기 때문에, 쉽지 않은 전쟁이 되었습니다. 수차례의 원정 끝에 잠시 로마에 순응하는 듯했던 그들이 다시 로마의 식민도시들을 공격하자, 105년 트라야누스는 13개 군단을 동원하여 재차 다키아로 향합니다. 로마군의 총공세에 패배를 거듭하던 데케발루스가 자살하면서, 다키아 전쟁은 로마군의 승리로 종결되었습니다. 트라야누스는 다키아를 속주로 병합하고, 로마 시민들과 퇴역군인들을 그곳에 정착시킵니다. 그들이 바로 오늘날 루마니아인의 선조가 되었습니다.

무려 5만 명에 달하는 다키아인 포로들은 로마로 끌려와 검투사가 되었고, 대부분 원형경기장에서 검투 경기를 하다가 생을 마감하게 됩니다. 그리고 다키아 지역에서 채굴한 막대한 금은 로마의 알리멘타 재원과 대규모 공공 건축의 자금으로 쓰입니다. 그러한 전공을 높이 산 원로원은 트라야누스 황제에게 다키아를 정복한 사람이라는 뜻의 '다키쿠스(Dacicus)'라는 칭호를 부여했고, 로마에서는 무려 123일 동안이나 승리의 축제를 벌였다고 합니다.

〈민중을 이끄는 자유의 여신〉으로 유명한 프랑스 낭만주의 화가 외젠 들라크루아는 〈트라야누스의 정의〉라는 작품에서, 트라야누스 황제를 정의의 상징으로 표현하기 위해 노력했습니다. 작품은 역동적인 화풍과 풍부한 색채로 유명하며, 들라크루아의 예술적 업적 가운데 하나로 꼽히지요. 외젠 들라크루아는 이 그림을 1840년 파리 살롱전에 처음 전시했고, 그 후 1855년에 이 주제를 다시 그려 파리 만국박람회의 작품 회고전에 전시했습니다.

이 그림의 주제는 단테의 《신곡》 가운데 〈연옥〉 편에서 따왔습니다. 들라크루아에게 정의로운 지도자의 원형인 트라야누스 황제가 다키아 원정에 나섰을 때, 한 여인이 아들의 억울한 죽음에 대한 진실을 밝혀 달라며 황제 앞에 나타나 정의를 요구합니다. 트라야누스 황제는 자신이 전쟁에서 이기고 돌아올 때까지 기다려 달라고 말하지만, 여인은 그가 돌아오지 않을 수도 있지 않느냐며 요청을 거듭하지요. 간청에 굴복한 황제는 여인의 요구를 받아들이고 출정을 연

외젠 들라크루아(Eugène Delacroix, 1798~1863), 〈트라야누스의 정의(The Justice of Trajan)〉, 1858년, 미국 호놀룰루 미술관

기합니다. 그리고 그 아들의 죽음에 대한 진상을 규명해 주고 전쟁터로 나섰다고 합니다. 들라크루아의 그림은 트라야누스 황제의 이일화를 다루고 있습니다. 전경의 톤과 대비되는 밝은 하늘의 생생한빛과 대조적인 하단부의 침울함은 그 장면의 비극과 완벽하게 조화를 이룹니다.

그처럼 로마의 최전성기를 이끌었던 트라야누스였지만, 말년은속주의 반란으로 골머리를 썩여야 했습니다. 110년, 로마의 오랜 숙적인 파르티아의 왕 코스로이스가 로마에 우호적이었던 아르메니아의 왕을 폐위하자, 트라야누스는 파르티아 원정을 결정합니다. 파르티아 원정이 다키아 원정만큼이나 로마의 영토를 넓히고 위상을 높이는 데 도움이 될 것이라고 설득하여 원로원의 승인도 받아내지요.

그리하여 113년, 드디어 로마군을 이끌고 파르티아 원정을 감행하여 2년 만에 파르티아를 격파하고, 로마의 동쪽 국경을 티그리스강 및 유프라테스강의 상류부터 페르시아만까지 확장하게 됩니다.그래서 로마는 아르메니아 속주, 아시리아 속주, 메소포타미아 속주를 새로 얻고, 중국으로 이어지는 대상로(隊商路)까지 확보할 수 있었습니다. 당시 중국의 한나라와 로마는 직접적인 교역은 없었으나 파르티아를 거쳐 교역하고 있었고, 한나라에서 로마는 '대진(大秦)'으로 불렸습니다. 이로써 로마 역사상 가장 넓은 대제국을 건설한 트라야누스에게는 파르티아를 정복한 사람이라는 뜻의 '파르티쿠스(Particus)'라는 칭호까지 주어집니다.

파르티아 원정 과정에서 트라야누스는 놀라운 승리를 거뒀음에도, 더 이상 동진하지 않고 전쟁을 끝냅니다. 115년부터 시작된 유대인들의 대규모 반란 때문이었습니다. 트라야누스가 동방 원정을 위해 병력을 차출한 사이, 유대인들이 반란을 도모하기 시작한 것이지요. 반란을 일으킨 유대인들은 속주에 남아 있던 소규모의 로마 수비대를 공격했습니다. 그 습격으로 군인은 물론 민간인까지 학살당하고, 신전과 목욕탕 등의 공공시설도 많이 파괴되었습니다. 키레나이카(오늘날의 크레타섬과 리비아 지역)에서 반란이 가장 심했는데, 반란군에게 학살된 민간인만 최소 24만 명에 달했다고 합니다. 힘들게 정복한 파르티아 지역에서도 남아 있던 파르티아 영주들의 반란이 거셌습니다.

트라야누스는 오랜 전쟁에 지쳐 있었습니다. 그래서 건강에 문제가 있는 상태로 대규모 반란까지 일어나자, 파르티아를 일단 포기하고 로마로 귀환하기로 결정하지요. 하지만 그의 귀환은 끝내 이루어지지 못했습니다. 117년, 로마로 귀환하던 길에 트라야누스는 병사하고 맙니다. 로마 최대의 영토를 이룬 황제의 허무한 죽음이었습니다. 문제의 발단이 된 유대인의 반란은 트라야누스의 죽음 직후 진압되었습니다.

로마 제국 제14대 황제 하드리아누스의 본명은 푸블리우스 아일리우스 트라야누스 하드리아누스(Publius Aelius Trajanus Hadrianus, 재위 117년~138년)로, 전임 황제 트라야누스처럼 히스파니아 속주 출신이었습니다. 먼 친척이었던 트라야누스가 황제에 오르기 전인 상태에서, 어린 하드리아누스의 후견인이 되었습니다. 트라야누스는 이 소

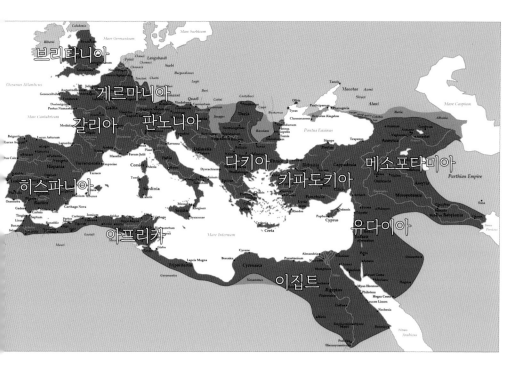

브리타니아
게르마니아
갈리아
판노니아
히스파니아
다키아
카파도키아
메소포타미아
아프리카
유다이아
이집트

서기 117년 로마 제국의 영토

년을 로마로 보내 제대로 된 교육을 받게 합니다. 그곳에서 하드리
아누스는 그리스 문화에 눈을 뜨면서, 그리스어에도 능통하고 예술
적 감각도 키우게 되지요. 그리고 트라야누스 누나의 외손녀와 결혼
을 하게 됩니다. 또한 하드리아누스는 군대에 들어가 지휘력을 인정
받아, 여러 곳에서 군단 지휘관의 경험을 쌓아 갑니다. 그런 후 호민
관, 법무관을 거쳐 집정관에까지 오르지요.

그러던 117년, 하드리아누스는 시리아 속주의 총독으로 임명됩
니다. 그런데 병을 얻은 트라야누스가 하드리아누스를 자기 대신 파
르티아 원정군의 사령관으로 임명하고, 로마로 돌아가는 길에 사망

하고 맙니다. 죽기 전 트라야누스는 하드리아누스를 양자로 지명하여, 차기 황제로 임명해 놓은 상태였습니다. 이후 하드리아누스는 동부 속주들의 문제를 대충 정리하고, 이듬해 로마로 돌아옵니다. 하지만 하드리아누스의 제위 계승에, 일부 원로원 의원들이 이견을 드러내지요. 그러자 하드리아누스의 후견인이자 심복이었던 근위대장 푸블리우스 아킬리우스 아티아누스가 신임 황제의 앞길을 미리 정비하는 차원에서, 집정관을 맡았던 유력한 원로원 의원 4명을 살해하면서 걸림돌을 제거합니다.

선황 트라야누스의 적극적인 영토 확장 정책으로, 제국의 판도는 이미 최대에 이른 상태였습니다. 트라야누스 황제는 일찍이 다키아를 속주로 삼았고, 파르티아 전쟁에서 메소포타미아, 아시리아, 아르메니아를 속주로 삼았으며, 치세 말기에는 로마 제국 역사상 가장 넓은 판도를 실현했습니다. 그러나 동방에 인접해 있던 오랜 숙적 파르티아와의 분쟁은 끊이지 않고 계속되었습니다. 그래서 하드리아누스는 외교 정책 기조를 공세에서 수세로 전환하고, 유프라테스 강 동쪽의 메소포타미아와 아시리아, 아르메니아 속주를 포기하는 대신, 동방의 변경을 안정시키는 데 힘쓰게 됩니다. 제국의 통일을 위해서는 평화가 필수 불가결하다고 생각한 것이지요. 그래서 제국의 동부 지역 외의 다른 곳에서도 제국의 방어력을 정비하는 데 노력을 기울입니다.

군사적인 요충지에는 방벽을 구축하여 천연의 요새를 지음으로써 제국을 방어했습니다. 그 가운데 남아 있는 것으로, 오늘날 '하드리아누스 방벽(Hadrian's wall)'이라고 불리는 것이 있습니다. 하드리아누스 당시, 칼레도니아인(오늘날 스코틀랜드에 살던 켈트족)과의 분쟁이 있었던 브리타니아 북부에 구축한 것으로, 그 길이가 117km에 달할 정도여서 영국의 로마 정복 시절의 상징 같은 건축물로 남아 있습니다. 이 방벽은 미국 드라마 〈왕좌의 게임〉에서 '얼음 장벽'의 모티프로 삼는 바람에 최근 들어 더욱 유명해졌지요. 또한 하드리아누스는 게르만과의 경계였던 라인강과 도나우강 지역, 북아프리카에도 방벽을 지어서 제국의 영토를 확실하게 지켜냈습니다.

스코틀랜드 출신의 시인이자 화가인 윌리엄 스콧은 〈남부를 지키기 위해 방벽을 쌓는 로마인들〉이라는 그림에서, 하드리아누스 방벽 건설을 감독하는 로마 군단의 백부장을 그렸습니다. 또한 이 그림에는 방벽 건설을 위해 동원된 브리타니아 원주민들의 모습도 보입니다. 그림에 등장하는 백부장의 얼굴은 존 클레이턴(John Clayton, 1792~1890년)이라는 영국의 변호사이자 골동품 수집가를 모델로 한 것입니다. 어째서 화가는 역사적 그림에 존 클레이턴의 얼굴을 넣었을까요?

클레이턴은 어렸을 때 체스터의 저택에서 자랐는데, 그의 집 앞 정원에는 로마 요새가 있었습니다. 그래서 그는 1890년에 사망할 때까지 평생에 걸쳐 방벽의 요새 5개와 30km 남짓의 성벽이 포함된 땅을 사들였습니다. 당시에 그 방벽은 버려진 채 방치되어 있었고, 심지어 주민들이 그곳의 석재를 가져다 집을 짓기도 하는 탓에 훼손이 심한 상태였습니다. 그래서 클레이턴은 문화재 보존과 미래 세

윌리엄 벨 스콧(William Bell Scott, 1811~1890), 〈남부를 지키기 위해 방벽을 쌓는 로마인들(The Romans Cause a Wall to be Built for the Protection of the South)〉, 1857년, 영국 월링턴 홀

대의 고고학자들을 위해, 자신의 사비를 들여서 성을 지켜낸 것입니다. 방벽 주위를 발굴하면서 수많은 로마 시대의 동전과 도자기, 금

속 세공품 들을 출토하기도 했습니다. 그래서 하드리아누스 방벽에서도 클레이턴이 지켜낸 구간은 '클레이튼 방벽'이라고 불립니다. 화가는 존 클레이튼을 기리기 위하여, 그림에서 백부장의 얼굴을 그의 얼굴로 표현한 것입니다.

로마의 중요한 인물과 황제는 문화, 음악, 문학, 미술 분야에서 자주 묘사되어 왔습니다. 특히 문화 및 예술 방면에 많은 관심을 기울였던 율리우스 카이사르, 네로, 칼리굴라는 확실히 고대 로마에서 가장 많이 묘사된 인물이지요. 하지만 하드리아누스도 그들 못지않게 문화 및 예술 분야에 많은 관심을 보였습니다. 로렌스 알마타데마가 그린 〈브리타니아 도기 공방을 방문한 하드리아누스〉는 그런 하드리아누스를 잘 대변하고 있습니다.

이 책에서 여러 번 소개하는 알마타데마는 일생에 이탈리아를 여러 번 방문했습니다. 그는 로마, 나폴리, 특히 폼페이에서 접한 고고학 유적에 큰 감명을 받았고, 로마 고대 유물에 대한 사랑을 키워갔습니다. 그는 매일 그곳에서 폼페이 유적지를 연구하며 상당한 시간을 보냈습니다. 알마타데마는 그러한 여행을 통해 로마 생활에 대한 지식을 넓히기 시작하면서, 풍부한 소재를 제공받을 수 있었답니다.

〈브리타니아 도기 공방을 방문한 하드리아누스〉는 알마타데마가 고대 로마를 그린 작품 중에서도 제가 참으로 좋아하는 그림입니다. 황제는 아내 사비나와 함께 로마의 속주인 브리타니아의 도기 공방을 방문하여, 평범한 시민들의 삶에 관심을 보입니다. 물론 당시 유럽에는 1,300도 이상의 고열로 굽는 도자기는 없었고, 지금으

로렌스 알마타데마(Sir Lawrence Alma-Tadema, 1836~1912), 〈브리타니아 도기 공방을 방문한 하드리아누스(Hadrian Visiting a Romano-British Pottery)〉, 1884년, 네덜란드 스테델리크 미술관

로 보면 토기 정도라고 해야 할 것입니다. 이 장면은 서기 122년, 하드리아누스가 브리타니아를 방문했을 때의 일화를 그린 것입니다. 이 그림에서 알마타데마는 로마의 역사가 카시우스 디오(Cassius Dio,

150~235년 추정)의 다음과 같은 설명을 따르고 있습니다.

"하드리아누스는 브리타니아의 지방들을 순회하면서, 여러 지역과 도시를 방문하고 모든 수비대와 요새를 조사했다. 그는 무기, 참호, 성벽, 방어벽과 같은 군단 주둔지의 일반적인 현황뿐 아니라, 복무하는 병사들과 장교의 개인적인 일은 물론 주민들의 사적인 생활에도 관심을 보이며 모든 것을 직접 보고 조사했다."

알마타데마는 바티칸 박물관에 전시되어 있는 하드리아누스의 흉상과 당시의 도기 등을 연구한 후 그림에 반영했습니다. 그처럼 최대한 고대 로마의 모습을 고증해 작품을 완성하고자 했던 알마타데마는, 19세기 고전을 주제로 그림을 그린 주요 화가 가운데 한 명으로 평가됩니다. 오늘날 알마타데마의 작품은 그 아름다움과 빛, 색상, 질감의 뛰어남으로 존경받고 있으며, 회화와 고대사 애호가 모두의 관심을 받고 있습니다. 그처럼 세심하고 정확하게 고대 세계를 묘사한 예술가는 거의 없답니다.

하드리아누스의 또 다른 업적 가운데 하나는, 콜로세움과 함께 로마 시대 건축물의 백미라 불리는 판테온을 건립한 것입니다. 원래 판테온은 기원전 31년, 악티움 해전에서 승리한 집정관 아그리파가 로마 신들에게 봉헌하기 위해서 처음 건립했습니다. 그러다 서기 80년, 로마에 일어난 대화재로 소실되어 없어진 것을, 서기 125년에 하드리아누스가 다시 세운 것이지요. '판테온(Pantheon)'은 '모든 신을 위한 신전'이라는 뜻으로, 로마가 기독교 국가가 된 이후에는 로마 가톨릭교회의 성당으로 사용되었습니다. 그리고 르네상스 시대 이후로는 여러 왕들과 위인들의 무덤으로도 사용되고 있지요.

판테온은 원형 건물로, 현관 주랑에는 3열의 거대한 코린트식 기둥들이 있습니다. 원형 홀 안으로 들어가면 천장으로 콘크리트 돔이 펼쳐지는데, 돔 가운데의 개구부는 하늘을 향해 열려 있어서 자연 채광을 받을 수 있게 설계되었답니다. 건물의 높이는 43.3m이고 돔의 지름도 43.3m입니다. 판테온은 서양 건축사에도 엄청난 영향을 끼쳐서, 20세기까지도 판테온의 건물 양식을 본떠 만든 건물들이 많이 있습니다. 18세기의 이탈리아 화가인 조반니 파올로 판니니가 그린 〈판테온의 실내〉라는 그림은, 18세기 당시 판테온 안에 들어가서 구경하는 사람들의 모습을 묘사하고 있습니다.

하드리아누스는 로마 제국에서 속주들의 중요성을 깨닫고, 그들을 로마 본국과 일체화하기 위해 노력했습니다. 그래서 직접 두 차례에 걸친 장기간의 제국 순방에 나섰습니다. 제국 방비의 재정비와 제국 행정의 조사를 위한 것이라고는 했지만, 통합의 상징으로서 황제 자신을 드러내기 위해 제국 각지를 순찰한 것이었지요. 정치적 의도가 짙은 순방이었다고 볼 수 있습니다. 이 순찰에는 그의 호위 군대는 물론 건설 기술자들을 동반하여, 공공 부분의 공사도 병행하였습니다. 하드리아누스는 그처럼 제국 전역을 순찰함으로써, 로마 제국 영토의 방위 태세를 확립하였습니다. 더불어 각지에서 일어나는 반란에 신속히 대처할 수 있는 통치 기구를 재정비함으로써, 제국을 재구축한 황제로 불리게 됩니다. 하드리아누스는 또한 《로마법대전》을 편찬했고, 베누스 신전이나 판테온 신전 등 많은 건축 공사

조반니 파올로 판니니(Giovanni Paolo Panini, 1691~1765), 〈판테온의 실내(Inte-
rior of the Pantheon, Rome)〉, 1730년, 미국 내셔널 갤러리

를 황제 자비로 진행하여, 국민에게 높은 지지를 받게 되었습니다.

　서기 130년, 하드리아누스는 제1차 유대 전쟁 때 파괴된 채 방치되고 있던 예루살렘을 로마풍으로 재건하였습니다. 그리고 도시의 이름을 자신의 씨족명인 '아일리아'에서 딴 '아일리아 카피톨리나'라고 개칭하였고, 132년에는 유대인들의 고유 전통인 할례를 금지했습니다. 그처럼 예루살렘을 로마화하는 노골적인 정책에, 유대인들이 거칠고 조직적인 대규모 반란을 일으키게 됩니다. 그러나 그마저도 3년 만인 135년에 완전히 진압되지요. 그리고 반란의 결과 유대 지방은 팔레스티나 속주로 명칭이 바뀌었고, 유대라는 이름은 역사에서 사라집니다. 결국 유대인들은 제국 내 각지로 뿔뿔이 흩어졌고, 본격적으로 각지의 디아스포라를 형성하는 계기가 됩니다.

　많은 업적을 남긴 하드리아누스는 사자 사냥을 즐길 정도로 강인한 체력을 자랑했습니다. 그러나 잦은 해외 순방으로 다양하고 가혹한 환경에 자주 노출되는 바람에, 그의 건강은 132년부터 급격히 악화됩니다. 말년에는 자살을 여러 번 시도할 만큼 병세가 심각해졌습니다. 결국 병석을 떨치지 못한 채 안토니누스 피우스를 양자로 삼아 자신의 후계자로 결정하고, 서기 138년 62세를 일기로 사망하게 됩니다.

　하드리아누스는 여느 로마 황제와 비교하기 어려울 정도로 발로 뛰는 황제였습니다. 제국 전역을 직접 찾아다니며 민생을 손수 챙긴 황제였지요. 총독들의 부당한 권력 남용을 방지하면서, 속주민들의 권리도 향상시켰습니다. 그래서 하드리아누스는 로마의 성군 가운데 한 명으로 추앙받고 있습니다. 하지만 어두운 면도 있었답니다. 그는 그리스 문화를 지나치게 좋아해서 그리스식으로 수염을 기른 최초의 황제였습니다. 그는 동성애자이기도 했는데, 당시 동성애 또한 그리스에서 유래한 문화였답니다. 하드리아누스는 자기보다 35살이나 어린 안티노우스와 7년간이나 동성애를 나누었고, 안티노우스가 죽자 그를 신격화하여 많은 로마 시민들에게 엄청난 반감을 불러일으키기도 했습니다.

138년 즉위한 제15대 로마 황제 안토니누스 피우스(재위 138년 ~161년)의 정식 이름은 티투스 아우렐리우스 안토니누스(Titus Aurelius Antoninus)로, 오현제에서 네 번째 황제입니다. 그는 앞선 트라야누스, 하드리아누스 황제에 비하면 특기할 만한 업적이 별로 없습니다. 그냥 전임자들이 이루어 놓은 로마를 평온하게 이끈 황제였다고 평할 수 있겠습니다. 그는 이름에 '피우스(Pius)'라는 별칭이 붙는데, 이는 로마인들이 말하는 '귀족으로서의 위엄과 덕성을 갖춘 평온한 사람'이라는 뜻입니다. 안토니누스 피우스를 '질서 있는 평온' 또는 '자비로운 황제'로 일컫은 것만 봐도, 로마 전역에 평온과 질서가 지배했다는 것을 알 수 있지요. 안토니누스 피우스도 속주 출신이었습니다. 하지만 벌써 3~4대나 지나면서, 이제는 그 누구도 과거 조상들의 출신이 로마냐 속주냐를 따지지도 않는 시대가 되었습니다.

안토니누스 피우스는 균형과 조화의 통치를 지향했습니다. 흔히 그를 두고 로마 왕정 시대의 제2대 왕인 누마 왕에 빗대어 말하곤 합니다. 두 군주 모두 종교와 정의 그리고 평화를 사랑했기 때문이지요. 하지만 덕망을 발휘한 방면으로 치자면 안토니누스 피우스가 훨씬 더 뛰어났다고 볼 수 있습니다. 그는 사생활에서도 온후하고 선량했으며, 허영이나 사치와는 거리가 멀었습니다. 또한 군사적인 충돌을 되도록 최소화하고 외교적 해결을 선호하여, 로마 제국의 안정을 유지하는 데 최선을 다했지요. 그는 국내 문제들을 해결하고 제국 내의 관리 체계를 개선하는 데 큰 노력을 기울였으며, 사회의 안녕과 공공의 복지를 중요시했습니다. 또한 안토니누스 피우스는 로마 제국 내의 법과 질서를 강화하는 데에도 주력했습니다. 그는 법과 정의를 중시하고, 재판관들의 독립성과 공정한 재판을 독려했습니다. 또한 공공사업에 투자하여 도로, 다리, 운하 등의 건설을 촉진함으로써, 로마 제국 내의 도시들을 골고루 발전시켰습니다.

안토니누스 피우스는 평화와 관용, 인간성을 중시하는 황제로도 알려져 있습니다. 그는 뛰어난 기품과 교양을 갖추었으면서도 겸손하고 근면했습니다. 또한 정직한 데다 침착한 사람이었고, 법률 지식은 물론 행정 지식에도 굉장히 해박했지요. 그는 로마 제국에서 제일가는 부자였음에도, 사치와는 거리가 멀었고 매우 소박하고 단조로운 사생활로 존경을 받았다고 합니다. 그런 까닭에 정적이 거의 없었던 그의 황제 계승은 처음부터 순조로웠고, 23년의 재위 기간 내내 한결같은 안정을 유지했습니다. 안토니누스 피우스는 전임자인 하드리아누스 황제와는 달리 이탈리아 반도를 벗어난 적이 없었습니다. 원격 조정으로 로마 제국을 통치했지요. 그만큼 제국의 체제가 안정적으로 확실히 구축되었기 때문입니다.

안토니누스 피우스의 가장 큰 업적은 로마 곳곳에 뿌리를 내린 기독교를 더 이상 박해하지 못하도록 금지한 일이었습니다. 속주의 번영을 위해 다 함께 노력하는 평화로운 치세가 그의 가장 큰 업적이라고 평가할 만도 합니다.

스코틀랜드의 수도 에든버러에 있는 스코틀랜드 국립미술관에 가면, 입장하자마자 큰 중정(中庭)을 마주하게 됩니다. 그 중정의 프리즈(frieze)에는 스코틀랜드 역사상 유명한 인물들을 그린 대형 벽화가 있습니다. 그 그림은 윌리엄 브래시 홀이라는 스코틀랜드 출신의 화가이자 삽화가의 작품입니다. 그는 주로 역사적인 장면과 문학 작품의 삽화로 유명하며, 특히 셰익스피어 작품의 삽화로 널리 알려져 있습니다.

홀은 스코틀랜드 국립미술학교에서 교수로 재직하며 예술 분야에서 큰 영향을 끼쳤습니다. 스코틀랜드 국립미술관을 건립할 때, 홀은 건물 중정의 프리즈에 위인들의 그림을 그렸습니다. 그 벽화에는 홀의 대표적 작품인 〈로마의 장군과 황제들〉이라는 그림도 있지요. 이 그림 왼쪽에서 두 번째가 안토니누스 피우스이고, 네 번째가 그의 전임자 하드리아누스입니다. 스코틀랜드 사람들은 아니지만, 스코틀랜드 초기 역사에 등장하는 인물들이기에 그림에 담은 것입니다.

안토니누스 피우스의 통치 기간은 그야말로 태평성대였습니다. 오죽하면 영국의 한 역사학자는 "모든 것이 너무나도 조용하고 완벽해서, 도저히 쓸 게 없다"고 푸념했을 정도입니다. 안토니누스 피

윌리엄 브레시 홀(William Brassey Hole, 1846~1917), 〈로마의 장군과 황제들
(Roman generals and emperors), 1897년, 스코틀랜드 국립미술관

우스의 통치에서 비판받는 부분이 있다면, 바로 국방비 절감에 따른
로마 국방력의 질적 약화일 것입니다. 그가 통치하던 23년의 기간
동안, 분명히 로마 제국은 팍스 로마나라는 말에 걸맞게 제국의 위
엄과 힘을 국경선 너머까지 미치고 있었습니다. 하지만 그의 전임자
들이었던 트라야누스와 하드리아누스의 업적과 공헌 덕분에 큰 문
제 없이 지나갈 수 있었습니다.

　오랫동안 평화가 이어지자, 안토니누스는 치세 내내 로마군의 비
용 절감을 위한 노력에만 힘을 쏟았습니다. 그럼으로써 로마군의 전
력은 약화될 수밖에 없었지요. 하드리아누스 시대와는 달리, 수동적
방어 체계로 로마군의 체제를 바꾸는 결과를 낳은 것입니다. 그런

까닭에 안토니누스가 죽고 난 뒤 고스란히 나라를 물려받은 마르쿠스 아우렐리우스는, 즉위 직후 자연재해로 고통받는 와중에 끊임없이 밀려드는 외적들과 전쟁을 치르는 대가를 치러야만 했습니다. 여기서 우리는 국가의 지도자가 재임 중에 아무 일도 하지 않은 채 현상 유지에만 급급하면, 그에 따른 위기가 그 후임자에 이르러 나타난다는 교훈을 얻게 됩니다.

8

마르쿠스 아우렐리우스의 메멘토 모리, '죽는다는 것을 기억하라'

〈마르쿠스 아우렐리우스 황제의 유언〉, 외젠 들라크루아

하드리아누스 황제는 원래 그의 후계자로 아일리우스를 지목하고 양자로 삼았지만, 불행히도 아일리우스는 138년에 사망합니다. 후계 구도에 차질을 빚은 하드리아누스는 안토니누스 피우스를 새로운 후계자로 받아들이는데, 그가 바로 로마 제국 제16대 황제가 됩니다. 하드리아누스의 후계자가 되는 조건으로, 안토니누스 피우스는 아일리우스의 아들인 베루스를 마르쿠스 아우렐리우스와 함께 양자로 받아들였습니다. 하드리아누스가 죽고 안토니누스가 황제가 된 이후, 후계자인 마르쿠스 아우렐리우스는 헤로데스 아티쿠스와 마르쿠스 코르넬리우스 프론토 같은 훌륭한 스승들 밑에서 그리스어와 라틴어를 배우며 황태자 수업을 받게 되지요. 안토니누스에게

작가 미상, 〈공동 황제 마르쿠스 아우렐리우스(좌)와 루키우스 베루스(우)의 흉상(Co-emperors Marcus Aurelius and Lucius Ver-us, British Museum)〉, 161~170년경, 영국 대영박물관

는 아들이 둘이나 있었지만, 그는 가문보다 로마의 미래를 위해 마르쿠스를 후계자로 삼은 것입니다. 그리고 마르쿠스는 145년에 안

토니누스의 딸인 파우스티나와 혼인하면서 확실하게 후계자 자리를 굳힙니다.

안토니누스가 161년에 죽은 뒤, 마르쿠스는 베루스와 함께 공동 황제로 즉위합니다. 이는 로마 역사에서 2명의 황제가 통치를 한 첫 사례입니다. 황제로 즉위한 지 얼마 지나지 않아, 베루스는 마르쿠스의 딸인 루킬라와 약혼합니다. 그리고 4년 뒤, 루킬라가 15세가 되었을 때 베루스는 그녀와 결혼하지요(여기서 루킬라는 2000년에 개봉한 영화 〈글래디에이터〉에서 코니 닐슨이 연기한 그 루킬라가 맞습니다).

마르쿠스 아우렐리우스와 베루스는 황제로서 동등한 권한을 가져야 했지만, 실제로는 마르쿠스가 더 많은 권위를 누렸습니다. 마르쿠스만이 대신관의 지위를 지니고 있었기 때문이지요. 그래서 베루스는 파르티아 전쟁을 지휘하며 재위 기간의 대부분을 보내야만 했습니다. 7년 동안이나 진행된 파르티아 전쟁에서, 베루스는 마침내 승리를 거둡니다. 하지만 곧이어 발생한 게르만족 일파인 마르코만니족과의 전쟁 초기에 참전한 뒤, 병에 걸려 169년에 사망하고 맙니다. 이후 본격적인 마르쿠스 아우렐리우스(Marcus Aurelius Antoninus, 재위 161년~180년)의 단독 황제 시대가 열립니다.

마르코만니 전쟁은 게르만족의 일파인 마르코만니족과 콰디족 등의 침략에 대항하여 일어난 것으로, 서기 166년부터 180년까지 14년간 지속되었습니다. 그 전부터 도나우강이라는 로마 제국의 유럽 북동부 전체 국경을 두고, 강 양쪽에 살던 서로 다른 게르만족 사이에 잦은 다툼이 있었습니다. 그러다 166년 게르만족인 롬바르드

족이 도나우강을 건너 로마의 판노니아 속주를 침입했고, 167년에
는 마르코만니족과 콰디족을 위시로 로마 제국의 국경을 위협하기
에 이르지요. 마르쿠스 아우렐리우스는 황제로 있으면서 거의 모든
세월 동안 마르코만니족과 전쟁을 벌여야 했습니다. 이는 게르만족
의 대이동이라는 첫 번째 파고를 막기 위한 피나는 노력이었습니다.

마르쿠스 아우렐리우스는 그 와중에 전선에서 철학 저서《명상
록》을 집필하기 시작합니다. 로마 제국의 황제 철학자 마르쿠스 아
우렐리우스가 직접 쓴《명상록》은 스토아철학을 대표하는 인류의
고전이지요. '명상록'은 후대에 붙인 라틴어 제목이고, 초기에 알려
진 제목은 그리스어로 된 '자기 자신에게 이르는 것들'이었습니다.
아우렐리우스는 어린 시절 가정교사에게 그리스 철학과 수사학 수
업을 받았고, 에픽테토스를 비롯한 전대의 스토아 철학자들의 가르
침을 깊숙이 받아들였습니다. 황제가 된 후 반란과 외침이 끊이지
않는 고단한 전선에서 스토아철학의 가르침을 바탕으로 철학적인
일기를 쓰기 시작했고, 그것이 지금 전해지고 있는《명상록》입니다.

이 작품에서 가장 먼저 눈에 띄는 것은 아우렐리우스의 종교적
경건성입니다. 아우렐리우스는 당대 로마의 다신교를 따르고 있었
습니다. 그럼에도 신들에 대한 그의 생각은 당대 기독교인들의 헌신
성에 못지않은 독실함으로 가득 차 있습니다. 그처럼 경건한 자세로
아우렐리우스는 '번잡하고 타락한 일상에서 물러남'을 강조합니다.
그러나 그 '물러남'을 '자기 내면으로 물러남'으로 이해한다는 데 아
우렐리우스 철학의 특징이 있습니다. 아우렐리우스에게 '물러남'이

란 영원한 퇴각이 아니라, 현실에 복귀하여 이웃과 다시 어울려 사는 데 필요한 회복의 시간을 뜻합니다. 마르쿠스의 황후 파우스티나는 그런 황제와 달리, 대놓고 바람을 피우는 여인이었습니다. 그녀는 자신의 여러 애인들을 높은 자리로 승진시키기도 했습니다. 하지만 그 사실을 아는지 모르는지, 마르쿠스는 《명상록》에서 "그처럼 성실하고 부드럽고 검소한 아내를 내려주신 신에게 감사한다"고 기록하고 있습니다.

로마 시대에는 전쟁에서 승리한 장군이 개선 행진을 할 때면, 장군의 뒤에 선 노예가 큰 소리로 "죽는다는 것을 기억하라(Memento mori)"고 외쳤습니다. 개선장군이 오만해져 신들의 분노를 사는 것을 막고 겸손해지라는 뜻이었지요. 아무리 위대한 황제나 장군도 결국은 죽는다는 사실을 항상 잊지 않으려 했던 아우렐리우스야말로, 바로 그 경구를 기억하며 평생을 산 사람이었습니다. 복잡한 현대에 사는 우리도 명심해야 할 귀한 말씀입니다.

18세기 프랑스의 전제군주 루이 15세는 화가 조셉 마리 비엔에게 위대한 통치자의 미덕을 그려 달라고 의뢰했습니다. 마침내 1765년 살롱전에서 비엔은 〈시민들에게 빵을 배급하는 마르쿠스 아우렐리우스〉라는 그림을 선보였습니다. 이 그림은 로마 황제 마르쿠스 아우렐리우스가 빈민들에게 빵을 나누어 주는 장면을 묘사하여, 그가 얼마나 자비로운지를 그리고 있습니다. 그러나 자세히 보면 마르쿠스 아우렐리우스의 자세는 단조롭고 그의 얼굴에는 아무런 표정이 없습니다. 자비심이나 동정심도 없이 무심한 표정으로 일련의 행

조셉 마리 비엔(Joseph-Marie Vien, 1716~1809), 〈시민들에게 빵을 배급하는 마르쿠스 아우렐리우스(Marcus Aurelius Distributing Bread to the People)〉, 1765년, 프랑스 피카르디 박물관

사를 대하는 듯 그리고 있어, 아쉬움을 남기는 작품입니다.

일본 도쿄에는 국립 서양화미술관이 있습니다. 일본에는 메이지

위베르 로베르(Hubert Robert, 1733~1808), 〈마르쿠스 아우렐리우스의 기마상, 트라야누스 기둥, 신전이 있는 상상 속 로마의 풍경(Imaginary View of Rome with Equestrian Statue of Marcus Aurelius, the Column of Trajan and a Temple)〉, 1786년, 일본 국립 서양화미술관

유신 이후 서양의 유명한 명화들을 수집해서 전시하는 서양화미술관이 많습니다. 그중 특히 유명한 도쿄의 서양화미술관에는 〈마르쿠스 아우렐리우스의 기마상, 트라야누스 기둥, 신전이 있는 상상 속 로마의 풍경〉이라는 그림이 있습니다. 로마 시내에 있는 전임 황제의 기마상(騎馬像)을 그린 작품이지요. 18세기 프랑스의 유명한 풍경화가인 위베르 로베르는 로마의 풍경, 특히 고대 로마의 유적지 풍경을 자주 그렸습니다. 로베르는 건축가이자 화가로서, 고전적인 풍경 속에서 사람들의 활동을 잘 포착했습니다. 이 그림에는 마르쿠스 아우렐리우스의 기마상은 물론 트라야누스 기둥 위에 서 있는 트라야누스 동상, 그리고 고대 로마 신전 등이 나타납니다. 로베르는 그러한 요소들을 사용하여 풍경을 조합하고, 로마의 역사와 아름다움을 표현하는 데 주력했습니다. 이 그림은 로베르의 상상력과 미적 감각을 잘 보여주는 작품 중 하나입니다.

177년, 아우렐리우스는 그의 아들 콤모두스를 공동 황제로 지명합니다. 178년, 다시 도나우 전선으로 달려간 마르쿠스 아우렐리우스의 건강은 이미 심각할 정도로 악화된 상태였습니다. 황제를 따라 아들 콤모두스도 도나우 전선으로 왔지만, 평소 책임감이 강했던 아우렐리우스는 젊은 아들에게 일을 맡기지 않았습니다. 황제는 오랫동안 앓아 온 지병들을 참으면서, 자신을 진심으로 따르고 충성을 맹세하던 로마군을 이끌고 콰디족과 마르코만니족의 거센 저항을 물리칩니다.

당시 황제는 아픈 몸을 이끈 채 바바리아(오늘날 독일의 바이에른) 지방의 레겐스부르크 일대를 시찰한 뒤 새로운 병영 기지를 건설합니다. 그리고 정복한 게르만족 주민이나 포로를 전쟁으로 피폐해진 여러 속주로 이주시켜, 로마 주민으로 흡수하는 데 주력하였지요. 그러한 게르만족의 대규모 영구 정착 정책은 부분적으로 성공을 거두어, 게르만족을 로마군으로 충원할 수 있었으며 그 일대의 사회와 경제를 유지해 나갈 수 있게 되었습니다. 그러던 서기 180년, 아우렐리우스는 자신이 설치한 병영 기지 빈도보나(오늘날의 빈)에서 병사합니다. 그런데 이 시점에서 그는 후대의 비판을 받게 됩니다. 능력 있는 사람을 양자로 삼아 자리를 물려준 선대의 네 황제들과는 달리, 무능하고 공부하기를 싫어하며 검투 경기만 좋아하던 19세의 친아들 콤모두스에게 제위를 물려주었기 때문이지요.

리들리 스콧 감독이 2000년에 제작한 영화 〈글래디에이터〉는 바로 이 아우렐리우스 황제와 콤모두스의 이야기를 그리고 있습니다. 박진감 넘치는 액션과 고대 로마의 이미지를 웅장하게 표현한 영상으로 호평을 받은 영화이지요. 하지만 주연인 러셀 크로가 열연한 막시무스 장군은 허구의 이야기입니다. 그리고 아우렐리우스가 제정을 포기하고 다시 공화정으로 되돌리기 위해 막시무스를 후계자로 삼으려 하자, 콤모두스가 아버지 아우렐리우스를 죽이고 황제 지위를 찬탈했다는 내용 역시 사실이 아니랍니다.

뒤에 나오는 〈마르쿠스 아우렐리우스 황제의 유언〉은 프랑스의 낭만주의 화가 외젠 들라크루아가 그린 대작으로, 로마 황제 마르쿠스 아우렐리우스의 사망 전 몇 시간의 모습을 묘사하고 있습니다.

들라크루아는 스토아 철학자, 그중에서도 마르쿠스 아우렐리우스를 높이 평가했습니다. 이 그림에서 마르쿠스 아우렐리우스는 그림 중앙부에 노쇠하고 쇠약한 모습으로 묘사되고 있군요. 그의 얼굴에 드리운 녹색과 노란색 그림자는 마지막 순간이 왔음을 알게 해주며, 그를 거의 유령처럼 보이게 합니다. 기력이 다한 아우렐리우스는 붉은 옷을 입은 젊은 사내인 그의 아들 콤모두스의 팔을 붙잡고 있습니다. 콤모두스는 아버지의 말에 별 관심이 없는 듯 보이며, 그저 불손한 눈길만 던지고 있을 따름입니다. 그 둘을 중심으로 침대 주변에 있는 사람들은 마르쿠스 아우렐리우스의 철학자 동료들입니다. 검은색 복장을 한 채 비통한 모습으로 철학자 황제의 임종을 지켜보고 있군요.

이 그림은 로마 제국의 종말을 예고하는 상징이라 할 수 있습니다. 1832년 북아프리카를 여행한 뒤 붉은색에 매혹된 들라크루아는, 이 그림에서 콤모두스의 옷을 밝은 붉은색으로 표현하여 보는 이의 시선을 집중시킵니다. 〈마르쿠스 아우렐리우스 황제의 유언〉은 아름답지 못한 황제의 모습을 그렸다는 이유로 대부분 부정적인 평가를 받았지만, 이 그림에 감동한 시인 샤를 보들레르는 "아름답고, 거대하고, 절묘하지만, 저평가받고 있는 그림"이라며 상찬했다고 합니다.

외젠 들라크루아(Eugène Delacroix, 1798~1863), 〈마르쿠스 아우렐리우스 황제의 유언(Last words of Emperor Marcus Aurelius)〉, 1844년, 프랑스 리옹 미술관

잠시 쉬어가기: 로마의 와인

와인의 역사는 8,000년 전쯤 시작된 것으로 추정합니다. 카스피해와 흑해 사이의 지역인 '비옥한 초승달' 지역을 그 기원으로 보는데, 그중에서도 조지아 지방에서 처음 제조된 것으로 알려져 있지요. 그러다 이집트와 그리스를 거쳐서 로마로 전파되었고, 이어서 로마 제국의 영토 곳곳으로 퍼져나가며 유럽의 술로 자리 잡습니다.

로마는 그리스보다 와인을 더욱 사랑했습니다. 포도 재배와 와인 제조 기술에 대해서 체계적인 문서로 기록한 것도 고대 로마 시대부터였습니다. 특히 기원전 2세기, 카르타고 멸망을 이끈 카토(Cato, 기원전 234년~기원전 149년)가 저술한 《농업론(De Agri Cultura)》이라는 책이 유명한데, 당시에 이미 와인 산업이 크게 번창했음을 알 수 있습니다.

카르타고 멸망 이후 해외 식민지에서 엄청난 곡물이 유입됨으로써 이전까지 죽을 먹던 로마 사람들은 빵을 먹기 시작했고, 거칠고 딱딱한 빵과 함께 입을 적셔줄 음료가 필요해졌습니다. 그때 와인이 그 자리를 차지하면서 수요가 폭발적으로 늘어났다고 합니다. 로마 시대에는 1인당 하루 0.5L의 와인을 마셨다고 하는데, 성인 남자 기준으로는 1L 이상 마셨으리라 추측됩니다. 더구나 당시 물에는 석회질이 많아 와인을 희석한 물을 마셨다고 하니, 당연히 와인 수요가 많아질 수밖에 없었겠지요. 사람들은 숙성된 와인이 수면, 혈액 순환 및 소화 기능을 돕는 것으로 여겨, 건강에 좋은 음료라고 생각했습니다.

그처럼 와인에 대한 수요가 늘어나자, 로마에서는 적극적으로 해외 속주에도 포도나무를 보급하여 유럽 곳곳에 포도나무 산지와 와인 산지를 만들었습니다. 오늘날 고급 와인의 산지로 알려진 프랑스 보르도에는 로마인이 기원전 2세기경에 와인을 보급한 것으로 알려져 있습니다. '보르도' 하면 와인에 관심이 없는 사람이라도 그 명성을 익히 알 정도로, 옛날부터 와인으로 유명한 곳이지요. 일찍이 로마 시대부터 포도밭이 조성되어 로마 사람들이 보르도 와인을 애용하면서 그 이름이 알려지게 되었답니다. 와인 산업이 발달하면서, 와인을 담는 토기인 암포라(amphora)라는 도기를 제작하는 공장도 로마 제국 곳곳에 세워지게 됩니다.

로렌스 알마타데마(Sir Lawrence Alma-Tadema, 1836~1912), 〈로마의 와인 상
점(The Roman wine shop)〉. 1869년, 영국 길드홀 미술관

9

콤모두스 황제는 왜 검투사 숙소에서 살기로 마음먹었을까?

〈검투사 선두에서 경기장을 떠나는 콤모두스 황제〉, 에드윈 블래시필드

즉위 초기에는 별다른 이상이 없던 로마 제국 제17대 황제 콤모두스(Marcus Aurelius Commodus Antoninus, 재위 180년~192년)는, 오현제의 마지막 황제인 아버지 마르쿠스 아우렐리우스를 따라 성군이 되리라는 기대를 한 몸에 받았습니다. 그는 아우렐리우스의 자녀 14명 중 열째로 태어났습니다. 그에게는 쌍둥이 형제가 있었는데 어린 나이에 죽고, 나머지 형제들도 모두 죽게 됩니다. 그렇게 콤모두스는 아우렐리우스의 유일한 아들이 되어 황제에 오를 수 있었습니다.

콤모두스가 의심병이 생겨서 로마 제국 최악의 황제가 된 데는 뜻밖에도 그의 누나 루킬라가 있었습니다. 콤모두스가 황제로 즉위하고 2년 만인 182년, 엄마처럼 여겼던 누나가 황제 자리를 탐내 원로원과 결탁하여 황제 암살을 시도하다 발각된 것입니다. 이른바 콜로세움 암살미수 사건이지요. 어느 날 콤모두스가 콜로세움 입구로 입장하려는데, 루킬라와 결탁한 한 원로원 의원이 단검을 들고 달려들었습니다. 그런데 그는 곧바로 칼을 휘두르는 대신 큰 소리로 외칩니다. "여기 원로원이 보낸 정의의 칼을 받아라!" 그렇게 말하는 사이 그는 근위대원들에게 붙들리게 됩니다. 분노한 콤모두스는 상당수의 원로원 의원을 처형하였고, 루킬라는 카프리섬으로 추방한 후 나중에 처형하였습니다.

그 사건이 있고 난 후 그는 철학을 좋아했던 아버지와는 달리, 국정을 돌보지 않고 점차 정신이 이상해지고 잔인해지면서 주변 사람들을 의심하여 마구 죽이기 시작합니다. 게다가 콤모두스가 총애하던 시종인 사오테루스가 또 다른 사건으로 살해되는데, 황제의 근위대장 중 한 명인 티루테니우스 파테르누스가 연루된 사실이 드러납니다. 콤모두스로서는 그야말로 믿을 사람 하나 없는 상황이었을 테지요. 그 후 콤모두스는 술을 마시지 않은 채로는 생활하기가 힘들어졌고, 사이가 좋았던 황후와의 관계마저 파탄이 나고 말았습니다. 콤모두스는 우울증과 환청·환각 증세마저 호소하더니, 결국에는 사람을 피하기 시작했습니다. 이후 그는 과대망상증과 편집증에 시달리고 알코올 중독 증세까지 보이며, 그야말로 폐인이 되다시피 했습니다.

그 사이 콤모두스는 모든 일을 근위대장 페렌니스에게 위임하면서, 자발적 은둔 통치를 시작하게 됩니다. 실권을 잡은 페렌니스는

작가 미상, 〈헤라클레스로 분한 콤모두스 흉상(Bust of Commodus as Hercules)〉, 192년, 대리석 조각, 이탈리아 카피톨리니 박물관

콤모두스를 정치에서 떨어뜨려 놓기 위해, 황제가 유흥과 향락에 더욱 빠지도록 유도했지요. 그런 영향으로 콤모두스는 애첩과 결혼하기 위해 황후였던 브루티아 크리스피나를 간통죄로 누명을 씌워서 카프리섬으로 추방하고, 이후 자객을 보내 살해합니다. 그뿐만 아니라 페렌니스는 제국 각지에서 미소녀와 미소년을 각각 300명씩 선발해서 황궁으로 보내고 매일같이 파티를 열게 하여, 콤모두스의 관심을 제국 운영에서 점점 더 멀어지게 했습니다. 또 그는 많은 유력자들을 반역죄로 고발하고, 그들의 재산을 몰수하여 착복하는 등의 행위를 일삼았습니다. 그럼에도 페렌니스는 비교적 제국을 잘 운영했습니다. 그러나 사실상 그의 로마 통치는 3년 만에 막을 내리게 됩니다.

185년, 페렌니스와 그의 아들들은 콤모두스에게 반역죄로 처형당합니다. 페렌니스에게 불만을 품고 파업한 브리타니아 군단에서 1,500명의 병사 대표들이 로마로 찾아와 콤모두스에게 위험을 경고했기 때문이지요. 그들이 페렌니스에게 불만을 품고 황제에게 경고한 이유는, 페렌니스가 콤모두스를 제거하고 자기 아들을 황제로 만들려고 했기 때문이라고도 하고, 브리타니아 반란을 진압하는 과정에서 페렌니스가 취한 가혹한 조치 때문이었다고도 합니다. 명확한 이유는 알 수 없지만, 실권자 페렌니스가 사라지면서 콤모두스는 다시 정치를 할 수 있는 계기를 마련합니다. 하지만 이번에도 콤모두스는 자신의 시종인 클레안데르에게 정사를 모두 맡겨버립니다.

클레안데르는 그리스 노예 출신으로, 황궁에서 일하다가 해방된 사람이었습니다. 이 그리스 출신의 해방노예는 분수를 모르고 전임자인 페렌니스보다 더한 악행을 저지릅니다. 그는 권력을 이용하여 부정 축재를 하고 콤모두스를 로마와 떼어놓기 위해 매관매직을 일삼았습니다. 어느 해에는 돈을 받고 임명한 로마의 집정관이 무려 25명이나 되었다고 하지요. 클레안데르는 집정관, 호민관, 원로원 자리를 공공연히 매관매직했을 뿐만 아니라, 스스로 근위대장의 자리에도 오릅니다. 심지어는 자기 마음에 안 들거나 위협이 된다고 생각한 사람들에게 누명을 씌워서 처형합니다. 그러한 폭정 속에 결국 로마 시민들이 등을 돌리면서, 클레안데르의 횡포도 막을 내리게 됩니다.

190년, 로마는 곡물 부족에 시달리고 전염병까지 유행합니다. 그때 사람들 사이에서는 클레안데르가 곡물을 매점매석하고 있다는 내용의 소문이 돌았습니다. 클레안데르에게 불만이 있었던 그의 정적들이 퍼트린 것으로 추정되는데, 그러한 소문은 확실한 효과를 보여주었답니다. 성난 로마 시민들은 봉기하여 당시 콤모두스가 머물고 있던 로마 남쪽의 퀸틸리 별장까지 쳐들어갔고, 클레안데르를 처형할 것을 요구하였습니다. 놀란 콤모두스는 급히 클레안데르를 죽여 민중을 진정시킵니다. 충신이라 믿었던 페렌니스와 클레안데르에게 배신을 당한 콤모두스는, 더 이상 대리인이 아닌 자신이 직접 정치를 해야겠다고 생각한 듯합니다. 콤모두스는 로마로 돌아왔고, 로마 시민들은 환호했습니다.

하지만 정서가 불안했던 젊은 황제는 600명의 미소년과 미소녀가 함께했다는 환락장에 있지 않으면 검투사 경기에 빠져 지내기 일쑤였습니다. 자신을 환생한 헤라클레스라고 믿은 콤모두스는 대중의 인기에 영합하는 이벤트에 더욱 집착합니다. 대형 공연을 개최하는 등 로마 시민의 여흥을 위해 아낌없이 돈을 퍼붓습니다. 그러다 재정 고갈에 봉착하자 결국 화폐 개혁까지 손대게 됩니다. 데나리우스 은화의 은 함량을 줄여 차익을 취한 것이지요. 요즘의 지폐와 달리 금화와 은화는 내재적인 가치를 지녔답니다. 즉 화폐에 새겨진 액면가가 아니라 금과 은의 함량으로 그 가치가 결정되었던 것입니다. 앞서 살펴본 대로, 처음에는 순은이었던 데나리우스 은화의 순도를 네로가 92%로 낮춘 적이 있지요. 그런데 콤모두스가 다시 은 함량을 70%로 대폭 낮추면서 문제가 생깁니다.

은화에 대한 신뢰가 무너지자 곧 하이퍼 인플레이션이 발생했습니다. 물가가 치솟으며 경제가 마비되다시피 했습니다. 불안해진 사람들은 이전에 발행된 순도 높은 은화를 집 안에 숨겨둔 채 쓰지 않게 되었지요. 결국 사회에 돈이 돌지 않자, 국가 경제는 더욱 악화되기에 이릅니다. 악화(惡貨)의 남발로 로마는 계속 멍들어갔습니다.

191년에 로마 시는 또다시 대화재에 휩싸입니다. 그 화재로 도시의 절반가량이 소실될 만큼 큰 피해를 입었습니다. 부유층이 귀중품을 보관하는 곳이었던, 팍스 로마나의 상징인 평화의 신전까지 불에 탔고, 아이네이아스가 트로이에서 가져온 것으로 추정되는 성상과 베스타 신전도 파괴되었다고 하지요. 그렇듯 도심의 많은 지역이 큰 타격을 입어, 대대적인 복구 작업과 재건축이 필요했습니다. 사태가 수습된 후 콤모두스는 자신이 제2의 로마를 창건했다며 로마를 '콜로니아 콤모디아나(콤모두스의 땅)'라고 부르고, 달력에서 달의 명칭을 황제 자신과 관련된 것으로 바꾸라는 명까지 내립니다. 이제 모든 로마인들은 콤모두스가 완전히 정신 줄을 놓아버렸으며, 제국을 덮친 안토니누스 전염병과 함께 로마에 내린 저주라고 생각하게 되었습니다.

고대의 전염병에 대해서는, 그것이 실제로 어떤 병이었는지 아직도 미스터리로 남아 있습니다. 물론 고대 역학 조사는 어려운 작업입니다. 이용할 만한 증거도 없고, 수천 년 된 병원체를 식별하기란 특히나 어렵기 때문이지요. 그러나 역사가들 사이에 널리 퍼져 있는 이론에 따르면, 안토니누스 전염병은 천연두였으리라 추정합니다. 1796년, 영국의 의사 에드워드 제너가 천연두 백신을 개발한 후, 오늘날 들어 천연두는 더 이상 위험한 전염병이 아니게 되었습니다.

그러나 고대에 천연두는 전염성이 높고 매우 치명적인 질병이었습니다. 마르쿠스 아우렐리우스 황제 때 출현하여 콤모두스 통치 초기까지 유행한 이 역병으로 수많은 사람들이 죽게 됩니다. 이른바 로마 시대의 팬데믹이었던 것이지요. 천연두든 아니면 다른 전염병이든, 질병으로 인한 사망률은 제국 전체에 큰 영향을 미쳤습니다. 이 역병은 169년에 사망한 공동 황제 루시우스 베루스와 180년에 사망한 마르쿠스 아우렐리우스의 목숨까지 앗아간 것으로 추정되는 무서운 질병이었습니다.

미카엘 스베르츠는 17세기 네덜란드 출신의 화가이자 동양학자

미카엘 스베르츠(Michael Sweerts, 1618~1664), 〈고대 도시의 대역병(Plague in an Ancient City)〉, 1650~1652년, 미국 로스앤젤레스 카운티 미술관

입니다. 그는 특히 동양에서의 생활을 그린 그림과 고대 로마 시대 그림으로 유명합니다. 스베르츠는 네덜란드 화가들 가운데 이국적인 소재를 다룬 작품으로 널리 알려져 있는데, 동양의 일상생활과 문화를 현실적으로 표현한 그의 작품은 많은 이들에게 사랑을 받았습니다. 그가 그린 〈고대 도시의 대역병〉은 그 배경이 된 시기는 정확히 알 수 없으나, 고대 로마에서 대역병이 유행하던 시절을 그린 것입니다. 정확한 질병의 원인도 올바른 치료법도 모른 채, 두려움에 떨면서 거리를 배회하거나 쓰러져 있는 처참한 사람들의 모습을 그리고 있습니다.

미국의 벽화 화가인 에드윈 블래시필드는 미국 워싱턴 D.C.에 있는 의회 도서관 중앙열람실의 돔에 벽화를 그린 화가로 유명합니다. 그는 콤모두스 황제의 또 다른 모습을 〈검투사 선두에서 경기장을 떠나는 콤모두스 황제〉라는 그림을 통해 보여주고 있습니다. 콤모두스 황제가 유혈 스포츠인 검투 경기에 직접 참여해서 즐긴 후, 살아남은 검투사들을 이끌고 행진하는 모습입니다.

에드윈 블래시필드(Edwin Howland Blashfield, 1848~1936), 〈검투사 선두에서 경기장을 떠나는 콤모두스 황제(The Emperor Commodus Leaving the Arena at the Head of the Gladiators)〉, 1936년, 러시아 에르미타주 미술관

관중석의 군중들도 열광하고 있군요. 황제와 로마 시민 모두 광란의

경기를 즐겼던 현장을 매우 사실적으로 그리고 있습니다.

　클레안데르가 죽고 난 후 20대 후반에 접어들 무렵인 190년경부터, 콤모두스의 부도덕하고 광적인 행동은 더욱 심해집니다. 그는 과대망상 증상을 보이기 시작하면서, 정신 불안 증세가 더욱 악화되었습니다. 콤모두스는 원로원 의원들에게 살아 있는 자신을 신격화해 달라며 말도 안 되는 요구를 합니다. 또 황제의 아들 콤모두스가 아니라 제우스의 아들 헤라클레스라고 불러 달라는 요구까지 하게 되지요. 마침내 콤모두스는 강인함과 용기의 대명사로 불리는 헤라클레스의 환생이라고 자칭하며, 헤라클레스를 흉내 내어 사자 가죽을 머리에 두르고 곤봉을 든 자신의 조각상을 만들게 합니다. 그래서 제작된 대리석 조각상이 바로 이 장 첫머리에 나오는 〈헤라클레스로 분한 콤모두스 흉상〉입니다.

콤모두스는 직접 검투사로 나서 735회나 시합을 치렀다고 합니다. 검투사로서 그의 실력은 뛰어난 편이었습니다. 콤모두스는 실제로 엄청난 완력을 지녀 인간 흉기나 다름없었으며, 매번 싸울 때마다 승리해 전승무패를 거뒀다고 하지요. 물론 황제였던 콤모두스에게 다른 검투사들이 실력껏 겨룰 수 없었을 가능성이 매우 높습니다. 또 콤모두스는 하루에 100마리가 넘는 사자와 곰, 코끼리와 하마를 투창으로 사냥하는 기록도 세웠다고 합니다.

콤모두스의 잇따른 기행과 잔혹함에 로마의 모든 대중마저 등을 돌릴 무렵, 그는 아예 검투사 숙소에 살면서 본격적으로 검투사가 되겠다고 선언합니다. 그러자 근위대장인 퀸투스 아이밀리우스 라이투스와 애첩 마르키아가 황제를 만류합니다. 그러나 제정신이 아니었던 콤모두스는 근위대장과 애첩을 처형하라고 명령하지요. 이를 알게 된 애첩 마르키아는 사냥을 하고 돌아와 밥을 먹던 콤모두스의 음식에 독을 탑니다. 하지만 콤모두스가 독을 먹고도 죽지 않

페테르 파울 루벤스(Peter Paul Rubens, 1577~1640), 〈헤라클레스와 검투사로 분장한 콤모두스 황제(Emperor Commodus as Hercules and as a Gladiator)〉, 1599~1600년경, 미국 라이든 컬렉션

고 욕실에서 토하며 괴로워하자, 레슬링 교관을 시켜 콤모두스의 목을 졸라 죽게 만듭니다.

콤모두스 사후, 로마는 군인들이 반란으로 옥좌를 차지하는 군인황제 시대를 맞게 됩니다. 그렇게 해서 근 100년간 이어지던 팍스

페르낭 뻴리(Fernand Pelez,1843~1913), 〈콤모두스 황제의 죽음(The Death of the Emperor Commodus)〉, 1879년, 프랑스 프티 팔레 미술관

로마나의 시대가 저물고 쇠망기로 접어듭니다. 역사에 가정이란 없다고 하지만, 아우렐리우스가 자식이 없었던 선대 황제들처럼 양자 양위의 전통을 따랐다면 로마의 전성기가 더 지속되었을지 궁금해지는 건 어쩔 수 없군요.

스페인 출신의 프랑스 화가 페르낭 뻴리가 그린 〈콤모두스 황제의 죽음〉을 보실까요. 이 작품은 마르키아가 레슬링 교관을 시켜 콤모두스를 목 졸라 죽이는 장면을 실감 나게 그려냈습니다. 마르키아는 망토로 얼굴을 가리긴 했지만, 이 끔찍한 현장을 담담히 지켜보고 있습니다.

10

아프리카 출신 세베루스 황제는 로마 최초의 흑인 황제였을까?

〈셉티미우스 세베루스 개선문〉, 카날레토

이 그림은 로마 역사화의 대가인 19세기 영국 화가 로렌스 알마 타데마가 그린 〈카라칼라와 게타〉라는 작품입니다. 웅장한 콜로세움 경기장 안에 수많은 사람들이 가득 차 있는 가운데, 황제 일가가 검투사 경기를 관람하고 있군요. 경기장에서는 치열한 검투 경기가 벌어지고, 꽃장식이 화려한 황제 전용 귀빈석 안에서는 황제 일가가 차분히 경기를 관전하고 있습니다. 반면에, 입추의 여지 없이 경기장을 가득 채운 수많은 관중들은 검투 경기에 몰입하고 있습니다.

귀빈석 안에 있는 사람들은 셉티미우스 세베루스 황제와 그 가족입니다. 왼쪽에는 아내와 함께 서서 경기를 지켜보는 황제의 아들 게타가 있고, 오른쪽에는 황제의 큰아들 카라칼라가 기둥에 기대선 채로 그런 게타를 노려보고 있습니다. 카라칼라가 동생 게타를 항상

로렌스 알마타데마(Sir Lawrence Alma-Tadema, 1836~1912), 〈카라칼라와 게타
(Caracalla and Geta)〉, 1909년, 개인 소장

경쟁자로 생각하고 있음을 잘 표현하고 있군요. 그 가운데 앉아 있
는 세베루스 황제는 무심한 듯 경기를 지켜보고, 그 옆의 율리아 돔
나 황후만이 두 아들 사이가 걱정스러운 듯한 표정으로 우리를 바
라봅니다. 마치 저렇게 견원지간인 두 아들을 어떻게 해야 화해시킬
수 있는지 우리에게 물어보는 것 같네요. 과연 이들 황실 가족에게
는 무슨 일이 있었던 것일까요?

로마의 폭군 콤모두스가 암살된 후, 원로원은 그를 기록 말살형에 처합니다. 하지만 그 사건은 로마 제국 쇠망의 시작에 불과했습니다. 콤모두스가 암살된 193년은 소위 '다섯 황제의 해'로 불리는데, 무려 한 해에 5명이나 황제에 즉위하게 된 것을 의미합니다. 다섯 황제에서 첫 번째가 바로 푸블리우스 헬비우스 페르티낙스(Publius Helvius Pertinax)입니다. 해방노예 출신인 이 장군은 콤모두스의 측근인 근위대장 아이밀리우스 라이투스의 지지를 받아 새 황제로 취임하였습니다. 그는 전직 아프리카 총독으로, 콤모두스의 누이 코르니피키아의 오랜 연인이었답니다. 페르티낙스는 근위병에게 한 사람당 1만 2,000세스테르티우스를 주고, 상여 인상을 제안하는 식으로 근위대 병사들을 포섭했습니다. 더불어 근위대장 라이투스를 이집트 총독으로 임명하겠노라 약속했지요. 그리하여 페르티낙스는 근위대 전체의 지지를 얻어낸 뒤, 그들을 이끌고 원로원에 들어가 원로원의 승인도 받아냅니다.

그런데 황제에 오른 후, 페르티낙스는 콤모두스 때와 같이 매관매직을 하고, 그에 항의하는 사람들을 처형하며 강압 통치를 펼칩니다. 더구나 애초에 약속했던 근위대의 상여도 절반만 주고, 라이투스의 이집트 총독 임명 건도 없었던 일로 해버립니다. 그러자 근위대는 다시 반란을 일으켜, 페르티낙스마저 살해해 버리지요. 무일푼의 거지였던 해방노예 아들로 태어나 맨주먹으로 자수성가해 황제까지 오른, '로만 드림(Roman dream)'의 승자였던 페르티낙스. 하지만 황제로 등극한 후, 로마의 악폐로 지적받는 근위대와의 갈등 속에 비참한 최후를 맞이한 것입니다.

며칠 후, 근위대장 라이투스는 로마 역사상 초유의 엽기적인 행위를 저지릅니다. 바로 새 황제를 뽑기 위해 공개적으로 경매를 벌인 것이었습니다. 그 황당한 경매에 입찰한 사람들도 있었습니다. 바로 페르티낙스 황제의 장인이던 티투스 플라비우스 술피키아누스와, 페르티낙스 황제와 오랫동안 선의의 경쟁자이자 저명한 원로원 의원이던 디디우스 율리아누스였습니다. 경매 결과, 디디우스 율리아누스(Didius Julianus)가 새 황제로 결정됩니다.

하지만 그처럼 말도 안 되는 소식이 전해지자, 로마 제국 각지에서 반란이 들불처럼 일어났습니다. 먼저 동방의 시리아 속주 총독이던 페스켄니우스 니게르가 병사들의 추대를 받아들여 황제를 자칭하고 나섰습니다. 이어서 지금의 헝가리 땅인 판노니아 총독이자 도나우강 방면의 군사령관인 셉티미우스 세베루스가 병사들의 추대를 받고 봉기하며, 자칭 황제임을 선포합니다. 마지막으로 브리타니아 속주의 총독이던 클로디우스 알비누스도 황제를 칭하고, 도버 해협을 건너 갈리아로 진군해 라인강 방면 로마군을 포섭하기 시작합니다. 하지만 세베루스가 먼저 라인강 방면의 로마군을 포섭한 뒤 로마 쪽으로 진군합니다. 그리고 알비누스에게는 부황제를 약속하고 나중에 공동 황제 자리를 주겠다고 회유함으로써, 알비누스의 군대를 브리타니아로 회군시키지요. 세베루스의 군대가 로마에 입성하자 대세를 파악한 원로원은 디디우스 율리아누스 황제를 폐위하는 결의안을 통과시킵니다. 이후 율리아누스는 체포되어 사형장으로 끌려가 참수되고 맙니다.

　로마에 무혈입성한 로마 제국 제20대 황제 셉티미우스 세베루스 (Septimius Severus, 재위 193년~211년)는 근위대를 해산하고, 페르티낙스 암살에 관여한 근위대 장병들을 모조리 처형합니다. 그리고 그때까지 이탈리아 본국 출신으로 구성되던 근위대를, 변방인 판노니아와 일리리아 출신 군단병들로 모조리 바꿔 버리지요. 또한 세베루스는 화폐 주조권을 장악합니다. 그러고는 다시 금화와 은화의 함량을 줄여서 돈을 대량으로 찍은 후, 자신을 지지하던 군단병들에게 뿌립니다. 그리고 부자와 원로원 의원들에게 곡물을 강제로 헌납하게 함으로써, 혼란기에 비어버린 로마의 곡물창고도 든든하게 채웁니다. 그리고 그 곡물들을 시중에 싸게 풀어 로마 시민에게도 지지를 받게 됩니다.

　세베루스는 동방에서 또 다른 황제를 참칭한 니게르(Pescennius Niger)를 대적하러 출정합니다. 하지만 니게르는 동방의 여러 속주 총독들을 자기편으로 만들고, 로마의 곡창지대 역할을 하고 있던 이집트를 점령하여 세베루스를 압박하는 작전을 폅니다. 세베루스는 동원 가능한 16개 군단을 이용하여 니게르에 맞서 싸워 승리를 거두고, 니게르는 붙잡혀 참수를 당하고 말지요. 이에 니게르의 지지자들은 파르티아 제국으로 망명합니다. 그래서 세베루스는 195년에 파르티아를 응징하기 위한 원정에 나서지만, 무력시위로만 그치고 귀국하게 됩니다.

　한편 196년에 또 다른 황제라고 나섰던 브리타니아 속주 총독 클로디우스 알비누스(Clodius Albinus, 재위 193년~197년)는 4만 명을 동원하여 갈리아로 쳐들어가 그곳을 정복합니다. 그리고 히스파니아 속주에 주둔하던 제7군단도 합류하게 되지요. 그러자 세베루스는 알비누스를 '공공의 적'으로 선포하고, 197년 1월 알비누스에 맞서 싸우러 갈리아로 떠납니다. 197년 2월, 양측은 루그두눔(오늘날의 프랑스 리옹)의 외곽에서 대회전(大會戰)을 벌이게 됩니다. 이 전투에 투입된 병력의 규모는 양측 모두 합해 15만 명에 달했다고 하는데, 전투가 시작된 이래 결과를 예측하기 힘들 정도로 일진일퇴의 격전이 벌어집니다. 전투를 치르는 가운데, 세베루스가 전장에서 낙마하는 사건이 발생합니다. 그러나 때맞춰 기병대가 그를 호위하면서 위기를 모면할 수 있었지요. 이후 세베루스 진영에서 활약한 마리우스 막시무스의 지휘 덕분에 전세를 역전시키고, 세베루스 군의 승리로 마무리됩니다. 참패한 알비누스는 루그두눔으로 달아났으나, 더 이상 도망갈 수 없게 되자 자살하고 맙니다.

최후의 제위 경쟁자인 클로디우스 알비누스마저 처단하고 수도 로마로 귀환한 셉티미우스 세베루스. 그는 니게르 및 알비누스와 서신을 주고받으며 내통한 원로원 의원 29명을 사형에 처합니다. 그리고 페르티낙스 황제의 장인으로, 황제 자리를 돈으로 살 뻔했던 티투스 플라비우스 술피키아누스 역시 반역자인 알비누스의 지지자로 지목해 처형하지요. 뒤이어 세베루스는 추가로 살생부를 만들어, 자신에게 위협이 될 만한 인사들을 죽이거나 자살을 강요해 죽음에 이르도록 하였습니다. 그래서 그는 300년 전 로마 공화정 시대에 살생부를 만들어 반대파를 숙청한 술라(Lucius Cornelius Sulla Felix, 기원전 138년~기원전 78년: 로마 공화정 말기의 명장)에 빗대어 '푸닉 술라'라고 불리게 되었습니다.

푸닉(Punic)은 북아프리카에 있는 한 지방을 일컫는데, 세베루스의 지지자들에 아프리카 출신이 많아서 그렇게 불렀다고 합니다. 세베루스에게 북아프리카 출신의 지지자들이 많았던 데는 이유가 있습니다. 세베루스 또한 북아프리카의 렙티스 마그나(오늘날의 리비아 트리폴리) 출신으로 회계 감사관 및 호민관, 법무관을 거쳐, 191년 판노니아 총독으로 임명되었던 것이지요. 아프리카 출신이기에 그를 최초의 흑인 황제로 오해하는 사람들도 있는데, 사실은 그의 부모 모두 이탈리아계 로마인으로 기사 계급 출신이었습니다.

세베루스는 그처럼 경쟁자들을 물리치고 로마 제국의 유일한 황제가 된 후, 자신의 세력 기반인 군대를 우대한 반면 로마인과 원로원을 무시하는 정책을 펼칩니다. 또한 군대를 30개 군단으로 증강하고, 병사의 봉급도 이전의 300데나리우스 은화 및 1,200세르테르티우스 동화에서, 375데나리우스 은화 및 1,500세르테르티우스 동화로 인상하지요. 또한 상여금도 넉넉히 챙겨주어 군대를 특권계급으로 만들게 됩니다. 세베루스는 관료제를 확대해 중앙권력을 강화함으로써, 관료층인 기사 계급을 우대하는 동시에 지방자치를 더욱 장려했습니다. 그러한 조치로 지출이 크게 늘어나자, 그는 본토인 이탈리아에도 세금을 부과하게 됩니다.

세베루스가 내전을 치르는 사이, 로마의 숙적 파르티아는 로마의 영토인 북부 메소포타미아를 침략하여 로마군이 지키던 니시비스를 포위 공략합니다. 그러자 세베루스는 알비누스를 물리친 후 알비누스 파 사람들이 망명을 간 파르티아를 손보기 위해, 대규모 원정군을 이끌고 2차 파르티아 원정에 나섭니다. 세베루스의 원정대가 온다는 소식에 파르티아 군은 니시비스 포위를 포기하고 본국으로 돌아가지요. 그러자 세베루스는 수많은 보트를 만들어 유프라테스강을 건넌 후 파르티아 영토로 쳐들어갑니다. 세베루스의 로마군은 바빌론은 물론 파르티아의 수도 크테시폰까지 점령하여 도시 전체를 약탈했습니다. 병사들은 크테시폰 전역에서 많은 사람들을 죽였고, 10만 명의 주민을 포로로 끌고 갔습니다. 하지만 식량 부족 등으로 파르티아를 계속 점령할 수 없었던 탓에, 전리품과 포로를 챙긴 채 티그리스강을 따라 로마로 귀환하게 됩니다. 로마 시내 포로 로마노의 북서쪽에는, 당시 파르티아 전쟁에서 승리하고 돌아온 셉티미우스 세베루스를 기리기 위한 개선문이 세워져 있습니다.

18세기 베네치아 화파에 속했던 카날레토는, 그의 고향 베네치아뿐만 아니라 로마와 영국 런던의 도시 풍경을 그린 화가로 유명합니다. 그는 특히 1746년부터 1756년 사이 10년 동안 영국에서 일하며 그곳의 대표적인 유적지들을 그린 작품으로, 영국에서는 더욱 유명합니다. 그가 그린 로마의 그림 중에 대표적인 것이 바로 〈셉티미우스 세베루스 개선문〉입니다. 18세기 당시에 로마 시민들이 개와 산책하는 휴식 공원으로 이용한 셉티미우스 세베루스의 개선문을 잘 표현한 작품입니다.

조반니 안토니오 카날(Giovanni Antonio Canal(Canaletto), 1697~1768), 〈셉티미우스 세베루스 개선문(Arco di Settimio Severo)〉, 1743년, 이탈리아 토리노 과학 아카데미

203년, 로마로 귀국한 세베루스는 포로 로마노의 마지막 건축물인 세베루스 개선문을 세우고, 이후에는 본국에 머무르며 각종 공공시설 개발 사업을 의욕적으로 벌입니다. 그러던 205년, 친구이자 근위대장인 플라우티아누스가 살해되는 사건이 벌어집니다. 플라우티아누스의 딸 플라우티아와 황제의 아들 카라칼라는 결혼을 하여, 플라우티아누스는 황제와 사돈지간이기도 했습니다. 그는 모든 전쟁에 황제와 동행했으며, 황제에게 막대한 권력과 부를 얻어서 둘이

연인 관계라는 소문까지 돌 정도였습니다.

하지만 카라칼라는 정략결혼을 반기지 않았고, 아내와 장인 모두에게 반감을 가지고 있었습니다. 심지어 그는 아내와 동침은커녕 식사도 함께 하지 않았다고 하지요. 카라칼라는, 사람들에게 죄를 뒤집어씌워서 재산을 몰수해 부귀영화를 누리는 장인 플라우티아누스의 행태를 못마땅하게 여겼습니다. 또한 아내가 아버지를 닮아 몹시 거만하고 이기적이며 방탕하다고 생각해 매우 싫어했다고 합니다. 또한 플라우티아누스는 황후인 율리아 돔나를 음해하여, 황후와도 사이가 좋지 않았습니다.

결국 플라우티아누스는 카라칼라의 교사를 받은 백부장들에게 반역죄로 고발당합니다. 카라칼라가 장인과 아내를 처치하기 위해서 고발을 지시했다는 설도 있고, 권력에 취한 플라우티아누스가 직접 황제가 되기 위해 실제로 음모를 꾸몄다는 설도 있습니다. 하지만 플라우티아누스는 결국 카라칼라에게 숙청됩니다. 또한 평소 플라우티아누스에게 모욕을 당해 왔던 황후 율리아 돔나는 그의 재산을 몰수해 버리지요. 카라칼라는 아내인 플라우티아도 죽이려고 했으나, 그녀를 리파리섬에 유배 보내는 것으로 일단락합니다. 하지만 카라칼라는 그 일을 잊지 않고 있다가, 황제에 오른 후 사람을 보내 아내를 살해하고 맙니다.

18세기 프랑스 화가 장 밥티스트 그뢰즈가 그린 〈셉티미우스 세베루스와 카라칼라〉입니다. 이 그림은 카라칼라가 플라우티아누스를 독단적으로 처단하자, 분노한 셉티미우스 세베루스 황제가 아들

장 밥티스트 그뢰즈(Jean-Baptiste Greuze, 1725~1805), 〈셉티미우스 세베루스
와 카라칼라(Septimius Severus and Caracalla)〉, 1768년, 프랑스 루브르 박물관

을 심하게 질책하는 장면을 담고 있습니다. 작가는, 카라칼라가 자신
의 후계 자리를 위협하는 장인 플라우티아누스를 독단적으로 처형
했다는 이야기를 바탕으로 이 그림을 그렸습니다.

208년, 셉티미우스 세베루스 황제는 두 아들 카라칼라와 게타를
대동하고 직접 칼레도니아 지역(오늘날의 스코틀랜드)으로 원정을 떠납
니다. 주된 명분은 칼레도니아 지역을 정벌하여 브리타니아 속주를

안정시키는 것이었지만, 사이가 좋지 않은 형제를 화해시키기 위한 목적도 있었습니다. 카라칼라와 게타는 형제이자 황제의 공동 후계자로서, 당시 정통성 없는 세베루스 왕조에서는 서로 의지해도 모자랄 판이었습니다. 하지만 그 둘의 사이는 상당히 좋지 않았다고 합니다. 원정 당시에도 한 막사에 같이 있지 않을 정도로 서로를 싫어하고 미워했다고 하지요. 자식들 사이를 걱정한 황제는 전쟁터에 데려가서라도 둘 사이를 화해시켜 주려고 했던 것 같지만, 형제는 그럴 생각이 눈곱만큼도 없었던 듯합니다.

결국 3년여에 걸친 긴 원정에 셉티미우스 세베루스 황제는 원정지인 에보라쿰(오늘날 영국의 요크)에서 사망합니다. 임종 당시 황제는 두 아들을 후계자로 임명하며, 형제에게 사이좋게 나라를 잘 통치하라고 유언을 남기지요. 하지만 불행하게도 그의 유언은 지켜지지 못했습니다.

11

카라칼라 황제는 왜 그토록 목욕에 진심이었을까?
〈카라칼라의 대욕장〉, 로렌스 알마타데마

셉티미우스 세베루스가 죽은 후, 그의 두 아들 카라칼라와 게타
가 공동으로 세베루스 황조의 두 번째 황제이자 로마 제국 제21대
황제에 오릅니다. 큰아들 카라칼라(재위 211년~217년)의 출생 당시 이
름은 루키우스 셉티미우스 바시아누스(Lucius Septimius Bassianus)였습
니다. 세베루스는 전임 황제였던 안토니누스 피우스 및 마르쿠스 아
우렐리우스 가문과 연합하고자 했는데, 그 일환으로 큰아들 카라칼
라가 7세에 이르자 그의 이름을 마르쿠스 아우렐리우스 안토니누스
(Marcus Aurelius Antoninus)라고 바꿉니다. 하지만 그는 흔히 카라칼라
로 불립니다. 그가 당시 유행하던 갈리아풍의 후드 튜닉인 '카라칼루
스'를 즐겨 입으면서 카라칼라라는 별명이 붙었고, 이후로도 그 별명
이 본명인 양 불리게 된 것이지요.

로렌스 알마타데마(Sir Lawrence Alma-Tadema, 1836~1912), 〈카라칼라의 대욕
장(The Baths at Caracalla), 1899년, 개인 소장

카라칼라의 이름을 딴 로마의 공공시설 가운데 제일 유명한 것은 카라칼라 대욕장입니다. 이탈리아 로마에 가면 관광 명소 중에 카라칼라 대욕장이 있습니다. 이 대욕장은 면적이 약 3만 3,000평으로, 후대에 건설된 디오클레티아누스 대욕장 다음으로 로마 시내에서 큰 목욕탕이자 온천이었습니다. 이 대욕장은 9,000명의 인부들을 동원하여 카라칼라 황제의 통치 기간인 212년부터 216년까지 약 5년에 걸쳐 완성하게 되는데, 그 후로 530년경까지 운영되었습니다. 대욕장 본관은 214m×110m이고 지붕 꼭대기까지의 높이는 약 44m였습니다. 한꺼번에 약 1,600명의 사람들이 이곳을 사용할 수 있었고, 하루에 최대 만 명까지 수용했다고 합니다.

이 대욕장은 단지 내에 공공 도서관과 체육관 그리고 당시 로마에서 유행하던 종교인 미트라교 신전까지 보유했었다고 하는군요. 그야말로 당시 로마의 최대 휴양시설이었던 것 같습니다. 카라칼라 대욕장은 현대에 와서 오페라 공연장으로 사용되기도 했습니다. 1990년 '3대 테너' 콘서트의 장소로 사용되어 명성을 얻은 바도 있지요.

이 카라칼라 대욕장의 내부를 아름답게 묘사한 그림이 있습니다. 바로 우리 책의 단골 화가인 로렌스 알마타데마의 〈카라칼라의 대욕장〉입니다. 대리석 기둥이 인상적인 드넓은 목욕탕 안을 묘사하고 있는데, 전경에는 세 여인이 앉거나 누운 채로 정겨운 이야기를 나누고 있습니다. 그 뒤로는 탕 속에서 수영을 즐기거나 자유롭게 운동하는 사람들이 보입니다. 로마 시민들이 자유로이 와서 목욕뿐 아니라 운동도 하고 사교도 나누는 모습이 잘 나타난 그림입니다.

그런데, 남녀가 같이 목욕하는 혼탕인지 궁금하시다고요? 네, 맞습니다. 고대 로마 초기에는 남녀가 함께 사용하는 혼탕도 있었지만, 대부분 시간을 구분하여 오전에는 여자만, 오후에는 남자만 이용하도록 했습니다. 그러나 점차 세월이 지나면서 대부분 혼탕으로 바뀌게 됩니다. 그래서 로마에서는 "목욕탕, 여자, 포도주가 있어야 그것이 진정한 삶이다!"라는 말이 존재할 만큼 공중목욕탕이 눈부시게 발달하였습니다. 그러한 로마의 혼탕 문화는 아직도 독일에 남아 있답니다.

로렌스 알마타데마가 그린 〈테피다리움에서〉라는 그림이 있습니다. 테피다리움은 로마 시대 목욕탕 안에 있는 미온 한증실(汗蒸室)입니다. 누워서 휴식을 취하고 있는 눈부신 몸매의 아름다운 여인이, 보는 이의 시선을 사로잡는 매력적인 그림이군요. 대리석으로 구성된 실내장식과 여인 아래에 깔려 있는 사자 가죽 깔개로 보아, 상류층 여인임에 틀림없습니다. 그녀는 부드러운 새털로 만든 부채를 왼손으로 들어 자신의 주요 부위를 가리고 있으며, 오른손으로는 스트리길(strigil)이라는 때밀이 도구를 들고 있습니다. 알마타데마의 이 작품은 로마 시대 공중목욕탕을 보여주는 대표적인 그림입니다.

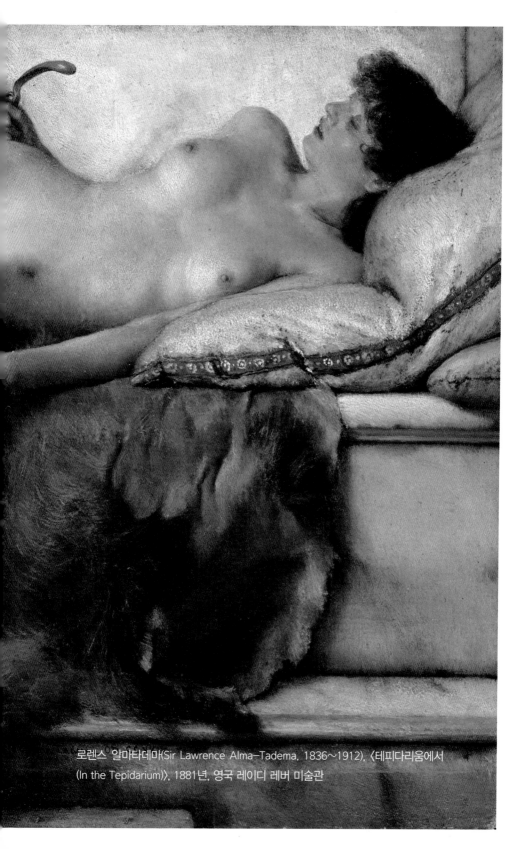

로렌스 알마타데마(Sir Lawrence Alma-Tadema, 1836~1912), 〈테피다리움에서 (In the Tepidarium)〉, 1881년, 영국 레이디 레버 미술관

알마타데마가 그린 로마의 목욕탕 그림 가운데 가장 유명한 것은, 영국 런던 테이트 브리튼 미술관에 전시되어 있는 〈제일 좋아하는 관습〉일 것입니다. 화려하게 장식된 프리기다리움(냉탕) 안을 묘사한 것으로, 전경을 보면 두 여인이 물장난을 치고 있습니다. 뒤에서는 여인들이 노예들의 시중을 받으며 자유롭게 환담하거나, 벽에 걸린 미술 작품들을 관람하고 있군요. 정말이지, 로마 시대 최전성기의 여유로운 생활상을 보여주는 그림이라 할 수 있겠습니다. 이 그림은 1824년 고고학자들이 공개한 폼페이 유적지의 스타비안 목욕탕(Stabian baths) 사진을 바탕으로 제작한 것입니다. 화려하고 고급스러운 분위기로 추정컨대, 황실 목욕탕을 그리려고 한 것으로 보입니다.

카라칼라와 1살 어린 동생 게타는 210년 칼레도니아 전쟁에서 함께 참전한 아버지가 사망하자, 칼레도니아와 황급히 평화조약을 맺습니다. 형제는 당시 로마의 속주인 브리타니아의 국경을 하드리아누스 방벽으로 구분한 선까지 후퇴한 후, 칼레도니아 원정을 끝내고 로마로 돌아와 공동 황제로 즉위하지요. 로마로 돌아오는 동안 카라칼라와 게타는 끊임없이 논쟁을 벌였고, 점점 더 서로를 적대시하게 되었습니다. 결국 카라칼라와 게타는 공동 통치의 갈등을 해소하기 위해, 보스포루스 해협을 따라 제국을 절반으로 나누기로 합의합니다. 그래서 카라칼라는 제국의 서쪽을, 게타는 동쪽을 다스리게 되었습니다.

그러던 211년 12월 26일, 어머니 율리아 돔나는 형제를 화해시

로렌스 알마타데마(Sir Lawrence Alma-Tadema, 1836~1912), 〈제일 좋아하는
관습(A Favourite Custom)〉, 1909년, 영국 테이트 브리튼 미술관

키기 위해 모임을 주선합니다. 그러나 그 모임에서 게타는 카라칼라를 받드는 근위대원들에게 처참하게 암살되었습니다. 카라칼라는 게타가 자신을 죽이려고 했기에 먼저 방어 차원에서 동생을 죽일 수밖에 없었다며 핑계를 댔지요. 그렇듯 게타는 자신의 어머니가 지켜보는 자리에서 칼에 무참히 난자되어 어머니 품에 안겨 죽었습니다. 카라칼라의 악행은 여기서 멈추지 않았습니다. 게타를 살해한 후 게타 지지자들 대부분을 처형했으며, 궁정 내의 모든 그림에서 게타의 이미지를 제거했습니다. 또 게타의 얼굴이 새겨진 동전과 조각상들은 파괴되었습니다. 심지어 그의 이름마저 파피루스 기록에서 삭제되었으며, 게타의 이름을 말하거나 쓰는 것은 사형에 해당하는 범죄가 되었습니다. 그때 살해된 사람들만 2만 명이 넘는다고 하는데, 대부분 게타의 근위대와 고문, 친구 그리고 그가 임명한 군 간부 들이었습니다.

19세기 초 프랑스의 신고전주의 화가인 자크 파주의 작품 〈어머니의 품 안에서 죽어가는 게타〉를 보실까요. 어머니 율리아 돔나 앞에서 게타를 살해하도록 지시하는 오른쪽의 카라칼라와, 근위대원의 칼에 찔려 죽어가는 게타를 그리고 있군요. 바로 눈앞에서 벌어진 이 골육상쟁의 비극을 몸부림치며 막아보려는 어머니 율리아 돔나의 처절한 몸짓이 마음을 아프게 합니다.

그처럼 친동생을 어머니 앞에서 무참히 살해한 카라칼라지만, 대욕장을 지은 것 말고도 치적이 있습니다. 바로 '안토니누스 칙령'입니다. 212년 이전까지 로마 시민권자의 대다수는 이탈리아 반도의

자크 파주(Jacques Augustin Catherine Pajou, 1766~1828), 〈어머니의 품 안에서 죽어 가는 게타(Geta Dying in his Mother's Arms)〉, 연도 미상, 독일 슈투트가르트 미술관

주민이었으며, 서기 14년 아우구스투스가 사망할 당시 로마 제국 전체 인구의 약 4%~7%만이 로마 시민이었습니다. 즉 이탈리아 반도 외의 속주 주민들에게는 시민권을 제한했다는 것이지요. 그중 예외인 경우는 속주에 거주하는 로마 시민과 그 후손, 그리고 종속국의 왕과 같은 소수의 지역 귀족이었습니다. 반면에 속주의 지방 관원은 일반적으로 비시민권자였지만, 일부 치안 판사와 그 가족 및 친척에게는 라틴 시민권을 부여하였습니다.

그러나 카라칼라 당시, 군인들의 연봉을 500데나리우스에서 750 데나리우스로 인상함으로써 국고의 고갈을 초래하여 로마는 재정적으로 어려운 상황에 직면했습니다. 그래서 새로운 화폐인 안토니니아누스를 발행하게 되지요. 그것은 데나리우스 은화 2개에 해당하는 가치를 지녔지만, 실제로 은 함량은 데나리우스 2개의 80%쯤에 불과했습니다. 그러나 그것만으로는 국가재정을 해결할 수 없자, 카라칼라는 시민권 확대를 내용으로 하는 안토니누스 칙령을 발표합니다.

이 칙령의 내용은 로마 제국의 모든 자유민에게 로마 시민권을 부여하고, 모든 자유민 여성에게 로마 여성과 동등한 권리를 부여한다는 것이었습니다. 그럼으로써 새롭게 시민이 된 사람들에게 공공서비스 의무를 확대하고, 로마 시민만 납부하던 상속세 및 해방세를 부과하여 재정 수입을 증대하고자 한 것이지요. 그러나 그때 시민권을 얻은 사람 가운데 부자는 거의 없었습니다. 또한 로마가 재정적으로 어려운 것은 사실이었지만, 재정 수입 증대가 칙령의 유일한 목적은 아니었으리라 생각됩니다. 안토니누스 칙령은 많은 부작용을 낳은 것도 사실이지만, 국민 통합을 이루는 데 도움이 되기도 하였습니다. 속주 주민들이 이제 스스로를 제국 내 로마인들과 동등한 파트너로 여기며, 자신들도 당당한 로마 시민이라는 자부심을 갖게 되었기 때문이지요. 더불어 속주민으로만 구성되던 보조병 군단은 사실상 해산되어 정식 군단병에 편입되기에 이릅니다.

이후 카라칼라는 과대망상에 빠진 사람처럼 행동하기 시작합니다. 스스로를 마케도니아의 알렉산드로스 대왕으로 여기며, 그의 모든 것을 따라 했습니다. 알렉산드로스가 입었거나 그를 모티프 삼아 만든 무기와 갑옷 등이 있으면, 거액을 들여서라도 사들이게 했습니다. 사생활 역시 콤모두스처럼 사치스럽게 변했고, 카라칼라 곁에는 권세를 위해 아부하는 무리로 넘쳐나게 되었습니다.

213년 초쯤 되니 카라칼라는 더 이상 로마에 머무르기가 불편해 집니다. 원로원과 부자는 물론 일반 병사 들마저 카라칼라에게 불평을 쏟아붓게 됩니다. 그래서 카라칼라는 군대를 이끌고 게르만 원정에 나섭니다. 그곳에서 약간의 승리를 거둔 그는 이번에는 마케도니아 국경의 트라키아로 내려가 정말로 알렉산드로스 대왕이 되어 버립니다. 즉 알렉산드로스 대왕을 흉내 내어 코끼리 여러 마리를 수행원들과 함께 다니게 했으며, 아리스토텔레스 학파의 철학자들을 처형했습니다. 아리스토텔레스가 알렉산드로스의 죽음에 어느 정도 책임이 있다고 여겼기 때문이지요. 스파르타에 들어가서는 군대를 옛 스파르타식 복장으로 꾸며서 대동하고, 트로이를 지날 때는 알렉산드로스 대왕의 행렬처럼 행동했습니다. 또 술라와 한니발의 동상을 자신의 조각상 좌우에 세우라고까지 명합니다. 이집트에서는 자신을 모욕했다는 이유를 들어 수많은 청년들을 죽이기도 하지요. 이후 카라칼라는 파르티아 원정길에 오르게 됩니다. 원정길에서의 어느 날, 그는 소변을 보던 중에 근위대장 마크리누스의 사주를 받은 병사에게 살해되고 말지요. 그리고 3일 후 마크리누스는 로마 군단 병들의 지지를 받아 스스로 황제에 오릅니다.

잠시 쉬어가기: 로마의 목욕탕

로마 제국 시대에는 목욕이 중요한 사회적 역할을 담당했습니다. 매우 부유한 귀족들 집에는 목욕통이 있기도 했지만, 대부분 테르마에(thermae)라고 불리던 공중목욕탕을 이용했습니다. 이 공중목욕탕은 운동, 일광욕, 수영, 마사지에 이르기까지 다양한 활동을 위한 시설을 갖추고 있었다는 점에서, 오늘날의 '스파'와 비슷하다고 보시면 될 것 같습니다. 354년에 작성된 로마 제국 전역의 건물 목록에는 952개에 달하는 다양한 크기의 목욕탕이 기록되어 있었다고 하는군요. 그 기록만 보아도, 목욕은 당시 로마인이 좋아했던 것일 뿐 아니라 사회생활에서도 중요한 부분이었음을 알 수 있습니다.

로마의 목욕탕 안에는 4종류의 탕이 있었습니다. 즉 프리기다리움, 테피다리움, 칼리다리움, 수다토리움입니다. 그럼 당시 로마인을 따라, 공중목욕탕을 한 번 이용해 보실까요. 먼저 아포디테리움(apodyterium)이라는 탈의실에 가서 탈의한 후 옷을 보관합니다. 그런 다음 운크투아리움(unctuarium)이라는 개인 예약실에 가서 올리브유로 마사지 서비스를 받습니다. 그리고 체육관에서 운동한 뒤, 다시 칼리다리움(calidarium)이라 불리는 온탕에 가서 따뜻한 물에 몸을 담그고 휴식을 취합니다. 그다음에는 테피다리움(tepidarium)이라는 미온 한증실이나 수다토리움(sudatorium)이라 불리는 고온 한증실에 가서 몸에 붙은 기름때를 긁어냅니다. 이때 청동으로 만든 구부러진 때밀이 도구인 스트리길로 피부에서 기름때를 벗겨내지요. 그리고 다시 냉탕이자 수영장이 겸비된 프리기다리움(frigidarium)으로 이동해 몸을 씻고 나옵니다.

테피다리움이라 불린 미온 한증실은 가장 화려한 대리석과 모자이크로 장식되었습니다. 측면과 전면, 후면에 있는 많은 채광창을 통해 햇빛을 받았고, 가장 훌륭한 예술품을 놓아두던 방이었지요. 로마의 공중목욕탕에는 원래 여성과 남성을 위한 별도의 목욕 시설이 있었지만, 서기 1세기부터는 남녀 혼욕이 일반적인 일이 되었다고 합니다.

뒤에 나오는 그림은 알마타데마가 그린 〈프리기다리움〉이라는 작품입니다. 냉탕에서 목욕을 다 마치고 퇴장하려는 귀부인이 옷을 입으며 노예에게 도움을 받는 모습을 그리고 있습니다. 그림 왼쪽으로는, 벌거벗은 모습으로 냉탕에서 편하게 대화를 나누며 목욕을 즐기는 여인들이 보입니다.

로렌스 알마타데마(Sir Lawrence Alma-Tadema, 1836~1912), 〈프리기다리움
(Frigidarium)〉, 1890년, 개인 소장

12

엘라가발루스 황제가 "통치 자체가 코미디였다"고 평가받는 이유는?
〈엘라가발루스의 장미〉, 로렌스 알마타데마

4세기 말, 익명의 황실 사가가 작성한 로마 황제들에 대한 역사서인 《로마 황제 열전(Historia Augusta)》을 보면, 엘라가발루스에 대한 다음과 같은 기록이 있습니다. "특수 장치가 설치된 연회장 천장에 여러 꽃을 가득 담아두고, 그 아래에 있는 신하와 참석자에게 거침없이 꽃을 퍼부었다." 사정없이 쏟아지는 꽃 세례에 몇몇 신하들은 파묻혀 질식사하기도 했다니, 엄청난 양의 꽃 폭탄을 투여한 듯합니다. 그처럼 엘라가발루스는 기이한 잔혹성을 지닌 폭군이었습니다. 또한 방탕하고 사치스러운 유흥을 즐기기로 유명했던 황제였답니다.

로마 시대를 가장 아름답게 묘사한 화가인 로렌스 알마타데마는 〈엘라가발루스의 장미〉에서, 엘라가발루스의 잔혹성을 역설적이게도 아름답고 화려한 모습으로 잘 표현하고 있습니다. 그림의 위쪽

중앙에 엎드려 있는 인물이 바로 엘라가발루스입니다. 그는 졸린 가운데서도 만족스러운 표정으로 연회장에서 쏟아지는 꽃 폭탄을 쳐다보고 있습니다. 그가 초대한 손님들은 오른쪽에 편하게 자리를 잡고 함께 즐기는 모습입니다. 그들의 뒤로는 술의 신인 디오니소스의 동상이 서 있고, 여 악사가 로마의 악기인 더블 플루트를 불며 흥을 돋우고 있군요.

그림에는 천장이 보이지 않지만, 수백 종의 장미가 천장에서 떨어져 바닥에 가득 차 있습니다. 엘라가발루스는 제비꽃을 주로 뿌렸다고 하는데, 알마타데마는 화려한 분위기를 더욱 강조하기 위하여 장미꽃으로만 표현하고 있습니다. 또한 19세기 영국 문학에서 장미는 퇴폐와 향락, 치명적인 유혹의 상징으로 간주되었답니다.

그림을 보면, 알마타데마가 그림 속 장미꽃을 그릴 때 꽃잎 한 장한 장을 정성 들여 그렸음을 알 수 있습니다. 아름다운 장미꽃 더미에 묻힌 사람들은 갑자기 쏟아진 꽃들에 당황한 표정이 역력합니다. 오른쪽 끝에 황제를 빤히 쳐다보는 반 고흐를 닮은 남자는 아마도 기록관이거나 그 장면을 그리는 황실 화가가 아닐까 합니다.

섬세하게 묘사된 대리석 기둥과 화려한 복장의 인물뿐만 아니라, 달콤하고 우아하게 표현된 꽃잎이 보는 이로 하여금 감탄을 금치 못하게 합니다. 그러나 이 그림은 아름다움이라는 개념이 진실을 왜곡하는 포장지에 불과할 수 있다는 사실을 역설적으로 보여줍니다. 포악한 군주였던 엘라가발루스의 기행을 이처럼 모순적으로 아름답게 그린 알마타데마의 역량이 존경스럽기까지 하네요.

로렌스 알마타데마(Sir Lawrence Alma-Tadema, 1836~1912), 〈엘라가발루스의
장미(The Roses of Heliogabalus)〉, 1888년, 개인 소장

네덜란드 출신인 로렌스 알마타데마는 영국에 진출해 고전적인 역사화로 최고의 인기를 누렸던 화가입니다. 그는 고대 그리스 및 로마, 이집트 시대의 일상생활을 생생하게 표현하기로 정평이 나 있었습니다. 그의 서정적이고 로맨틱하면서 다소 에로틱한 분위기의 작품들은 빅토리아 시대 사람들, 특히 신흥 부르주아의 호기심과 욕망을 만족시켰기에 인기가 아주 많았답니다. 그는 사물을 정교하고 치밀하게 묘사하는 북유럽 전통 회화 스타일을 이어받았는데, 고대 여러 곳의 유적지를 두루 답사하며 많은 양의 사진을 수집함으로써 작품에 등장하는 건물과 집기를 놀랍도록 생생하게 묘사했습니다. 특히 그의 대리석 표현은 감탄을 금치 못할 정도로 정교하고 섬세합니다.

알마타데마가 〈엘라가발루스의 장미〉를 그린 때는 한겨울이었다고 합니다. 꽃잎 하나라도 생생하게 그리기 위해, 무려 4개월 동안 남프랑스에서 장미를 대량으로 조달했다고 하는군요. 물론 알마타데마 그림의 배경에는 항상 화려한 꽃이 많이 등장합니다. 이 작품 〈엘라가발루스의 장미〉는 꽃잎으로 가득한 화면이, 보는 것만으로도 장미꽃 향기에 완전히 취해 버릴 것만 같습니다.

그림 속 로마 황제는 어느 것 하나 부족할 게 없는 자이나, 인생의 참 의미를 발견하지 못한 채 쾌락에 의존하고 있습니다. 로마 제국 제23대 황제인 엘라가발루스는 십 대에 황제에 즉위하여 온갖 기행과 전횡을 일삼다 4년 만에 암살된 인물이기도 합니다. 저는 이 그림을 볼 때, 로마 제국 초대 황제였던 아우구스투스 시절의 유명한 시인 호라티우스의 〈카르페 디엠〉이라는 시가 연상됩니다.

카르페 디엠(Carpe Diem)

신들이 우리에게 무슨 운명을 줄 것인지 알려고 하지 말자.

레우코노에여, 바빌로니아 점쟁이들의 점수판은

아예 쳐다보지도 말자.

미래가 무엇이든 간에 주어진 운명을 견디는 것이 훨씬 훌륭한

것이야.

유피테르 신께서 더 많은 겨울을 나게 해주시거나, 혹은 이것이

일생의 마지막 겨울이거나.

지금 이 순간에도 티레니아해의 파도는 맞은편 바위를 닳아 없

애고 있지.

벗이여, 현명하게 살게나. 그냥 와인을 즐기고 먼 미래에 대한

욕심을 가까운 내일의 희망으로 바꾸자.

지금 우리가 이야기하는 이 순간에도 질투 많은 시간은 새 나가

고 있을 것이야.

오늘을 꼭 붙잡자(carpe diem), 미래에 대해서는 최소한의 기대를

걸면서.

퀸투스 호라티우스 플라쿠스(Quintus Horatius Flaccus, 기원전 65년~기원전 8년)는 기원전 45년에 당시 문화와 예술의 중심지인 그리스의 아테네에 유학하여, 고대 그리스 철학과 문학을 공부했습니다. 그 시기에 호라티우스는, 역시 고대 그리스 문화를 사랑하는 사람이자 카이사르를 시해한 마르쿠스 브루투스와 친교를 맺게 됩니다. 그리고 브루투스를 따라 소아시아 지방에서 옥타비아누스에 대항하여 여러 전투에 참가하지요. 브루투스가 옥타비아누스에게 패전한 후, 호라티우스는 로마로 돌아와 베르길리우스의 주선으로 당시 로마의 문학 애호가이자 옥타비아누스의 핵심 참모인 가이우스 마이케나스에게 소개됩니다. 그때 시작된 마이케나스와의 관계는 호라티우스가 사망할 때까지 깊은 우정으로 발전하였습니다. 그의 주요 작품으로는 권력에 대한 찬양으로 점철된, 옥타비아누스에 대한 《송가》, 《서간시》 등이 있습니다. 자신의 소신은 온데간데없고 양지만 찾아다닌 시인이었던 것이지요. '카르페 디엠'은 라틴어인데, 우리말로는 '오늘을 즐겨라' 정도로 해석할 수 있습니다. 영어로는 'Seize the day'로 해석됩니다. 호라티우스는 《송가(頌歌, Odes)》 제1권 열한 번째 작품으로 〈카르페 디엠〉을 썼습니다. 카르페 디엠이라는 말은 영화에도 나옵니다. 로빈 윌리엄스 주연의 영화 〈죽은 시인의 사회〉에서 새로 부임한 키팅 선생은 학생들에게 이 말을 외칩니다. 명문대 진학을 위해 규율과 전통, 주입식 교육에 짓눌려 있던 학생들에게, 죽은 시인 호라티우스의 명언을 전해 주고 싶었던 것이지요.

영화 〈죽은 시인의 사회〉가 큰 인기를 끌면서 우리에게도 카르페 디엠은 즐겨 쓰는 말로 자리 잡았습니다. 오지도 않은 미래를 걱정하느라 현재를 낭비하는 건 우리 인간들의 오랜 행태입니다. 하지만 쓸데없이 미래를 걱정하기보다는 오늘에 더 충실하자는 의미로 해석하면 좋을 듯합니다. 물론 엘라가발루스의 '카르페 디엠'은 너무도 극단적이어서, 자신의 인생은 물론 나라마저 존망의 위기로 몰아넣었지만요.

다음의 그림은 영국 라파엘 전파 화가인 존 윌리엄 워터하우스가 그린 〈할 수 있는 동안 장미꽃 봉오리를 모아라〉입니다. 이 그림은 "이 땅에 있는 우리 모두는 하나같이 언젠가는 숨을 멈추고 차갑게 식어 죽을 것이다"라는 구절에 기초해 그린 것입니다. 카르페 디엠의 정신을 강조한 17세기 영국의 시인 로버트 헤릭(Robert Herrick, 1591~1674년)의 시구절이지요. 이 그림은 고대 로마 시대의 여인들이 오늘을 즐기기 위해 장미꽃 봉오리를 모으는 모습을 담아내고 있습니다.

본명이 섹스투스 바리우스 아비투스 바시아누스(Sextus Varius Avitus Bassianus)로, 로마 제국 제23대 황제이자 세베루스 왕조의 세 번째 황제였던 엘라가발루스(재위 218년~222년). 그는 생전에 아비투스로 더 많이 불렸다고 하며, 엘라가발루스라는 별명으로도 유명합니다. 그의 별명인 '엘라가발루스(Elagabalus)'는 '엘라가발 신의 성소를 관리하는 자'라는 뜻으로, 엘라가발은 고대 시리아와 로마에서 숭배하던 태양신입니다. 그는 이 별명을 마음에 들어 했다고 하지요. 그런데 사실 그는 황제에 오를 만한 아무런 근거가 없는 사람이었습니다.

존 윌리엄 워터하우스(John William Waterhouse, 1849~1917), 〈할 수 있는 동안 장미꽃 봉오리를 모아라(Gather Ye Rosebuds While Ye May)〉, 1909년, 영국 페어라이트 미술관

　엘라가발루스의 아버지는 기사 계급 출신으로 훗날 원로원에 들어간 사람이었는데, 북아프리카 누미디아의 총독으로 지내던 가운데 병사했습니다. 어머니 율리아 소아이미아스는 셉티미우스 세베

루스 황제의 아내이자 황후 율리아 돔나의 여동생인 율리아 마이사의 딸이었습니다. 따라서 엘라가발루스는 셉티미우스 세베루스의 처가 쪽 손자뻘이며, 카라칼라와 게타에게는 외가 쪽 조카였습니다. 어린 시절 아버지를 여읜 엘라가발루스는 어머니 소아이미아스와 함께 시리아 다마스쿠스 근처의 에메사에서 성장했고, 어린 시절부터 외가의 가업이었던 엘라가발 신을 섬기는 대사제 교육을 받았습니다.

그의 외할머니 율리아 마이사는 시리아 대사제의 딸로서, 어린 시절부터 똑똑하고 강인했으며 양질의 교육을 받은 사람이었습니다. 그녀는 언니 율리아 돔나가 셉티미우스 세베루스와 결혼하여 황후가 되자, 황족의 일원이 되어 로마로 옮겨가 살게 됩니다. 그런데 카라칼라가 215년 파르티아 원정길에서 암살된 뒤, 황실 근위대장 마크리누스가 병사들의 추대로 황제에 즉위하는 급변의 사태가 벌어집니다. 당시 율리아 마이사는 카라칼라 황제 일행과 함께 로마를 떠나 시리아 안티오크까지 동행했는데, 원정 도중에 카라칼라가 암살되고 언니인 율리아 돔나 역시 얼마 지나지 않아 그곳에서 곡기를 끊고 자살한 것입니다. 새로 황제에 즉위한 마크리누스는 율리아 마이사를 로마로 돌아가지 못하게 한 뒤, 강제로 시리아에 남아 있도록 했습니다. 마이사는 졸지에 언니와 황제인 조카를 잃고, 로마에 있던 모든 재산마저 마크리누스에게 빼앗기는 최악의 상태가 됩니다.

고향 에메사에 머물던 마이사는 자기 가문과 세베루스 왕조의 모든 것을 되찾기 위해 고민했습니다. 바로 그때 큰딸 소아이미아스의 애인 간니스가 꾀를 냅니다. 소아이미아스의 외아들, 즉 마이사의 외손주인 엘라가발루스를 카라칼라의 혼외 아들이라고 하자는 것이었습니다. 카라칼라가 외사촌 소아이미아스와 은밀한 내연의 관계였고, 그 사이에서 낳은 아들이 엘라가발루스라고 하자는 것이었지요. 간니스의 계책을 받아들인 마이사는 14살에 불과한 엘라가발루스를 황제의 아들이라 내세우며 시리아에 주둔 중이던 로마 군단에 데리고 갑니다. 그런데 말도 안 되는 거짓말이 의외로 병사들에게 통합니다. 공교롭게도 엘라가발루스의 외모가 카라칼라와 많이 닮아 그처럼 새빨간 거짓말을 믿게 된 병사들은 공개적으로 엘라가발루스를 지지하게 됩니다.

그 소문은 동방의 로마 군단 전체에 퍼지게 되었습니다. 그러자 근위대장 울피우스 율리아누스는 마크리누스 쪽의 근위대 장교들을 제거하고, 나머지 근위대 병력을 모두 데리고 엘라가발루스를 내세운 3군단에 투항해 합류합니다. 마크리누스는 율리아 마이사와 엘라가발루스 모자를 공공의 적으로 규정하고 반란군 진압에 나섭니다. 하지만 진압 작전은 실패하고, 오히려 마크리누스가 체포되어 처형되고 말지요. 이렇게 해서 카라칼라의 가짜 아들인 엘라가발루스가 황제가 되는 어처구니없는 일이 벌어집니다. 마크리누스에게 승리를 거둔 후에도 엘라가발루스는 1년 뒤에야 로마로 귀환했습니다.

엘라가발루스는 안티오키아, 아나톨리아 등 동방에서 몇 달을 보낸 후 여유롭게 로마에 입성합니다. 그리고 자신이 황제로 즉위하는 데 일등 공신이었던 간니스를 처형합니다. 토사구팽을 벌인 것이지요. 219년 여름, 로마에 입성한 소년 황제 엘라가발루스는 로마 전체를 충격에 빠뜨립니다. 황제를 상징하는, 고등에서 추출한 보라색 염료로 물들인 보라색 비단옷을 입기는 했지만, 볼에 연지 화장을 하고 머리에는 주렁주렁 보석이 달린 왕관을 쓰고 있었기 때문입니다. 또 목에는 진주 목걸이를 걸고 손목 등에도 각종 장신구를 착용했다고 합니다.

동방의 파르티아 군주를 따라 하는 듯한 황제의 모습도 놀라웠지만, 로마 사람들을 더 충격에 빠뜨린 것이 있었습니다. 바로 황제의 행렬과 함께 로마에 입성한 '바에틸(baetyl)'이라는 거대한 원뿔형의 검은 돌이었습니다. 태양신 엘라가발을 상징하는 그 돌덩어리는 팔라티노 언덕 위에 있는 신전에 안치되기까지 했습니다. 게다가 팔라티노 황궁에서는 난생처음으로 보는 음란하고 낯선 성행위 의식까지 벌어지면서, 로마인들은 아연실색할 수밖에 없었습니다. 그러나 그것은 엘라가발루스가 벌인 기행의 시작에 불과했습니다.

다음해 엘라가발루스는 로마 판테온의 엘라가발 신을 주신(主神)으로 내세워 봉헌하게 됩니다. 당시 로마에서 가장 널리 퍼진 종교는 미트라교였습니다. 미트라교도 태양신을 믿는 종교였지만, 엘라가발 신은 미트라교의 태양신과는 전혀 다른 존재였지요. 더구나 엘라가발루스는 바알 신 숭배까지 결합했기 때문에, 로마인들에게는 그 조합이 기묘하면서도 괴상하게만 보였습니다. 엘라가발루스는 엘라가발 신을 모시는 '엘라가발리움(Elagabalium)'이라는 별도의 신전을 짓기도 했습니다. 엘라가발루스의 그러한 종교정책은 로마인

오귀스트 르루(Auguste Leroux, 1871~1954), 〈엘라가발루스의 로마 입성(the migration of the baetylus of Elgaba), 1902년, 장 롬바르드 소설 《고통》에 나오는 삽화

들에게 상당한 거부감을 불러일으켰고, 그의 재위 4년 내내 그로 인한 종교적 갈등이 그치지 않게 됩니다.

　로마 시민들의 반응이 싸늘했음에도, 엘라가발루스는 수많은 종교 행사를 벌이며 로마 시내를 더욱 충격 속으로 몰아갔습니다. 그는 로마 전통 종교에서 가장 신성시해 온 베스타의 불, 마르스의 방

패, 로마 여신의 상징물, 개선 장군들의 봉헌물 등을 제멋대로 빼앗아 엘라가발리움으로 옮겼습니다. 그리고 값비싼 금붙이와 화려한 장식품으로 치장한 백마 6마리에게 사람도 안 태운 마차를 끌게 한 뒤 측근들과 함께 그 주변을 호위하거나, 엘라가발루스 신을 마주했다고 외치며 말고삐를 잡은 채 마차의 앞과 뒤를 달리는 기행을 보였습니다.

프랑스의 삽화가 오귀스트 르루는 그런 엘라가발루스의 광기 어린 종교 행사를 그리고 있습니다. 이 그림에서는 엘라가발루스가 말을 끄는 대신, 직접 마차에 올라타 태양신을 자처하는 모습을 그렸군요. 르루의 이 그림은 19세기 프랑스 소설가 장 롬바르드(Jean Lombard, 1854~1891년)의 소설《고통(L'agonie)》에 삽입된 것입니다. 엘라가발루스의 머리 뒤로 보이는 검은색의 삼각형 돌이 바로 바에틸입니다. 말은 벌거벗은 여인들이 끌고 있습니다.

게오르그 슈미트(Georg Schmidt, 1685~1748), 〈궁전에서 외발 마차를 타는 엘라가발루스(Elagabalus riding a one-wheeled chariot around the palace)〉, 연대 미상, 소장처 불명

18세기 오스트리아 출신 화가인 게오르그 슈미트가 그린 〈궁전에서 외발 마차를 타는 엘라가발루스〉는 엘라가발루스의 또 다른 기행을 표현하고 있습니다. 외발 마차를 타고 궁전을 휘젓고 다니는 모습인데, 그 마차는 발가벗은 여자 노예들이 뛰어가면서 끌고 있습니다. 궁중 신하들은 황당하다는 듯이 그 장면을 바라봅니다. 사실 엘라가발루스의 수많은 기행에 비하면 이 정도는 애교에 불과합니다.

엘라가발루스의 기행은 여기서 멈추지 않았습니다. 평생에 걸쳐 해괴한 행동과 장난을 벌여서, 오죽하면 그의 통치 자체가 전부 코미디였다는 평가까지 나올 정도입니다. 엘라가발루스의 기행은 특히 그가 벌인 만찬에서 볼 수 있습니다. 그가 만찬에 초대하면 그 누구도 감히 거절할 수 없었답니다. 그런데 놀랄 만한 것은 그 만찬 자리에서 섬뜩한 맛을 보게 된다는 것이었습니다. 거기다 운이 없으면 황제의 심술에 걸려 목숨을 빼앗기는 수도 있었습니다.

엘라가발루스의 가장 큰 기쁨 가운데 하나는 뚱뚱한 7인을 만찬에 초대하는 일이었습니다. 초대객은 공기를 넣어 부풀린 의자에 앉아야 했는데, 그러면 노예들이 그 의자를 터뜨려 뚱뚱한 손님들은 식사 중에 마룻바닥으로 엎어지기도 했답니다. 때로는 손님들에게 유리나 대리석, 상아로 만든 음식을 대접하기도 했는데, 사람들은 그것들을 먹는 체하는 수밖에 없었다고 하는군요. 어쩌다 진짜 음식이 나올 때도, 고깃국물 속에 든 거미나 과자 속에 든 사자 똥을 찾아내기 일쑤였다고 하고요. 어떤 사람은 너무 잘 먹고 취해서 잠에 곯아떨어진 후 깨어나 보면, 사자와 표범, 곰 들이 가득 찬 방에 누워 있곤 했습니다. 심지어 엘라가발루스는, 사제로 사는 동안에는 반드시 순결을 지켜야 하는 베스타 신전의 여사제들을 강간하기도 했습니다.

엘라가발루스는 결혼을 다섯 번이나 했는데, 그중에는 남자와의 결혼도 있었습니다. 그는 아침부터 밤까지 여성 혹은 남성 들과 난교를 벌이다가, 그마저도 만족하지 못해 밤마다 황궁 밖을 나가 홍등가를 돌며 창녀들과 어울렸습니다. 또 때로는 그들 대신 홍등가 손님들 앞에서 악기를 연주하고 노래하며, 아양을 떨었다고도 하지요.

기행을 일삼고 정치에 소홀해 로마 역사상 '최악의 황제'로 불린 엘라가발루스. 영국의 하트퍼드셔 박물관은 그런 엘라가발루스를 '트랜스젠더 여성'으로 인정했다고 하는데요. 2023년 영국 일간 텔레그래프의 보도에 따르면, 하트퍼드셔 박물관에서는 엘라가발루스 황제가 평소 자신을 '여성'으로 자처했다는 역사 문헌을 바탕으로, 그를 '그녀(she)'라고 표기하기로 했다는군요. 엘라가발루스는 젊은 귀부인들이 하는 화장이나 분장을 하고 가발을 쓰고 다니면서, 남성을 존칭하는 칭호 대신 '부인(lady)'이라고 불리기를 좋아했다고 합니다. 게다가 자신을 부인이라 부르며 비위를 맞춘 이들에게는 막대한 하사금까지 주었다고 하지요. 엘라가발루스가 아예 성전환 수술을 받았다는 설도 있었습니다. 하지만 엘라가발루스가 "나를 여자로 만들어 주면 제국의 절반을 주겠노라"라고 포고령을 내린 것이 와전된 듯합니다.

엘라가발루스의 기행은 200년 전의 칼리굴라 황제보다도 몇 배는 더한 것이었습니다. 그처럼 끝없이 이어지는 황제의 기행과 만행으로, 로마인들의 반감은 극에 달하게 됩니다. 결국 221년 여름, 그의 외할머니이자 실권자인 율리아 마이사와 그녀를 따르는 원로원 내에 있던 세베루스 왕조의 골수 지지 세력들은 더 이상 참을 수 없다고 결론 내립니다. 그래서 율리아 마이사는 둘째 딸 마마이아의 13세 된 아들이자 자신의 또 다른 외손자인 세베루스 알렉산데르를 황제에게 양자로 삼도록 설득합니다. 아무 생각이 없던 엘라가발루스는 외할머니에게 속아서, 이종사촌 동생인 알렉산데르를 양자로 입적한 후 후계자로 삼고 황태자로 책봉합니다. 그러자 마이사는 근위대를 시켜 황제와 그의 어머니인 소아이미아스를 살해합니다. 이로써 칼리굴라, 네로, 콤모두스 이후 최악의 황제였던 엘라가발루스는, 18세의 어린 나이에 기록 말살형, 공공의 적, 탄핵이라는 최악의 '불명예 3종 세트'를 받고 역사에서 퇴장당하게 됩니다.

잠시 쉬어가기: 엘라가발 신과 미트라 신

종교적 다양성을 인정한 로마 제국 시대에는 제국 곳곳에서 수많은 신들을 섬기고 있었습니다. 그중 엘라가발과 미트라는 같은 태양신으로서, 제국 전체에 널리 퍼진 신앙의 대상이었습니다. 엘라가발은 시리아 토착신앙에서 시작된 유사 종교로, 엘라가발루스 황제 이전인 2세기에 이미 로마 제국 전역에 퍼져 있었습니다.

미트라 신은 인도와 이란에서 숭배하던 태양신입니다. 로마 제국 초기 소아시아의 해적들을 소탕하는 과정에서 미트라교가 로마 제국에 전파되었고, 특히 로마 제국 후기에 로마군 사이에서 폭풍 같은 인기를 끌었습니다. 미트라가 적대국인 파르티아와 사산조 페르시아의 신이었음에도, 조로아스터교 때부터 굳어진 군신(軍神)의 이미지 때문에 특히 군인들에게 인기가 많았다고 합니다. 이 미트라교 유적은 런던 시내에서도 발굴되었답니다.

13

로마 제국의 황제는 어째서 페르시아 왕의 발판이 되어야 했나?

〈로마의 자비〉, 페테르 파울 루벤스

여기, 보기에 다소 민망한 그림이 한 점 있습니다. 벌거벗은 늙은 남자가 젊은 여인의 젖가슴을 물고 있는 그림입니다. 처음 보는 분들은 민망하고 부적절한 그림에 깜짝 놀라실지도 모르겠네요. 그림을 보면, 손이 뒤로 묶인 반라의 노인에게 젊은 여인이 상의를 반쯤 벗어 가슴을 내밀고 있고, 노인은 초점을 잃은 눈으로 그녀의 젖을 힘없이 빨고 있습니다. 언뜻 보기엔 어울리지 않는 남녀 사이의 외설스러운 장면으로 보입니다. 그런데 자세히 보면 여자가 더 적극적으로 자신의 젖을 노인에게 물려주려고 하고 있군요. 또 주위를 보니 예사 공간이 아니라 헛간이나 감옥쯤으로 보입니다. 그렇다면 우리가 직관적으로 생각하는 외설적인 그림은 아니라는 이야기입니다.

페테르 파울 루벤스(Peter Paul Rubens, 1577~1640), 〈로마의 자비(Roman Charity)〉, 1612년경, 러시아 에르미타주 미술관

그림 속 이야기는 3세기 로마의 역사학자인 발레리우스 막시무스(Valerius Maximus)의 책《기념할 만한 행위와 격언들(Factorum et dictorum memorabilium)》에 나오는 내용입니다. 시몬이라는 노인이 죄를 지어, 굶어 죽을 때까지 감옥에 갇혀야 하는 아사형(餓死刑)을 받게 되었습니다. 시몬의 딸 페로는 마침 얼마 전 출산을 했던 터였지요. 아

페테르 파울 루벤스(Peter Paul Rubens, 1577~1640), 〈시몬과 페로(Cimon and Pero)〉, 1630년, 독일 지겐 지거란트 박물관

버지를 그냥 굶게 내버려 둘 수 없었던 페로는, 감옥에 면회 갈 때마다 자신의 젖을 아버지에게 몰래 먹였습니다. 뒤늦게 이 사실을 안 로마 법정은 그녀의 지극한 효심에 감복하여, 시몬에게 내린 형벌을 중지하고 시몬을 석방했다는 훈훈한 일화입니다. 바로크의 대가 루

벤스는 이 이야기를 1612년경 〈로마의 자비〉에서 그려냈습니다. 루벤스는 18년 후인 1630년에 같은 주제로 그림을 또 한 점 그립니다. 이번에는 제목에 〈시몬과 페로〉라고 두 사람의 실명을 붙이고, 남녀의 위치도 바꾸었습니다. 이 그림의 노인은 기력을 좀 회복하였는지, 딸의 젖을 적극적으로 빨고 있습니다. 그러자 딸 페로는 민망한 듯 고개를 돌린 채로 앉아 있습니다. 창밖으로는 간수들이 이 장면을 몰래 훔쳐보고 있군요. 그래서 앞의 〈로마의 자비〉는 페로가 처음 아버지에게 젖을 물리는 장면이고, 〈시몬과 페로〉는 며칠 동안 젖을 먹이다 보니 감옥에도 소문이 돌아 간수들의 은밀한 구경거리가 되었음을 표현하는 그림이라 볼 수 있겠습니다.

언제나 그렇듯이, 루벤스의 그림 속 여인들은 항상 풍만합니다. 사람들은 그 풍만함 속에서 포근한 모성애를 느끼게 되지요. 물론 이 그림은 그와 반대로, 불쌍한 아버지에 대한 딸의 효심이 주제이긴 하지만요. 그나저나 저 여인의 젖을 아버지가 다 빨아 먹으면, 여인의 아기가 먹을 젖이 남아 있지 않았을 것 같아 큰일이군요. '시몬과 페로'는 3세기 로마 시대의 대표적인 일화입니다.

한편 정변이 끊이지 않았던 로마에서 서민들의 삶은 고달파졌지만, 그에 아랑곳하지 않고 황실에서는 궁중 암투가 끊임없이 벌어지고 있었습니다. 미치광이 황제 엘라가발루스의 기행이 도를 넘어서자, 그의 이종사촌 동생이던 세베루스 알렉산데르는 실세인 외할머니 율리아 마이사에 의해 로마 제국 제24대 황제에 오르게 됩니다. 엘라가발루스가 워낙 예측 불가능한 괴짜 황제였기 때문에, 14살의 어린 세베루스 알렉산데르(Marcus Aurelius Severus Alexander, 재위 222년 ~235년)는 황제로 즉위하며 로마 시민들의 열렬한 환호를 받게 됩니다. 하지만 여전히 실세는 권모술수에 능란하고 산전수전을 다 겪은 율리아 마이사였지요. 그녀는 엘라가발루스 시대의 난잡한 정치 상황을 곧바로 안정시킵니다. 차분하고 얌전하며 예의 발랐던 세베루스 알렉산데르는 할머니 마이사와 어머니 마마이아에게 매우 순종적이었습니다.

몇 년 후 황제의 외할머니 율리아 마이사가 사망하고, 이후 실권은 모후 율리아 마마이아의 차지가 됩니다. 그러나 그녀는 어머니 율리아 마이사보다 능력이 부족했을뿐더러 허세마저 심했습니다. 그녀는 황제인 아들과 자신을 동일시하고, 아들의 일거수일투족을 통제하려 들었습니다. 그러나 알렉산데르는 성년이 되어서도 마마보이였고 지나치게 우유부단해서, 어머니의 눈치만 보게 됩니다. 율리아 마마이아는 황후로서 아우구스타 칭호를 받은 것도 모자라, '전 인류의 어머니'라는 칭호까지 받아냅니다.

율리아 마마이아는, 유력 가문인 살루스티우스의 딸과 정략결혼으로 맞은 며느리 살루스티나 오르비아나와 갈등을 겪게 됩니다. 황후 오르비아나는 16살의 어린 나이답지 않게, 황제를 모후의 간섭에서 벗어나게 하려고 노력했습니다. 마마이아는 성인이 된 아들 알렉산데르의 사생활 전반을 대놓고 통제했고, 온갖 트집을 잡으며 며느리 오르비아나를 핍박했지요. 결국 226년, 알렉산데르가 아내 오르비아나에게 정식으로 아우구스타 직위를 부여하자, 고부 갈등은 최고조에 달하게 됩니다. 그러자 오르비아나 부녀는 갈수록 히스테리를 부리는 마마이아에게서 목숨을 구하기 위해, 근위대와 황제에게 보호를 요청하지요. 그러나 어머니에게 꼼짝하지 못하는 알렉산데르는 그 모든 상황을 알면서도 모른 척합니다. 결국 마마이아는 살루스티우스를 반역죄로 누명을 씌워서 처형해 버리고, 며느리 오르비아나는 아들과 이혼시킨 뒤 아프리카의 리비아 해안으로 추방해 버립니다.

로마 최고의 미모로 유명했던 오르비아나는, 생전에 이미 베누스 (비너스) 여신으로 묘사되어 다수의 조각상에 모습을 남겼다고 합니다. 그러나 오늘날 전해지는 전신상 작품은 이탈리아 로마의 바티칸 박물관에 있는 조각상 하나뿐입니다. 오늘날에 비해 로마에서는 알몸에 대해 그다지 금기시하지 않았을뿐더러, 신의 형상을 알몸으로 제작하는 관행이 있었습니다. 따라서 누드 조각상을 만드는 일이 가능했답니다. 신으로 숭배되기도 하였던 여러 황제들은 누드 전신상을 남겼으나, 황후들 가운데는 오르비아나가 유일하다고 합니다. 그러니 오르비아나의 미모가 어땠을지 짐작이 가고도 남지요. 3세기경 대리석으로 제작된 〈비너스 여신으로 묘사된 오르비아나〉를 통해, 비너스에 견줄 만큼 아름다운 그녀의 미모를 확인할 수 있답니다.

아쉽게도, 고대 로마 최고의 미인으로 손꼽히는 오르비아나를 그린 그림은 찾지 못했습니다. 하지만 그녀를 닮은 비너스 여신의 그림은 있습니다. 영국의 신고전주의 화가이자 로렌스 알마타데마의 제자인 존 고드워드는 〈머리띠를 묶고 있는 비너스〉라는 작품에서

작가 미상, 〈비너스 여신으로 묘사된 오르비아나(Venus Felix sculpture of Orbiana)〉, 3세기경, 바티칸 박물관

존 윌리엄 고드워드(John William Godward, 1861~1922), 〈머리띠를 묶고 있는 비너스(Venus Binding Her Hair)〉, 1897년, 개인 소장

비너스 여신을 그렸는데, 아마도 오르비아나가 이런 모습이지 않았을까 싶습니다.

마마보이 알렉산데르였지만, 훌륭한 신하들의 도움으로 내치에서는 성적이 그다지 나쁘지 않았습니다. 그럼에도 어머니의 과도한 간섭과 근위대 문제로 불만이 쌓여가는 이중적인 상황은, 젊은 알렉산데르 통치의 특징이 되었습니다. 그런 와중에 또 다른 위기가 동방에서 찾아옵니다. 당시 동방에서는 로마의 오랜 숙적이던 파르티아를 무너뜨리고, 사산조 페르시아가 새로운 강국으로 급부상합니다. 로마는 이제 사산조 페르시아와도 대적하게 된 것입니다.

황제는 로마의 속주 메소포타미아를 점령한 사산조 페르시아에 맞서 싸우기 위해, 직접 도나우강 주둔군까지 이끌고 동방 원정에 나섭니다. 하지만 로마의 동방 군단은 이미 기강이 해이해진 상태였지요. 게다가 황제인 알렉산데르가 결단력도 없고 전투도 제대로 수행해 본 경험이 없었던 탓에, 결국 쓰라린 패배를 맛보게 됩니다. 물론 페르시아가 입은 피해도 적지 않았습니다. 따라서 알렉산데르의 동방 원정은, 이후로 페르시아가 오랫동안 로마 제국의 국경을 넘보지 못하게 한 효과는 있었습니다. 하지만 알렉산데르 황제는 자신이 페르시아와 싸워 승리를 거두었으며, 동방에 평화를 가져왔다고 원로원에 승전 보고를 합니다.

알렉산데르는 로마에 돌아와 개선식까지 치른 후, 라인강 국경을 넘어 쳐들어온 게르만족을 물리치기 위해 또다시 원정길에 나섭니다. 그는 얼마 전의 페르시아 전쟁을 통해 실전 경험이 풍부해진 동방 군단에서 병력을 차출했습니다. 그리하여 라인강에 주둔하던 군단병들과 함께 부교를 만든 뒤 라인강을 도하하여, 게르마니아에 산재한 침략자들의 근거지를 공격했습니다.

그런데 초반에 승기를 잡은 알렉산데르는 돌연 기이한 결정을 합니다. 로마 군단의 경험 많은 장군들과 장교들의 반대에도 불구하고, 마마보이 황제라는 별명에 걸맞게 어머니 마마이아의 의견을 따라 게르만족들에게 보상금을 지급하고 평화를 얻기 위한 협상을 한 것이지요. 물론 군사적 역량이나 경험이 없다시피 한 알렉산데르로서는 시간 벌기용으로 협상을 제안했던 것입니다. 하지만 피를 흘려가며 싸워 개전 초기부터 승리를 거둔 군대 입장에서는 이해할 수 없는 처사였습니다. 여기에 더해 그는 결정적인 실수를 범하고 맙니다. 바로 전투 중인 군단병들의 급료와 상여금 등을 제한하는 조치를 취한 것입니다. 병사들이 '우리에게 줄 돈을 왜 적들에게 주냐'며 반감을 품을 만도 하지요. 결국 병사들은 황제에게 등을 돌리게 됩니다.

황제의 처사에 불만을 품은 게르마니아 군단병들과 근위대는 반란을 일으킵니다. 그리하여 235년 3월 19일, 게르마니아 내 모군티아쿰(오늘날 독일의 마인츠) 병영에서 자신들의 사령관 막시미누스 트라쿠스를 황제로 옹립하게 됩니다. 그런 후 그들은 바로 알렉산데르가 있는 막사를 급습했습니다. 그리고 막사에서 게르만족과의 전쟁 전략을 논의하고 있던 세베루스 알렉산데르를 비롯하여, 그의 어머니 율리아 마마이아, 그리고 그 자리에 있던 장군, 원로원 의원, 황제 자문위원 들까지 모조리 죽여 버리지요. 이때 알렉산데르는 온갖 정사에 개입해 논란을 일으킨 어머니를 원망하면서, 그녀에게 죽기 전까지 모든 불만을 쏟아냈다고 합니다. 물론 실권을 쥐고 간섭한 황제의 어머니 잘못도 큽니다. 하지만 성인이 된 후로도 마마보이 노릇을 하느라, 근위대와 군대를 제대로 통제하지 못한 황제의 잇따른 군사적 실수와 행동에 실패의 결정적인 원인이 있다고 볼 수밖에 없습니다.

이로써 5대에 걸친 세베루스 왕조의 마지막 황제 세베루스 알렉산데르가 죽고, 막시미누스가 새로운 황제로 즉위합니다. 그 235년부터 284년까지 약 50년간을 '군인 황제 시대'라고 부릅니다. 그 50년 농안 로마 제국 각지의 군대가 스스로 황제를 옹립하고 폐위를 밥 먹듯이 하면서 18명의 황제가 바뀌었는데, 그마저도 공동 황제까지 포함하면 26명의 황제가 난립하던 시기였습니다. 게다가 대부분의 황제들은 또 다른 반역으로 불행한 죽음을 맞았습니다. 그래서 학계에서는 그 시기를 '3세기의 위기(Crisis of the Third Century)'라고 일컫기도 합니다.

3세기의 위기라는 말에 걸맞게, 실제로 당시 로마 제국은 과거와 비교해 대내외적으로 매우 어려운 상황에 처해 있었습니다. 대외적으로는 게르만족과 사산조 페르시아의 침략이 빈번하게 일어났고, 그로 인해 막대한 국방비가 소요되고 많은 군단 병사들을 투입해야 했습니다. 내부적으로는 제정 이후 로마의 지배 계층이던 원로원 계급의 정치력이 약해지고, 그 자리를 기사 계급이 대체하게 됩니다. 그와 더불어 근위대와 군부 세력의 영향력이 그 어느 시대보다 강화되었지요. 그러다 보니 로마 중앙에서는 근위대가, 제국의 각 속주에서는 각지 주둔 군대들의 힘이 커지는 현상까지 벌어졌습니다.

그처럼 불안정한 대내외 상황으로 치안은 점차 악화되고, 여기저기 들어갈 돈이 많아지자 하는 수 없이 과도한 증세 정책을 펴게 됩니다. 결국 국내 상업은 쇠퇴하고 황실에 대한 민심은 멀어져만 갔습니다. 그런 상황에서 기독교가 대두합니다. 몇몇 황제들은 기독교 세력을 막기 위해, 여러 차례에 걸쳐 칙령을 반포하지요. 그리고 실제로 기독교도들을 박해하는 일들이 벌어집니다.

하지만 의외로, 로마 내 모든 속주가 흔들렸던 것은 아닙니다. 물론 증세 문제는 로마 제국 모두에 해당되었을 테지만, 그렇다고 제국 전체가 전쟁터가 된 것은 아니었습니다. 비록 제국이 게르만족에게 침략당했을지라도, 둘의 문화적 수준 차이는 상당한 것이었지요. 그래서 게르만족들 사이에서도 개별적으로는 로마 정규군에 합류하려고 안간힘을 썼습니다. 또한 로마의 상업이 쇠퇴했다고는 하나, 최강대국 로마에 비하면 야만인이나 다름없던 당시 게르만족과 비교가 될 정도로 처참하지는 않았습니다.

그러한 혼란의 소용돌이 속에서 수많은 군인 황제가 난립하고 또 암살되었습니다. 그러던 253년, 트레보니아누스 갈루스 황제가 내전 중에 아이밀리아누스 반란군에게 암살됩니다. 하지만 전임 갈루스 황제의 장군이었던 발레리아누스가 군대의 추대로 또 다른 황제로 즉위하지요. 발레리아누스가 이탈리아로 들어오면서 다시 내전이 벌어졌고, 아이밀리아누스 역시 갈루스처럼 3달 만에 부하들에게 암살됩니다. 당시 발레리아누스는 58세의 고령이었고, 그가 공동 황제로 지명한 장남 갈리에누스는 40살이었습니다.

발레리아누스(Publius Licinius Valerianus, 재위 253년~260년) 황제는 3세기에 등장한 여느 군인 황제들과는 달리, 로마의 뼈대 깊은 유력한 가문 출신이었습니다. 또 집정관을 지냈으며 원로원 의원 출신이기도 했지요. 그는 즉위 이후 어느 정도 정국이 안정되자, 넓은 제국을 동부와 서부로 나누어 황제 부자가 최대한 역량을 발휘해 다스려 보고자 애썼습니다. 즉 공동 황제 제도를 일종의 '협동 황제'의 개념으로 활용하려고 한 것이지요. 그래서 발레리아누스는 사산조 페르시아의 위협과 공격으로 위험해진 동부를 맡았고, 장남 갈리에누스(Publius Licinius Egnatius Gallienus, 재위 253년~268년)에게는 제국의 서부 전체를 맡겼습니다. 그런 후 발레리아누스는 페르시아의 왕 샤푸르 1세의 침략으로 고통을 겪고 있던 동방의 시리아 속주 문제를 해결하는 일에 매진합니다. 그래서 254년 서둘러 안티오크로 건너가 그곳에서 지내며 그 일대의 안정화와 페르시아군 격퇴에 노력을 기울이게 되지요.

사산조 페르시아는 226년 로마의 오랜 숙적이었던 파르티아 왕국을 멸망시키고 새로운 동방의 강국으로 등장했습니다. 이 왕조는 고대 페르시아 제국인 아케메네스 왕조를 계승한다는 의미에서 사산 왕조(Sasanian Empire) 페르시아로 불렸으며, 651년 이슬람 제국에 멸망하기 전까지 페르시아 문명의 전성기를 이루었습니다. 사산조 페르시아는 샤푸르 1세(Shapur I, 재위 241년~272년)에 이르러 더욱 강성

해집니다. 그는 이미 여러 번 로마와 싸워 로마 황제 고르디아누스 3세(Marcus Antonius Gordianus III, 재위 238년~244년)를 전사시키기도 하였으며, 필리푸스(Marcus Julius Philippus, 재위 244년~249년) 황제와의 전투에서는 메소포타미아 속주를 빼앗는 전과를 올리기도 하였습니다.

그러던 259년, 발레리아누스 황제는 현재 튀르키예 동남부에 있는 에데사로 진군하였는데, 전염병이 돌아 수많은 병사들이 사망하는 일이 벌어집니다. 설상가상으로 로마군 7만 명이 페르시아 군대에 완전히 포위되어 버립니다. 다음해인 260년, 로마군은 에데사 전투에서 완전히 패배하고 맙니다. 결국 황제는 페르시아의 샤푸르 1세와 강화조약을 맺으려 협상장에 나가게 되지요. 그러나 그 협상은 페르시아의 계략이었고, 발레리아누스 황제는 페르시아군에 붙들려 포로로 잡히게 됩니다.

로마의 황제 발레리아누스는 황제를 상징하는 자주색 옷을 입은 채 사슬에 묶여 구경거리로 전락했습니다. 그리고 페르시아 왕이 말에 올라탈 때면, 그 밑에 엎드려 왕의 발판이 되는 수모를 겪어야 했습니다. 결국 나이 많은 발레리아누스 황제는 적국에서 상상할 수 없는 굴욕과 고통 속에서 살다가, 비참하게 생애를 마감하게 됩니다. 게다가 일부 기록들에 따르면, 죽은 발레리아누스의 가죽을 벗겨 그 속을 지푸라기로 채운 후 박제 인형으로 만들어, 샤푸르 1세의 대승을 기념하는 증거로 신전에 전시했다고도 합니다.

3세기경, 이란 쉬라즈의 낙쉐 로스탐 암굴묘에서 발견된 부조에는 샤푸르 1세가 모욕을 주었던 2명의 로마 황제가 조각되어 있습

작가 미상, 〈샤푸르 1세와 그의 포로로 서 있는 발레리아누스 황제의 부조〉, 3세기
경, 이란 쉬라즈의 낙쉐 로스탐 암굴묘

니다. 부조에서 왕은 서 있는 발레리아누스 황제를 맨손으로 붙잡고
있고, 로마의 또 다른 황제 필리푸스는 샤푸르에게 엎드려 절을 합
니다. 페르시아에 내려오는 전설에 따르면, 필리푸스는 로마로 돌아
가는 대가로 페르시아인들에게 몸값을 지불한 후 목숨을 구걸하였
다고 하지요.

샤푸르 1세는 발레리아누스의 등을 밟는 것보다 더한 만행도 저
질렀다고 합니다. 그의 등을 밟을 때마다, 샤푸르 1세는 미소를 지
으며 "이것은 엄연한 사실이지, 로마인들처럼 나무판이나 석고에
묘사하는 것이 아니다"라고 말하면서 로마 황제의 몰락을 조롱했습

니다. 당연히 로마인들은 발레리아누스의 굴욕을 상징하는 조각상을 만들려고 하지 않았습니다. 하지만 그의 사후 수 세기 동안, 발레리아누스는 페르시아와 유럽 미술에서 인기 있는 주제가 되었습니다. 그로부터 1,000여 년이 지난 16세기에, 독일 출신으로 영국에서 활동한 화가인 한스 홀바인은 여전히 페르시아 왕의 발판이 된 로마 황제 발레리아누스를 그리고 있습니다. 다음에 나오는 〈샤푸르 1세에 의한 발레리아누스 황제의 굴욕〉이라는, 펜으로 그린 그림이 그것입니다.

그런데 위의 사건에는 그보다 더 기막힌 사실이 있었습니다. 발레리아누스의 공동 통치자로 제국의 서쪽을 맡았던 그의 아들 갈리에누스 황제는, 아버지의 불행한 소식을 전해 듣고 이처럼 냉정하게 말했다고 하는군요. "나는 내 아버지도 언젠가 죽을 수밖에 없는 인간임을 알고 있다. 그분이 용감한 사람답게 행동하셨으니 만족할 따름이다." 물론 그는 아버지의 복수를 위해 페르시아와 다시 전쟁을 벌이지도 않았습니다. 로마 역사상 최대의 굴욕적인 사건이었음에도, 게다가 자신의 아버지가 그런 굴욕을 겪고 결국에는 적국에서 사망하기까지 했는데, 아들이 되어서 그렇듯 무미건조하게 말했다는 게 놀랍기만 합니다. 그러나 갈리에누스도 그로부터 8년 후 반란으로 암살되는 불행을 겪게 됩니다.

군인 황제 시대는 안팎으로 모두 상황이 매우 좋지 않은 시기였습니다. 대외적으로는 사산조 페르시아와 게르만족의 침공이 점점 거세어졌습니다. 또 대내적으로는 2세기부터 악화된 로마 내 경제

한스 홀바인(Hans Holbein, 1497~1543), 〈샤푸르 1세에 의한 발레리아누스 황제
의 굴욕(The Humiliation of Emperor Valerian by Shapur I)〉, 1521년, 펜과 잉크,
독일 바젤 미술관

상황이 정체기를 넘어 심각한 위기 상황에 봉착하게 되었습니다. 초

대 황제 아우구스투스부터 도미티아누스 황제 시대까지 계속되었던 이탈리아와 서방 일대의 경제적 성장이 정체되면서, 동서 간의 경제적 격차가 더욱 심화되는 결과를 가져왔기 때문이지요. 더불어 이탈리아 일대의 지속적인 경제적 쇠퇴가 오현제 시대 들어 오히려 방치되었던 것도 한몫했고요. 즉 군인 황제 시대인 3세기의 위기는, 오현제 시대인 2세기의 풍요와 번영 속에서 생긴 문제들을 장기간 방치하면서 발생한 결과라는 것이지요. 물론 황제가 자주 교체되는 수많은 내전 속에서 정복 전쟁은 멈출 수밖에 없었고, 그 결과 대농장에서 필요한 노예의 공급이 어려워진 것도 사실입니다. 또 은화의 은 함량이 계속 떨어져 인플레이션이 지속되었기도 하고요. 과연 그러한 3세기 로마의 총체적인 난국은 어떻게 해결하게 될까요?

14

여장부 제노비아가 아우렐리아누스 황제에게만 고개를 숙인 이유는?
〈아우렐리아누스 황제 앞에 선 제노비아 여왕〉, 조반니 바티스타 티에폴로

260년 발레리아누스 황제가 페르시아에 포로로 붙잡혀 굴욕을 겪다 옥사했다는 치욕적인 소식은 로마 제국 전역에 급속히 퍼졌습니다. 그 소식이 전해지자 로마 제국 각지에서 반란이 일어납니다. 황제의 굴욕적인 몰락을 로마 제국의 붕괴 신호로 보았거나, 최소한 로마 제국의 지배력이 약해지리라고 판단했던 것이지요. 그 반란으로 갈리아 제국과 팔미라 제국이 분열해 떨어져 나가기도 합니다.

그중 갈리아 지역에서 대규모 반란이 일어납니다. 이를 진압하기 위해서 갈리에누스 황제의 명으로 포스투무스가 진압군을 이끌고 출동하지요. 그러나 막상 반란을 진압한 포스투무스는 로마 정부를 향해 독립을 선언하며, 콜로니아 아그리피나(오늘날 독일의 쾰른)에 수도를 정하고 '갈리아 제국'의 탄생을 선포합니다. 포스투무스는 로마처럼 원로원을 구성하고 집정관을 선출하도록 했으며, 근위대까지 뽑아서 로마 제국을 모방한 독립국가 체계를 갖춥니다.

포스투무스는 갈리아를 지키는 것이 황제의 역할이라고 선언하면서, 주변의 다른 지역까지 자신의 지배하에 끌어들입니다. 그래서 그의 지배 영역은 갈리아는 물론 히스파니아, 게르마니아, 브리타니아까지 포함하게 되지요. 지금의 서유럽 전체라고 해도 무방할 만큼 광대한 지역으로, 당시 로마 제국 본국과 견줄 만할 정도였습니다. 265년에 갈리에누스가 반란을 진압하기 위해서 공격해 왔으나, 이를 격퇴하고 독립국가를 유지했습니다.

그런데 268년 포스투무스에 대항하여 반란이 일어납니다. 포스투무스는 반란을 쉽게 진압했지만, 문제가 발생하고 말지요. 당시 승리한 병사들에게는 약탈을 허용하는 것이 관례였습니다. 그런데 포스투무스가 약탈을 허용하지 않자, 그에 대한 병사들의 불만이 쌓이게 되었던 것입니다. 결국 어이없게 포스투무스는 병사들에게 살해되고 맙니다.

이후 다시 여러 황제가 즉위했다 살해되는 사태가 반복되면서, 히스파니아가 갈리아 제국에서 이탈합니다. 그리고 갈리아 남부와 아퀴타니아(오늘날 프랑스의 아키텐 지역)도 로마에 다시 빼앗기게 되지요. 이후 테트리쿠스라는 황제가 게르만족을 물리치고, 갈리아 남부와 아퀴타니아도 재탈환하면서 갈리아 제국은 부활하는 듯했습니다. 그러나 274년, 로마 제국의 대대적인 공세에 밀려 패배하고, 갈리아 제국은 14년 만에 완전히 로마에 재병합됩니다.

발레리아누스 황제가 페르시아에 포로로 잡혔을 즈음의 일입니다. 제국의 동방이었던 소아시아에서 메소포타미아 지방에 이르는 지역에는 사막 유목민족인 베두인족의 침입이 이어졌습니다. 그때 팔미라에서 귀족으로 태어난 오데나투스는 자신의 군대를 이끌고 페르시아와의 전쟁에 참전하지요. 발레리아누스 황제는 오데나투스를 정규 로마군 사령관에 임명했습니다. 발레리아누스 황제가 페르시아에 포로로 잡혀간 후에도, 오데나투스는 페르시아군을 수차례 공격하여 차근차근 물리칩니다. 갈리에누스 황제는 오데나투스를 시리아와 팔레스타인 일대의 방위를 책임지는 동방 사령관에 임명하게 됩니다.

그런데 260년, 오데나투스는 갑자기 팔미라 왕국을 선포하고 스스로 왕에 오릅니다. 그때부터 267년까지 7년 동안, 그는 동방을 훌륭하게 지켜 냅니다. 그러나 오데나투스는 고트족에게 거둔 승리를 축하하는 자리에서 조카의 칼에 찔려 맏아들과 함께 죽고 맙니다. 오데나투스의 두 번째 부인이었던 제노비아는 그 자리에서 살인자를 죽이고, 자신의 어린 아들인 바발라투스를 남편의 후계자로 앉힙니다. 그리고 그녀 스스로 왕의 섭정이 되어 실권을 장악하게 되지요.

제노비아는 사산조 페르시아의 침략에서 제국 동부 속주를 지킨다는 명목으로, 소아시아 동부의 시리아, 카파도키아(오늘날 튀르키예의 아나톨리아 중동부)와 이집트까지 침공하여 점령했습니다. 팔미라군이 이집트를 빼앗았을 때는, 평소 프톨레마이오스 왕조의 클레오파트라를 흠모했던 제노비아가 이집트 여왕의 칭호를 차지하기도 하지요. 그리고 마침내 아들 바발라투스에게 황제라는 칭호를 부여하며 사실상 독립 제국인 팔미라 제국을 수립합니다.

그처럼 로마 제국, 갈리아 제국, 팔미라 제국의 세 조각으로 나뉜 제국의 혼란을 수습한 인물이 270년 로마 황제에 오른 아우렐리아누스 황제입니다. 아우렐리아누스는 우선 북방 게르만족의 침입을 차단한 후 팔미라로 향했습니다. 로마는 팔미라에 항복을 권고했으나, 제노비아는 아우구스타라고 자칭하고 아들 바발라투스에게는 아우구스투스의 칭호를 내리며 결사 항전의 의사를 밝힙니다. 로마군은 팔미라군과의 2차례 전투에서 모두 승리했으며, 바발라투스는 전투 중에 전사하고 맙니다.

제노비아는 도망쳤지만 결국 로마군에 포위당했고, 페르시아의 원조를 얻기 위해 유프라테스강을 건너려다 로마군에 붙잡힙니다. 아우렐리아누스는 자비를 베풀어 팔미라에 일부 병력만 남긴 채, 제노비아만 포로로 잡아 로마로 돌아갔습니다. 하지만 다시 팔미라가 반란을 일으키지요. 그러자 그때까지 관용 정책을 펴던 아우렐리아누스 황제는 팔미라 시의 약탈을 허용했고, 결국 272년 팔미라 제국은 12년 만에 역사 속으로 사라지게 됩니다.

274년, 갈리아 제국도 로마 제국으로 재통합되면서, 잠시나마 3개로 분할되었던 로마 제국은 다시 통일을 이룹니다. 그처럼 갈리아 제국과 팔미라 제국은 금방 망하고 로마 제국에 재통합되었기 때문

조반니 바티스타 티에폴로(Giovanni Battista Tiepolo, 1696~1770), 〈병사들에게 연설하는 제노비아 여왕(Queen Zenobia Addressing Her Soldiers)〉, 1725~1730 년, 미국 내셔널 갤러리

에, 그들이 남긴 족적은 별로 많지 않습니다. 그러나 로마 내에서의 여러 군벌의 할거, 왕위 쟁탈전, 사두정치 등의 형태가 아니라, 로마

와는 별도의 갈리아와 팔미라라는 국호를 달고 독립했었다는 사실이 역사학계에서 중요하게 다루어지고 있습니다.

에드워드 기번(Edward Gibbon, 1737~1794년)의 저서 《로마 제국 쇠망사》의 묘사에 따르면 제노비아는 "피부색이 구릿빛이었으며, 치아는 진주와 같이 희고, 커다랗고 검은 눈은 반짝반짝 빛났으며, 목소리는 맑고, 힘은 강했으며, 껴안고 싶어지는 상냥함을 가진 오리엔트에서 가장 아름답고 고귀한 여성"이었다고 합니다. 또 다른 역사서인 《로마 황제 열전》에 따르면 제노비아는 아름다웠지만 남성적이었다고 하지요. 여성용이 아닌 남성 황제의 복장을 했고, 시녀 대신 환관이 시중을 들었다고 하고요. 그리고 직접 말을 타서 병사들과 함께 행군하고 취미로 사냥을 즐겼다고 하니, 그야말로 여장부였던 것 같습니다.

팔미라는 로마군에게 철저하게 파괴당하고 폐허로 변했지만, 제노비아는 생포되어 로마로 압송됩니다. 그녀는 그 후 아우렐리아누스의 개선식에서 사슬로 묶인 채 행진해야 하는 치욕을 겪습니다. 이후 그녀의 행적은 확실하지 않습니다. 처형을 당했다는 설도 있고,

허버트 구스타브 슈말츠(Herbert Gustave Schmalz, 1856~1935), 〈마지막으로 팔미라 시를 내려다보는 제노비아 여왕(Queen Zenobia's Last Look upon Palmyra)〉, 1888년, 오스트레일리아 남호주 미술관

그녀와 그녀의 딸들이 로마 원로원의 귀족과 결혼해서 오랫동안 잘 살았다는 기록도 있지요. 그녀의 고향인 시리아에서는 아직도 '우리들의 영원한 여왕님'으로 상당한 존경과 인기를 얻고 있는데, 과거 시리아 파운드 지폐의 도안으로 사용되었을 정도랍니다. 티에폴로가 그린 〈병사들에게 연설하는 제노비아 여왕〉에서는 전쟁을 지휘하는 용맹한 황제의 모습으로 제노비아를 묘사하고 있습니다.

옆의 그림은 영국의 화가 허버트 슈말츠가 그린 〈마지막으로 팔미라 시를 내려다보는 제노비아 여왕〉입니다. 로마군에 패해 로마로 압송되기 직전, 그녀가 다스렸던 팔미라 시내를 굽어보며 상념에 잠긴 모습을 그리고 있군요. 제2의 클레오파트라를 꿈꾸며 동방에 대제국을 건설하려던 자신의 꿈이 신기루처럼 사라진 현실을 믿지 못하겠다는 듯, 그녀는 망연자실한 채로 계단 위에 서 있습니다.

다음 그림은 조반니 바티스타 티에폴로가 제노비아를 그린 또 다른 작품 〈아우렐리아누스 황제 앞에 선 제노비아 여왕〉입니다. 여기서는 아우렐리아누스 황제 앞에 끌려와 자녀들과 함께 서 있는 제노비아 여왕을 그리고 있군요. 비록 포로로 잡혔지만, 자신도 여왕이었기에 위엄을 잃지 않으려는 모습을 보여줍니다. 물론 어린 자녀들을 위해서라도, 황제에게 선처를 부탁하고 있기는 하지만요.

그때 아우렐리아누스 황제는 제노비아에게, 어떻게 로마의 황제들과 감히 맞서 싸울 생각을 했느냐고 물었다고 합니다. 그러자 제노비아는 이렇게 대답했다고 하지요. "발레리아누스나 갈리에누스 같은 사람을 로마 황제라고 볼 수 없었기 때문입니다. 오로지 폐하만을 나의 정복자, 나의 주군으로 인정할 뿐입니다." 그처럼 제노비아는 자신의 생살여탈권을 가진 아우렐리아누스 황제에게는 충성하는 모습을 보였습니다.

갈리아 제국과 팔미라 제국을 재통합함으로써 로마를 붕괴에서 막아내고 제국이 앞으로 200년 동안 지속되도록 반석을 다진 아우렐리아누스. 그의 본명은 루키우스 도미티우스 아우렐리아누스(Lucius Domitius Aurelianus)였습니다. 그는 일리리아의 비천한 농민 출신으로 태어나 로마 군인이 되었습니다. 그리고 270년, 전임 황제인 클라우디우스 고티쿠스가 전염병으로 사망하자, 군대의 추대를 받아 황제에 오르게 되지요. 그는 5년이라는 짧은 기간 동안 많은 일을 하였습니다.

아우렐리아누스는 우선 제국의 분열된 동방과 서방을 통일하여 '세계의 복원자'라는 칭호를 부여받습니다. 그리고 제국의 통합과 개혁을 위해, 부패를 제거하고 가난한 사람들에게 혜택을 주는 정책을 시행하지요. 비록 다른 위대한 황제들만큼 잘 알려지지는 않았지만, 아우렐리아누스의 행동은 그가 얼마나 시대를 앞서갔는지를 보여줍니다. 말보다 행동의 중요성을 강조한 그의 삶은 다음 3가지 특징으로 간추릴 수 있습니다.

조반니 바티스타 티에폴로(Giovanni Battista Tiepolo, 1696~1770), 〈아우렐리아
누스 황제 앞에 선 제노비아 여왕(Queen Zenobia before the Emperor Aurelian)〉,
1717년, 스페인 프라도 미술관

첫째, 복수 대신 용서입니다. 아우렐리아누스의 가장 큰 업적 중
하나는 팔미라 제국을 무찌르고 아시아 지역인 시리아, 팔레스타인,
이집트를 다시 제국의 권위 아래로 복원한 것입니다. 아우렐리아누
스는 그의 군대가 정복지를 약탈하는 것을 금지했습니다. 그처럼 자
비로운 황제에 대한 소식이 퍼지자, 시리아의 거의 모든 도시가 아
우렐리아누스 군대에 성문을 열었습니다. 그는 팔미라에 도착하여

반란을 일으킨 제노비아 여왕을 사로잡았지만, 그녀도 처형하지 않았습니다. 대신 그는 제노비아를 로마로 데려왔고, (몇몇 기록에 따르면) 그녀에게 티부르에 있는 별장을 주며 자녀들과 함께 평화롭게 살 수 있도록 해주었습니다.

두 번째, 아우렐리아누스의 강한 결단력과 정의감입니다. 그는 특히 부패한 행정관과 군인을 처벌하는 데 가혹했습니다. 일례로, 로마 조폐국에서 일하는 부패한 관리들을 제거한 일을 들 수 있습니다. 당시는 조폐국 직원들이 주화에 들어가는 은을 빼돌리는 탓에, 함량 미달인 은화가 유통되어 화폐 위기가 일어난 상황이었습니다. 아우렐리아누스는 그들과 관련된 원로원 의원들을 처형합니다. 그리고 순도 5%의 은화를 주조하도록 조치했고, 오래된 저품질의 동전은 모두 회수했습니다. 그 결과 바닥을 드러내던 로마 정부의 재정이 개선되었지요. 그처럼 아우렐리아누스는 자신의 입장을 고려하지 않고 문제를 해결한 최초의 황제 중 한 사람이었습니다.

그는 또 곡물 가격으로 장난치는 중간업자들을 처벌하고, 국가의 직접적인 감독하에 제분용 밀을 제빵업자 조합에 파는 시스템을 구축했습니다. 그리고 식료품과 생필품 유통도 국가가 통제함으로써, 유통 차액을 최대한 줄여 서민들이 그 물건들을 싸게 살 수 있도록 조치하지요. 100년 전 트라야누스 황제가 실시한 '큐라 아노나'라는 무상 배급을 공식적으로 중단하고, 식량 배급 체계를 바꾼 것입니다. 아우렐리아누스는 결과에 상관없이 자신이 옳다고 생각하는 정책은 신속히 실행에 옮겼습니다. 그래서 그는 황제라는 칭호에 걸맞은 경건하고 명예로운 사람으로 추앙받았습니다.

　세 번째, 현명한 행동과 장기적인 비전을 들 수 있습니다. 아우렐리아누스가 한 모든 일은 자신을 위해서가 아니라, 로마 전체의 이익을 위한 것이었습니다. 아우렐리아누스는 제국을 통일하기 위해 갈리아 제국과의 전투에서 그들을 물리쳤음에도, 반란군의 수괴였던 테트리쿠스와 그 아들을 처벌하는 대신 용서하는 지도자임을 보여주었습니다. 그리고 제노비아를 사면한 것처럼 테트리쿠스도 사면하여, 이탈리아 남부 루치아나 지방의 총독으로 임명했지요. 그처럼 화합의 정치를 하며 수십 년의 위기 끝에 제국은 성공적으로 통일했지만, 아우렐리아누스만이 아직 해야 할 일이 더 많다는 것을 알고 있었습니다. 그래서 그는 국민의 발전을 위한 국정 개혁을 지속해 나갔습니다.

　그렇듯 군사와 내정 면에서 혁혁한 업적을 남긴 아우렐리아누스는 군인 황제 시대에 출현한 로마 황제들 가운데 가장 유능한 황제였습니다. 하지만 그는 예전의 티베리우스가 연상될 정도로, 자신과 타인 모두에게 지나치게 엄격했습니다. 그래서 지위 고하를 막론하고, 공익이나 질서를 위배하는 자를 용서하지 않았습니다. 그 결과, 수많은 이들이 처형당했고 감옥은 미어터졌습니다. 원로원은 눈앞에서 동료들이 비리나 불륜 등으로 기소 된 후 처형되는 장면을 지켜보며 벌벌 떨어야 했습니다.

　그처럼 매사를 엄격하게 처리하던 아우렐리아누스는 275년, 대규모 병력을 이끌고 동방으로 출정합니다. 갈리아에서 발발한 반란을 진압하고, 과거 발레리아누스 황제를 포로로 잡은 사산조 페르시아에 복수하기 위한 것이었지요. 하지만 동방 원정길에서 황제의 엄격한 일 처리에 반감을 품은 부하들에게 암살되고 맙니다. 아우렐리아누스는 군인 황제 시대에 잠시 제왕 노릇을 한 그저 그런 인물로 평가받았습니다. 그러나 오늘날 들어, 5년이라는 짧은 시기에 대단한 업적을 이룬 그에 대한 재조명이 이루어져서, 로마 제국 최고의 황제 중 하나로 평가받게 되었습니다. 아우렐리아누스의 유산은 오늘날에도 여전히 살아 있습니다. 프랑스의 오를레앙이라는 도시명이 그 예로, 그 도시를 건설한 아우렐리아누스의 이름을 따서 명명한 것이랍니다.

그러나 아우렐리아누스의 진정한 유산은 그의 이름이 아니라 그가 보여준 인성에 있습니다. 그는 다른 황제들처럼 철학적인 책을 쓰거나 설득력 있는 연설을 하지 않았는지는 모릅니다. 하지만 그의 행동은 그의 말보다 더 큰 소리를 냈고, 그는 짧은 기간 동안 많은 것을 성취해 냈습니다. 그는 원하는 것을 얻기 위해 무자비하거나 잔인할 필요가 없다는 것을 증명했습니다. 자비와 친절을 보이면서도 같은 목표를 달성할 수 있었던 것이지요. 그럼에도 자신은 물론 남에게도 엄격했던 그의 성품이 비극을 낳고 말았습니다. 역사에 '만약에'라는 가정은 부질없지만, 그가 암살되지 않고 오랫동안 로마 황제로 군림했다면, 로마는 더욱더 번성하여 훨씬 오랫동안 제국의 지위를 누렸을지도 모릅니다. 어쨌든 그의 대대적인 내정 개혁과 황제권의 절대화는, 이후 등장하게 될 디오클레티아누스와 콘스탄티누스 1세의 대대적인 국가 개혁에 청사진을 제시한 것으로 평가됩니다.

잠시 쉬어가기: 큐라 아노나

큐라 아노나(cura annona)는 고대 로마에서 시행한 공공복지 정책으로, 배고픈 사람에게 싼값이나 무료로 식량을 제공하는 배급제도였습니다. 이 제도가 언제 시작되었는지는 확실치 않습니다. 처음에는 곡식이었지만, 나중에는 아예 빵으로 지급했다고 하지요. 영토가 점점 넓어지면서 공화정 시대에 시작된 것으로 보이는데, 초기에는 정부의 예산이 아닌 고위 정치인이 자신의 재산을 기부하는 노블레스 오블리주 형식이었습니다.

기원전 753년 로물루스가 로마를 건국한 이후, 대부분 죽을 먹을 정도로 로마 경제 수준은 매우 낮았습니다. 그러다가 3차례에 걸친 포에니 전쟁에서 승리하면서, 곡창지대인 시칠리아와 아프리카에서 풍부한 밀을 들여와 곡식을 배급할 수 있게 되지요. 그리고 기원전 133년 그라쿠스 형제들에 의한 개혁 정치를 시작하면서, 로마 시민 가운데 14살 이상의 빈곤층 성인 남자를 대상으로 매달 약 33kg 이하의 곡물을 시장 가격의 60% 정도로 싸게 살 수 있게 했습니다. 그러다가 기원전 58년, 호민관 클로디우스에 의해 빈민들에게 곡물을 무상으로 분배하게 됩니다.

그러나 로마 시민의 30% 이상인 32만 명 정도가 무상 수급을 받게 되자, 기원전 46년 율리우스 카이사르는 개혁을 통해 이 숫자를 15만 명으로 절반가량 줄입니다. 이후 아우구스투스 황제 때부터 이 숫자는 20만 명 선을 유지했습니다. 그런데 193년, 무력으로 황제가 된 셉티미우스 세베루스 황제는 곡식을 무료로 배급하던 것을 아예 빵으로 바꿔 무상으로 나눠주게 됩니다. 개인들 입장에서는 제분과 제빵 비용이 절약되어 복지수당이 실질적으로 인상하게 된 효과를 보았지요. 이후 무상 배급 품목에는 올리브유나 생선 같은 것도 포함되기에 이릅니다. 그러나 이는 결국 재정 악화를 초래하여, 로마 제국이 쇠락의 길을 걷게 된 이유 중의 하나로 설명되기도 한답니다.

15

디오클레티아누스는 왜 자진해서 하야한 로마 유일의 황제가 되었나?

〈젊은 순교자〉, 폴 들라로슈

3세기의 어지러운 군인 황제 시대에, 아우렐리아누스 황제는 그나마 제국의 체제를 정비하여 안정을 도모했습니다. 그런 그가 275년 61세의 나이에 암살됩니다. 그 후 수개월 동안 차기 황제가 결정되지 못했습니다. 그래서 결국 원로원 의원 가운데 75세로 가장 연장자이자 프린켑스 세나투스(Princeps Senatus: 원로원 일인자) 직을 맡고 있던 타키투스가 황제에 오릅니다. 그러나 고령의 나이로 페르시아 원정에 나섰다가 도중에 병사하고 말지요. 결국 그 후 다시 혼란에 빠진 로마는 몇 명의 황제가 난립하는 상황을 겪게 됩니다.

그리고 284년, 당시의 황제 누메리아누스가 다시 페르시아 원정에 나섰다가 니코메디아(오늘날 튀르키예의 이즈미트 부근)에서 부하들에게 암살됩니다(벼락을 맞아 죽었다는 설도 있습니다). 그리고 황제의 근위대장이던 디오클레스가 황제로 추대되지요. 디오클레스는 황위에 오른 후, 좀 더 라틴어다운 이름인 디오클레티아누스로 개명합니다. 형인 카리누스와 맞서 전투를 벌이기도 했지만, 카리누스가 부하들에게 암살되면서 디오클레티아누스(Diocletianus, 재위 284년~305년)는 제국의 유일한 황제가 됩니다. 디오클레티아누스는 달마티아 속주의 살로나(오늘날의 크로아티아 솔린)에서 태어났습니다.

디오클레티아누스는 앞서 암살된 수많은 황제들의 예를 보면서, 단독 통치가 제국의 안정에 위험을 끼친다고 생각하게 됩니다. 갈리아에서 시리아까지, 이집트에서 도나우강 하류까지 각 지방에서 분생은 끊임없이 벌어졌습니다. 그는 그 넓은 제국을 혼자서 통치하기에는 한계가 있다고 보았습니다. 그래서 285년, 부하 장군인 막시미아누스에게 부황제(카이사르)의 지위를 부여하여 공동 통치를 하게 되지요. 그때까지 황제의 칭호는 아우구스투스와 카이사르의 존칭을 병용해 왔습니다. 하지만 디오클레티아누스 시기에 이르러 정제(正帝: 황제)는 아우구스투스, 부제(副帝: 부황제)는 카이사르로 호칭하게 됩니다. 286년, 디오클레티아누스는 막시미아누스(Maximianus, 재위 286년~305년)를 아예 공동 정제로 올려 그에게 제국의 서방을 담당하게 합니다.

그러나 디오클레티아누스는 두 황제로도 제국을 효율적으로 통치하기에는 부족하다고 생각했습니다. 그래서 4명의 황제가 다스리는 사두정을 시행합니다. 사두정(四頭政, tetrarchia)은 디오클레티아누스 황제가 293년 시작한 후로, 로마 역사상 약 20여 년간 존속했던 정치

체제입니다. 이로써 두 황제는 각각 자신들의 사위인 갈레리우스와 콘스탄티우스 클로루스를 부제인 카이사르로 임명하여 통치를 위임하게 되었습니다. 로마 제국의 대내외적 문제가 더욱 복잡해지자, 디오클레티아누스가 막시미아누스의 동의하에 제도를 확장하여 각각 정제의 책임 아래 부제를 두게 된 것이지요. 다시 말해, 동방 정제와 서방 정제를 하나씩 두고, 그 아래 동방 부제와 서방 부제를 임명하는 방식이었습니다. 정제와 부제들이 각자 맡은 관할구역에서 군사 분야의 대부분 권한을 가지고 국토 방어에 임했다고 보시면 됩니다. 또한 두 정제는 일정 기간 이후 은퇴하고, 두 부제가 정제로 올라가 새로운 부제를 임명하는 방식으로 제국을 운영하고자 했습니다.

동방 정제인 디오클레티아누스는 아나톨리아, 오리엔트, 폰투스, 이집트 등을 담당하고, 동방 부제인 갈레리우스에게는 판노니아, 모이시아, 트라키아, 일리리아 등을 맡겼습니다. 그리고 서방 정제인 막시미아누스는 이탈리아, 아프리카, 히스파니아를 담당하고, 서방 부제인 콘스탄티우스 클로루스는 브리타니아, 갈리아, 비에넨시스 등을 맡게 되었지요. 그렇게 함으로써 제국을 효율적으로 운영할 수 있을 뿐만 아니라, 황제 유고 시에 부제가 자동적으로 정제를 승계함으로써 혼란을 방지하고자 했던 것입니다.

이탈리아의 베네치아에 있는 산 마르코 광장에는 〈4명의 사두정 황제들〉이라는 청동 동상이 있습니다. 원래는 동로마 제국(비잔틴 제국)의 필라델피아 궁전에 전시되어 있던 동상인데, 1204년 십자군 전쟁 시기에 약탈되어 베네치아로 건너오게 되었습니다. 4명의 사

작가 미상, 〈4명의 사두정 황제들(The Four Tetrarchs)〉, 4세기경, 청동상, 이탈리
아 베네치아 산 마르코 광장

두정 황제들이 서로 화합하는 듯 어깨를 감싸고 서 있는 모습이 인상적입니다.

그러나 사두정은 어디까지나 군사적 측면에서의 역할 분담이었고, 내치나 외교 등 다른 방면에서는 디오클레티아누스가 단독으로 모든 황제의 권리를 장악하는 '전제정(專制政, dominatus)'이었습니다. 사실 로마의 정치체제는 초대 황제 아우구스투스 이후 제정이 시작되어 실질적으로는 군주제였지만, 표면적으로는 공화제를 유지한 기묘한 체제였습니다. 그래서 당시의 정치체제를 일러 원수정이라고 하는 것입니다.

그러나 3세기의 위기로 황제가 빈번하게 암살되고 교체되면서, 로마 황제의 원수로서의 권위는 실추되었습니다. 그러한 군인 황제 시대의 혼란을 수습하기 위해, 디오클레티아누스 황제는 개혁을 실시하지요. 이후 로마는 명실상부하게 군주제 국가가 되었으며, 이를 초기 로마 제국의 원수정과 구분하여 전제정이라고 부르는 것이랍니다. 또한 동양의 전제군주들처럼 전제정을 시행하면서, 동양의 왕실에서 그랬듯이 황궁 안에는 '에우누코스(eunouchos)'라는 환관이 등장하여 황제의 기밀을 다루게 됩니다.

그때까지 로마 제국의 속주 총독들은 절반 이상이 원로원에서 임명한 것이었습니다. 그러나 디오클레티아누스는 기존의 속주들을 100여 개로 재분할하면서 황제 자신이 총독을 임명하고, 총독들의 권한도 많이 축소합니다. 강력한 관료제를 구축하여, 독재적 권한을 지닌 황제가 관료를 통해 제국의 시민들을 지배하는 체제를 완성한 것이지요.

　디오클레티아누스는 입법부 개혁에도 손을 댑니다. 로마 역사 1,000여 년 동안 입법 기능을 담당했던 원로원의 기능을 박탈한 것이지요. 그리고 집정관 또한 원로원이 아닌 자신이 직접 임명하도록 합니다. 또 원로원 의결이 아닌 황제의 칙령으로 법안을 제정토록 함으로써, 그 일을 보좌할 수 있게 관료제도를 도입합니다. 이로써 행정 기능이 전문화·체계화될 수 있었습니다. 하지만 그 과정에서 관료의 수가 늘어나고, 속주와 총독 수 증가에 따른 막대한 재정 팽창이 초래되었으며, 군대 규모의 확대 등으로 인해 로마의 재정 상태가 악화되는 부작용을 낳기도 하였습니다.

　디오클레티아누스는 그처럼 사두정으로 정치를 안정시켰음에도, 기독교를 박해한 마지막 황제였다는 오점을 남기고 맙니다. 예수가 등장하고 300년 남짓 흘러서 기독교가 지중해 세계 전반으로 확산되었지만, 로마 당국은 기독교인을 좋게 보지 않았습니다. 기독교인들이 로마의 관습을 공개적으로 비판하고, 자기들이 믿는 신만이 유일하다고 여겨서 로마인에게 반감을 산 것이지요. 당시 기독교가 퍼졌던 지역에는, 예수가 최후의 만찬에서 "빵은 나의 살이요, 포도주는 나의 피"라고 말했던 것에 따라 기독교인들이 유월절에 빵과 포도주를 나눠 마시는 관습이 있었습니다. 그래서 '기독교인들이 진짜로 사람의 피와 살을 먹는다'고 믿는 사람들도 있었고, 기독교도들이 은밀한 장소에 모이는 것에 대해서는 '근친상간이나 식인을 즐기려는 것'이라는 악의적인 뜬소문까지 돌았다고 합니다. 그런 상황에서 네로를 비롯한 로마의 황제들은 불리할 때마다 여론을 다른 데로 돌리기 위한 국면 전환용으로 기독교인들을 악용했지요. 물론 트라야누스 황제에 의해 한때 기독교인 박해가 완화되기도 하였지만, 모든 황제가 그 지침을 따른 것은 아니었습니다.

그럼에도 3세기에 들어서 기독교인의 숫자가 무시할 수 없을 정도로 불어나게 되었고, 위협을 느낀 디오클레티아누스는 로마 전통의 다신교 숭배 신앙을 부활하기 위해 노력합니다. 미트라교 신도였던 디오클레티아누스는 이전의 아우구스투스 황제와 트라야누스 황제처럼 자신을 '세계를 복원한 자'라고 칭했습니다. 그리고 자신이 창조한 정부 체계, 즉 사두정치 체제를 전통적인 로마 가치의 회복과 황금시대의 부활을 이루려는 시도로 로마 시민들이 느끼게 하고자 애썼지요. 그런 디오클레티아누스에게 가장 중요한 것은 바로 제국 내 모든 국민의 단결과 통합이었으며, 기독교는 눈엣가시 같은 존재였습니다.

당시 기독교인은 전체 로마 제국 인구의 10%에 달했다고 합니다. 결국 디오클레티아누스 황제는 303년, 성경을 불태우고 제국 전역의 기독교 사원들을 파괴하라고 명령합니다. 기독교인들이 기도를 위해 모이는 것도 금지했고, 심지어 기독교를 믿은 원로원 의원, 기사, 시민 들의 계급을 박탈하였으며, 해방노예들은 다시 노예로 예속합니다. 기독교인들의 반발이 일어나자 이번에는 주교와 사제 들을 모두 체포합니다. 그리고 끝까지 배교를 거부한 기독교인들은 3,000명 이상을 처형하지요. 그때 순교한 성인으로 성 아그네스와 성 세바스찬 등이 있습니다. 당시 디오클레티아누스의 부인을 비롯하여 내시도 대부분 기독교인이었다고 합니다. 그러나 305년, 건강이 악화되자 디오클레티아누스는 자진해서 하야하고, 그의 사위이자 동방 부제였던 갈레리우스(Galerius, 재위 305년~311년)가 황제를 계승하여 기독교인들을 더욱 혹독하게 박해하게 됩니다. 박해의 고통을 이기지 못한 많은 그리스도인들은 신앙을 포기하거나, 형벌을 피하기 위해 타협했다고 합니다.

그러나 311년, 갈레리우스는 사망하기 직전에 기독교인들에게 관용을 베푸는 칙령을 발표합니다. 죽음조차 두려워하지 않는 기독교인들의 시조에 감명을 받고, 마지막엔 오히려 자기를 위해 기도해 줄 것을 부탁하기도 했다지요. 기독교인들은 로마의 박해로 죽임을 당한 순교자들을 로마 교외에 있는 지하 묘소인 카타콤에 장사를 지내주기도 했습니다. 결국 디오클레티아누스와 갈레리우스 황제의 기독교도 탄압에도 불구하고, 지하 카타콤에 숨어서 신앙생활을 굳건하게 이어간 기독교인들의 믿음을 꺾을 수는 없었습니다.

프랑스의 낭만주의 화가 폴 들라로슈는 〈젊은 순교자〉라는 작품에서 기독교 신자인 한 여성의 역사적 순교를 묘사하고 있습니다. 그는 이 작품을 통해 역사적 상황과 극적 감각 그리고 그림의 감성을 강조하고 있습니다. 숨진 채 물 위에 떠 있는 여성의 이마 위로 후광이 뿜어져 나오고 있는데, 초현실적으로 보여서 특히 인상적인 그림입니다. 마치 잠이 든 듯한 편안한 그녀의 얼굴을 비롯한 그녀의 몸에는 하이라이트를 비추는 데 반해, 그녀가 떠 있는 물과 주위

폴 들라로슈(Paul Delaroche, 1797~1856), 〈젊은 순교자(The Young Martyr)〉,
1853년, 러시아 에르미타주 미술관

의 배경은 모두 어둡게 처리함으로써 극적인 명암의 대비를 주고 있
습니다. 그 어둠도 슬픔에 몹시나 잘 어울리는 청회색 톤이어서 비
장감마저 드는군요.

　너무 어두워서 잘 보이지 않지만, 왼쪽 상단의 구석에는 익사한

그녀를 보고 겁에 질려 서로를 껴안고 있는 남자와 여자가 있습니다. 아마도 순교한 이 젊은 여인의 부모로 보입니다. 슬픔에 잠긴 부부 바로 위 하늘에는 희미하게 흰색 별이 보이는군요. 만약 이 부분이 먼 배경에서 떠오르는 아침 태양을 그린 장면이라면, 슬픔에 잠긴 부모 위의 희미한 별은 성경에 나오는 샛별, 즉 루시퍼를 암시하는 것일 수도 있습니다. 따라서 이 별은 악마의 존재를 뜻한다고 볼 수 있지요. 반면에 이 장면이 일몰을 묘사한 것이라면, 왼쪽 모서리의 작은 별은 북극성일 것입니다. 그렇다면 이 별은 예수를 암시하는 것일 수도 있겠군요.

순교자의 손은 밧줄로 묶인 채 로마의 테베레강 위에 부드럽게 떠 있습니다. 이 그림은 단순히 수 세기에 걸친 수많은 기독교인의 순교뿐이 아니라, 디오클레티아누스 황제의 통치 시기에 있었던 기독교인들의 순교를 의미합니다.

디오클레티아누스 황제의 기독교 박해에서 가장 유명한 순교자는 성 세바스티아누스(성 세바스찬)입니다. 로마의 군인이었던 세바스티아누스는 성실하여 황제의 근위대 장교까지 오른 사람이었습니다. 그는 자신의 신앙을 숨기고 비밀리에 많은 사람들에게 기독교를 포교하였습니다. 하지만 결국 그가 기독교인이라는 사실이 발각되었고, 황제는 배신감에 크게 분노합니다. 디오클레티아누스 황제의 명에 따라, 그는 들판으로 끌려 나가 나무 기둥에 묶인 후 궁수들이 쏘아대는 화살들을 맞았습니다. 그의 몸이 고슴도치처럼 화살로 가득 찰 때까지 쏘아댔다고 하지요. 그러나 기적적으로, 그토록 많은

헤리트 반 혼토르스트(Gerard van Honthorst, 1592~1656), 〈성 세바스챤(Saint Sebastian)〉, 1623, 영국 내셔널 갤러리

화살조차 그를 죽이진 못했습니다.

　로마의 미망인이었던 이레네는 세바스티아누스의 시신을 수습하러 갔을 때 그가 아직 살아 있음을 발견합니다. 이레네는 집으로 그를 데려왔고, 그녀의 극진한 간호 덕에 세바스티아누스는 건강을 회복하게 되지요. 그 후 세바스티아누스는 궁으로 몰래 들어가, 황제가

지나가는 계단 옆에 서서 큰 소리로 기독교인에게 가한 잔인한 처사를 비난합니다. 놀란 황제는 그를 붙잡게 하여 곤봉으로 때려죽인 후, 시체를 하수구에 버리라고 명령합니다. 그의 시신은 루치나라는 성녀가 수습하여, 현재 성 세바스찬 대성당이 서 있는 칼릭스투스 공동묘지 입구의 카타콤에 묻었습니다.

이 이야기는 15세기 이후 많은 화가들이 즐겨 그리는 주제가 되었답니다. 여러분께서 서양 미술관을 관람하다가 수많은 화살에 맞은 채 나무에 묶여 있는 사람을 보시면, 그가 성 세바스티아누스라고 생각하셔도 거의 틀림없을 겁니다. 17세기 네덜란드의 화가인 헤리트 반 혼토르스트가 그린 〈성 세바스찬〉도 그런 그림 가운데 하나입니다. 빛에 의한 강력한 명암의 대조를 통해 인물을 부각하고 있는데, 그런 기법의 대가인 이탈리아의 매너리즘 화가 카라바조(Michelangelo Merisi da Caravaggio, 1571~1610년)의 영향을 받은 것입니다.

또한 성 세바스티아누스는 전염병에 맞서 싸우는 인물로도 유명합니다. 화살을 맞은 순교자와 전염병과는 아무 상관이 없어 보이는데, 어떤 사연이 있는 걸까요? 아마도 그리스 로마 신화에서, 태양과 예언은 물론 의술과 궁수의 신인 아폴론이 하늘에서 화살을 쏘아 역병에서 사람들을 구해내는 것과 연관이 있는 듯합니다. 즉 세바스티아누스는 수많은 화살을 맞고도 죽지 않았기에, 전염병에서 구해줄 수 있으리라 사람들이 믿었던 것 같습니다.

옆의 그림은 17세기 프랑스 바로크 화가인 조르주 드 라 투르의 〈성 이레네에게 치료받는 성 세바스찬〉입니다. 이것은 화가의 그림

조르주 드 라 투르(Georges de La Tour, 1593~1652), 〈성 이레네에게 치료받는 성 세바스찬(Saint Sebastian tended by Saint Irene)〉, 1649년, 프랑스 루브르 박물관

에서 가장 큰 그림 가운데 하나이자, 그의 야심 찬 구성을 제일 잘 보여주는 작품이기도 합니다. 이 작품 역시 빛에 의한 명암의 대조가 특징입니다. 성 이레네가 들고 있는 횃불로 어두운 실내가 밝아지고, 그 빛에 화살을 맞고 누워 있는 성 세바스티아누스가 보입니다. 세바스티아누스의 처참한 모습에 슬퍼하는 다른 여성 신도들 사이에서 이레네는 침착하게 그를 치료하고 있습니다.

디오클레티아누스는 로마 제국 역사상 최초로 자발적으로 은퇴한 황제입니다. 그는 305년, 21년 동안 재임했던 제위에서 물러나, 고향인 달마티아의 스팔라툼(오늘날의 크로아티아 스플리트)에 디오클레티아누스 궁전을 세웠습니다. 궁전은 면적만 3만㎡에 달하는 거대한 직사각형으로 이루어져 있지요. 현재 남아 있는 로마 시대 건축물 가운데 가장 잘 보존된 것 중 하나로 꼽힙니다. 디오클레티아누스가 퇴임 후 여생을 편안히 보내기 위해, 인근 섬에서 채취한 석회암과 이탈리아 및 그리스에서 가져온 대리석 등을 동원해 화려하게 지었습니다. 지금도 스플리트에는 궁전이 거의 온전한 모습으로 남아 있으며, 궁전을 중심으로 시가지가 형성되어 있답니다. 디오클레티아누스는 그곳에서 양배추 농사를 짓다가 천수를 다하고 죽습니다. 하지만 그의 아내와 외동딸은 정치적 격변 속에 살해되고 마는 불행을 겪어야만 했습니다.

디오클레티아누스는 그리스도교를 조직적으로 박해했던 황제답지 않게, 의외로 권력의 속성과 사람의 심리에 지나치게 순진하고 이상적이었던 듯합니다. 인간의 기본 속성인 탐욕을 생각하면, 사두

정치는 애초에 지속 가능성이 거의 없는 제도였습니다. 결국 그의 사후, 사두정 체제는 사라지게 됩니다. 그럼에도 디오클레티아누스의 개혁 조치들은 적절한 것이었다는 역사적 평가를 받습니다. 그의 개혁으로 인해, 무너져 가던 당시 로마 제국의 생명을 100여 년 더 연장할 수 있었고, 동로마 제국은 1,000년 더 이어 나갈 수 있었기 때문이지요.

디오클레티아누스는 국가가 위기에 처했을 때 지도자가 어떻게 통치해야 하는지, 그에 대한 해법도 제시했습니다. 물론 어려운 상황에서 압도적인 카리스마 리더십을 발휘하여 국가를 한 방향으로 끌고 가는 것도 방법이겠지요. 하지만 그 지도자가 사심이 있거나 잘못된 방향으로 이끈다면, 국가는 더욱 어려운 위기에 봉착합니다. 디오클레티아누스는 모든 일을 혼자 해결하는 대신, 훌륭한 사람들과의 협치를 통해 권력을 분산하여 각자 잘하는 분야에 집중하는 것도 좋은 방법일 수 있음을 보여주었습니다. 그리고 그는 스스로 제위에서 물러난, 로마 제국 최초이자 유일한 황제였습니다. '박수 칠 때 떠나라'는 말은 그를 두고 한 말인 것 같습니다.

19세기 오스트리아의 풍경화가인 한스 피셔는 지중해 연안 지역을 많이 여행했습니다. 특히 그는 발칸 반도와 크로아티아의 달마티아 해안에 오랫동안 머무르기도 하였지요. 그때 한스 피셔는 달마티아 해안의 풍경뿐 아니라 중요한 유적지를 많이 그렸습니다. 그중 스플리트에 머물면서 그린 수채화 〈디오클레티아누스 궁전〉은 일부이긴 하지만 화려했던 디오클레티아누스 궁전의 내부 모습을 볼 수 있게 해줍니다. 아치형 기둥 밑에 엎드려 있는 스핑크스가 인상적이군요. 하지만 세월의 무게를 못 이긴 채 쓸쓸하고 쇠락한 모습으로 그려져 있어서 안타까운 마음마저 듭니다. 그래도 오늘날 스플리트의 대표적인 관광 명소로 꼽히는 곳이므로, 크로아티아를 가볼 기회가 있다면 꼭 한번 들러보시기를 권합니다.

루드비히 한스 피셔(Ludwig Hans Fischer, 1848~1915), 〈디오클레티아누스 궁전
(Diokletianspalast)〉, 1915년 이전, 개인 소장

16

기독교를 공인한 콘스탄티누스 1세는 진짜 독실한 기독교인이었을까?

〈밀비우스 다리 전투〉, 줄리오 로마노

콘스탄티누스 1세(Constantinus I, 재위 306년~337년)는 로마 제국과 기독교 역사상 가장 유명한 황제 가운데 한 명일 것입니다. 그래서 기독교사에서는 그를 콘스탄티누스 대제라고 높여 부르며, 기독교 동방정교회에서는 그를 성인으로 받들기도 하지요. 콘스탄티누스는 로마 제국 모이시아 속주(오늘날의 세르비아와 불가리아)의 장군이었던 콘스탄티우스 1세(콘스탄티우스 클로루스)와 여관집 딸이었던 어머니 헬레나 사이에서 태어났습니다. 그런데 콘스탄티누스가 20세 되던 292년, 그의 아버지는 어머니 헬레나와 이혼합니다. 당시 로마 제국의 서방 정제인 막시미아누스의 딸 테오도라와 결혼하여 서방의 부제가 되기 위해서였지요. 그 후 콘스탄티누스는 아버지에게 버림받은 것도 모자라, 동방 정제였던 디오클레티아누스에게 인질처럼 보내져 그 휘하의 군대에서 복무하게 됩니다.

305년, 동방의 정제인 디오클레티아누스와 서방의 정제인 막시
미아누스가 은퇴하고, 콘스탄티누스의 아버지 콘스탄티우스가 서방
정제에 오릅니다. 그러자 콘스탄티누스는 갈리아에 있던 아버지에
게 불려 가 그곳에서 군 복무를 하게 되지요. 그리고 부제에는 세베
루스와 막시밀리아누스 다이아가 추대됩니다. 그런데 1년 후인 306
년, 브리타니아 원정에 나섰던 아버지 콘스탄티우스가 에보라쿰에
서 병사하자, 그 휘하의 장병들은 콘스탄티누스를 정제로 추대합니
다. 하지만 동방의 정제인 갈레리우스는 콘스탄티누스를 아버지의
영토를 승계한 부제로만 인정하고, 서방 정제로는 세베루스를 공인
하지요. 콘스탄티누스는 부제에 만족하며 자신의 관할구역인 히스
파니아, 브리타니아, 갈리아 및 게르마니아 지방을 10년 동안 통치
하면서, 라인강 방어선을 굳건히 지키고 갈리아 지방 재건에 힘썼습
니다.

한편 로마의 국내에서는 복잡한 내전 상태가 이어지고 있었습니
다. 퇴임한 서방 정제였던 막시미아누스의 아들 막센티우스가 봉기
하여, 서방 정제인 세베루스를 죽이고 동방의 정제인 갈레리우스마
저 싸워서 물리칩니다. 그러자 전임 황제들과 갈레리우스는 협의 끝
에, 새로운 서방의 정제로 리키니우스(Licinius, 재위 308년~324년)를 임
명하지요. 그리고 아들인 막센티우스의 행동에 불만을 품은 막시미
아누스는, 자신의 딸 파우스타와의 혼인을 조건으로 콘스탄티누스
에게 망명을 가게 됩니다. 하지만 콘스탄티누스가 야만족을 물리치

려 출정한 사이, 막시미아누스는 쿠데타를 시도하다가 콘스탄티누스에게 진압되어 죽임을 당하고 맙니다. 311년, 동방의 정제 갈레리우스가 죽자 서방의 정제 리키니우스가 동방의 정제로도 취임합니다. 그런 후 리키니우스는 콘스탄티누스와 동맹을 맺고, 독자적으로 황제를 칭하는 막센티우스를 물리치기 위하여 출정합니다.

312년, 콘스탄티누스는 4만 명의 정예병을 이끌고 막센티우스를 물리치기 위하여 로마로 진격합니다. 그리고 테베레강을 건너는 밀비우스 다리를 앞두고, 처남인 막센티우스에 맞서 로마의 미래를 결정할 최후의 일전을 벌이게 되지요. 하지만 밀비우스 다리 앞에 진을 치고 있던 막센티우스 군대에는, 콘스탄티누스 군대보다 훨씬 더 많은 약 10만 명의 병사들이 포진하고 있었답니다.

아무리 용감하고 담대한 콘스탄티누스라고 하더라도, 대군과의 전투를 앞둔 그날 밤엔 깊이 잠들지 못하고 몸을 뒤척일 수밖에 없었습니다. 그렇게 선잠이 든 콘스탄티누스는 신비로운 꿈을 꾸게 되지요. 눈부신 태양 빛이 가득한 가운데 그 위로 빛나는 십자가 표식이 드러나는 꿈이었습니다. 콘스탄티누스는 "너희 모두는 이 표식을 달고 전쟁터로 나가라. 그러면 반드시 승리하리라"라는 음성을 듣고 잠에서 깨어납니다. 그는 자리에서 일어나 꿈속에서 본 표식인 '라바룸(labarum)'을 그렸습니다. 라바룸은 가운데에 'P'와 'X'가 겹쳐진 글자 같은 것이 있고, 그 주위를 월계관 같은 것이 에워싸고 있는 형상이었습니다. 콘스탄티누스는 장병들을 모아 놓은 후, 신이 자신들을 보호한다는 단호한 연설을 하고 라바룸을 방패에 부착하도록 명령

제이콥 퓨넬(Jacob Punel, 연도 미상), 〈콘스탄티누스의 비전(The vision of Constantin)〉, 17세기, 소장처 불명

합니다.

　17세기, 이름이 거의 잘 알려지지 않은 화가인 제이콥 퓨넬이 그
린 〈콘스탄티누스의 비전〉입니다. 화가는 꿈속에서 콘스탄티누스가
라바룸이라는 십자가 표식을 보는 장면을 그리고 있습니다. 어둠 저
편 하늘에는 서광이 비치고 라바룸 표식 대신 십자가를 환영으로 보
게 되면서, 콘스탄티누스가 무릎을 꿇고 하늘에서 들려오는 음성을
경건하게 듣고 있습니다.

피에로 델라 프란체스카(Piero della Francesca, 1415～1492), 〈콘스탄티누스의 비
전(Vision of Constantine)〉, 1452～1466년, 프레스코화, 이탈리아 산 프란체스코
성당

15세기 르네상스 초기의 화가 피에로 델라 프란체스카도 〈콘스탄티누스의 비전〉이라는 프레스코화를 산 프란체스코 성당에 그렸습니다. 오스트리아 출신으로 영국의 저명한 미술사학자 곰브리치(Ernst Gombrich, 1909~2001년)는 저서 《서양미술사》를 통해, "원근법과 단축법뿐만이 아니라 빛을 잘 표현하여 초기 르네상스 시대의 대표적인 그림"이라며 칭송했습니다. 이전까지 이 작품은 밤의 장면을 그린 것으로 생각되었지요. 그러나 최근의 복원 작업을 통해, 하늘에 반짝이는 샛별의 감동이 포착된 새벽의 모습을 그린 장면이라는 사실이 밝혀졌습니다.

그림을 보면, 큰 천막 안에 콘스탄티누스 황제가 잠들어 있습니다. 빛이 가득한 벤치에 앉은 시종과 경호원이 황제를 지키며, 마치 침묵의 대화를 나누는 듯 구경꾼을 향해 몽환적인 시선을 보냅니다. 카라바조의 현대적인 빛의 개념을 보여주는 것과 같은 대담한 혁신으로, 전경에 있는 두 보초병은 어둠 속에서도 눈에 띄고, 하늘의 천사가 투사하는 빛에 의해 측면에서만 빛을 발합니다. 신성한 사자는 높은 곳에서 내려와 빛으로 만든 십자가를 잠든 황제에게 보여주며, 그의 군대가 '이 가호 아래 승리하리라(In hoc signo vinces)'라는 십자가 표식을 들고 싸운다면 확실히 승리하리라는 것을 황제에게 전달하고 있습니다.

황제가 신의 계시를 받았다는 소식을 전해 듣고 사기가 올라 승리의 확신을 갖게 된 콘스탄티누스의 군대는, 막센티우스가 강제로 동원한 10만 대군과 용감하게 맞서 싸우게 됩니다. 브리타니아와 갈

줄리오 로마노(Giulio Romano, 1492~1546), 〈밀비우스 다리 전투(The Battle of Milvian Bridge)〉, 1520~1524년, 바티칸 박물관

리아 지방에서 국경 수비를 위해 대다수의 병력을 남겨놓고 정예 군대만 이끌고 쳐들어온 콘스탄티누스와 이탈리아 반도 및 아프리카를 지배하는 막센티우스. 하늘 아래 태양이 하나인 것처럼, 둘은 부딪칠 수밖에 없었습니다. 서로 로마 제국의 서방 정제를 자처해 왔기에, 어차피 한 번은 치러야 할 전투였지요.

안전한 후방에 미리 진을 친 막센티우스와 달리, 콘스탄티누스는 선두에서 정예 기병대를 이끌었습니다. 팽팽하게 대치하던 초반의 전투는 이윽고 콘스탄티누스 군의 압도적 우세로 바뀝니다. 갑자

기 징집당해 온 신병이 대다수였던 막센티우스 군대가, 갈리아와 게르마니아 야만족과의 오랜 전투 경험으로 단련된 콘스탄티누스의 고참병들에게 밀린 것이지요. 전의를 상실한 막센티우스의 대군이 오합지졸로 변해 후퇴하여 도달한 곳이 바로 밀비우스 다리입니다. 길이 135m, 폭 8.75m인 돌다리에 패주병들이 한꺼번에 몰리면서,

서로 떠밀려 강으로 추락하거나 추격군의 창칼에 찔려 죽게 되었습니다. 이때 막센티우스도 전사하고 맙니다. 콘스탄티누스는 물속에 잠겨 있던 막센티우스의 시신을 건져내, 목을 잘라 창끝에 꽂고 로마로 입성합니다.

　로마의 바티칸 성당에 가면 '라파엘로의 방'이 있습니다. 그곳에서 16세기 이탈리아 르네상스 시대 화가인 줄리오 로마노가 그린 〈밀비우스 다리 전투〉라는 대형 프레스코화를 보실 수 있습니다. 로마노는 르네상스 시대의 거장 라파엘로의 제자로서, 이 작품도 라파엘로가 밑그림을 그려준 것으로 추정됩니다. 라파엘로의 사망 이후 로마노는 라파엘로 작업실의 다른 제자들과 함께 이 그림을 완성했다고 합니다.

하늘에서 나타난 천사들에게 길을 안내받고 있는 콘스탄티누스의 군대가 십자가를 높이 든 채, 막센티우스 군대를 테베레강 속으로 몰아넣어 쳐부수고 있는 스펙터클한 장면입니다. 가운데 백마를 타고 왕관을 쓴 콘스탄티누스는, 강물에 빠져 허우적거리는 막센티우스를 노려보며 창을 겨누고 있군요. 자세히 보이지는 않지만, 콘스탄티누스 진영에 우뚝 솟아 있는 깃발이 바로 라바룸 깃발입니다.

콘스탄티누스 대제의 라바룸
(Labarum of Constantine the_Great)

'팍스(pax)'의 약자처럼 보였던 라바룸의 문자는 그리스어 '크리스토스(ΧΡΙΣΤΟΣ: 그리스도)'의 처음 두 글자였습니다. 훗날 기독교도들에게 이 해석을 듣게 된 콘스탄티누스는 기독교 신의 가호를 받아 승리했노라 확신합니다. 기실 그의 어머니 헬레나는 열렬한 기독교 신

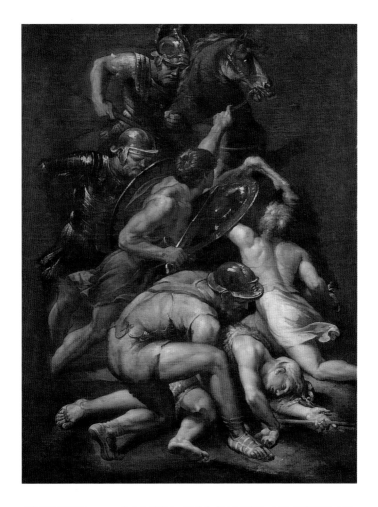

라자로 발디(Lazzaro Baldi, 1624~1703), 〈콘스탄티누스와 막센티우스의
전투(Battle of Constantine and Maxentius)〉, 1650년경, 영국 에든버러
대학교 박물관

자였기에, 그도 진즉부터 기독교의 영향을 받을 수밖에 없었습니다.
그처럼 신의 가호로 이탈리아 땅까지 손안에 쥐게 된 콘스탄티누스는, 기독교가 다른 측면에서도 유용할 것이라고 정치적 판단을 하게 됩니다. 서방의 정제가 된 그는, 사두정치로 분쟁이 끊이지 않는 로마 제국을 다시 옛날의 통일 국가로 만들기 위해서는 반드시 새로운 국가이념이 필요하다고 본 것이지요. 그래서 제국을 하나로 통일하기 위해서는, 로마의 전통적 다신교보다 유일신을 섬기는 기독교가 훨씬 적합하다고 생각합니다.

그리하여 드디어 313년 콘스탄티누스는 '밀라노 칙령'을 반포하며, 기독교인에게도 다른 사람들과 똑같이 종교의 자유를 허락합니다. 그리고 기독교를 박해하던 시절에 강제로 몰수한 교회, 토지 및 재산을 기독교인들에게 즉각 돌려주었지요. 더 나아가 교회에 부지를 무상으로 제공해 주기도 하였습니다. 그처럼 콘스탄티누스는 종교 관용 정책을 통해, 자신이 구상한 새로운 로마 제국의 청사진을 발표한 것입니다.

앞의 그림은 이탈리아의 화가 라자로 발디가 그린 〈콘스탄티누스와 막센티우스의 전투〉입니다. 이 작품은 줄리오 로마노의 〈밀비우스 다리 전투〉 그림에서 왼쪽 끝에 묘사된, 양측 군대가 격전을 벌이는 역동적인 장면만 유화로 다시 그린 것입니다. 한 세기 전 화가인 줄리오 로마노의 그림을 보고 감동한 라자로 발디가 가장 격정적인 장면만을 다시 모작한 것이지요.

밀비우스 다리 전투에서 막센티우스를 물리치고 기독교로 개종한 최초의 로마 황제 콘스탄티누스. 〈콘스탄티누스의 로마 입성〉은 그런 콘스탄티누스의 생애를 묘사한 태피스트리(tapestry: 각종 색실로 그

페테르 파울 루벤스(Peter Paul Rubens, 1577~1640), 〈콘스탄티누스의 로마 입성 (Triumphant Entry of Constantine into Rome)〉, 1621년, 미국 인디애나폴리스 미술관

림을 짜 넣은 직물로, 실내장식으로 사용함)를 만들기 위해, 루벤스가 그린 유화 스케치 12점 중 하나입니다. 막센티우스를 이기고 로마 제국의 유일한 서방 정제가 된 콘스탄티누스가 로마로 입성하는 장면을 그리고 있군요. 루벤스는 승리한 콘스탄티누스 황제를 고대의 부조처럼 표현하고 있는데, 아마도 콘스탄티누스 개선문의 한 장면에서 영감을 받은 것 같습니다. 콘스탄티누스의 개선문은 지금도 포로 로마

노의 입구에 남아 있으며, 파리에 있는 에투알 개선문의 원조 격에 해당합니다.

이제 로마 제국의 서방을 통일한 콘스탄티누스에게 동방의 정제 리키니우스만 남았습니다. 그리하여 324년, 콘스탄티누스는 리키니우스와 로마의 패권을 놓고 최후의 결전을 벌입니다. 아드리아노폴리스(오늘날의 튀르키예 에디르네)에서 벌어진 전투에서는 콘스탄티누스의 승리로 끝났고, 이어 비잔티움 근처에서 벌어진 해전에서도 그의 아들 크리스푸스가 이끄는 콘스탄티누스의 해군이 승리를 거둡니다. 이어서 소아시아에서 벌어진 지상전에서도 콘스탄티누스의 군대가 승리를 거두게 됩니다. 결국 항복한 리키니우스는 강제로 테살로니카로 유배되었고, 이듬해 반란을 꾀한다는 명목으로 재판도 없이 사형을 당합니다. 이로써 콘스탄티누스는 로마 제국의 유일한 황제가 되었습니다.

이제 로마 제국의 정치, 경제, 문화 등의 중심지는 급격하게 제국의 동방으로 이동하게 됩니다. 콘스탄티누스는 대대적으로 소아시아의 비잔티움을 자신의 도시로 개조하고, 원로원 및 로마와 같은 공공건물을 지어 새로운 로마(Nova Roma)로 부르며 행정 수도 이전을 단행합니다. 그의 사후에 비잔티움은 '콘스탄티누스의 도시'라는 뜻의 '콘스탄티노폴리스'로 개명되었고, '콘스탄티노플'이라는 이름으로 불리게 되었습니다.

326년, 콘스탄티누스는 큰아들 크리스푸스를 그의 계모이자 자신의 두 번째 부인인 파우스타와 간통했다는 죄목을 씌워 처형합니다. 큰아들 크리스푸스는 앞서 리키니우스를 물리치는 데 혁혁한 공을 세우고, 이미 황제의 유력한 후계자로 자리를 굳히고 있었습니다. 아마도 크리스푸스의 인기가 올라가자 콘스탄티누스가 황위에 대한 위기의식을 느꼈거나, 실제로 크리스푸스가 모반의 조짐을 보였기 때문에 그를 처형한 것이라 추측됩니다. 정말 권력은 부자간에도 나눌 수 없는 것인가 보군요. 얼마 후 콘스탄티누스는 부인 파우스타도 목욕탕에서 질식사시켜 버립니다.

콘스탄티누스는 313년에 밀라노 칙령을 공포함으로써 기독교에 대한 관용을 선포합니다. 사실상 기독교를 공인한 것이지요. 이로써 기독교는 초대 교회사 250여 년 동안의 핍박과 순교라는 어두운 터널을 뚫고, 번영의 자유 시대를 열게 되었습니다. 그러나 기독교도들은 황제의 뜻대로 움직이지 않았습니다. 온 세상을 지배하게 된 황제였으나, 정작 기독교 교회에 대해서는 아무런 통제권도 없었기 때문입니다.

기독교 주교들은 황제가 주도하는 종교의례에는 관심도 없었습니다. 대신 그들은 '그리스도의 본성이 무엇인가'와 같은 종교 철학적인 논쟁을 벌이며 격론과 분열을 일삼게 됩니다. 그래서 325년, 콘스탄티누스는 소아시아의 북서부 도시인 니케아(오늘날 튀르키예의 이즈니크)에서 주교들을 모아 놓고 종교회의를 열었습니다. 이것이 그 유명한 제1차 니케아 공의회입니다. 그 회의에서 황제의 권위로, 브리타니아에서 메소포타미아에 이르는 광대한 로마 영토 전역에서 준수해야 하는 정통 교리, 즉 삼위일체론을 확립합니다. 그리고 아리우

지안프란체스코 펜니(Giannfrancesco Penni, 1488~1528), 〈콘스탄티누스의 세례
(Baptism of Constantine)〉, 1517~1524년, 프레스코화, 바티칸 박물관

스파는 이단으로 간주하게 되지요.

아리우스(Arius, 250~336년 추정)는 알렉산드리아 대주교 관구에서

활동하던 기독교 성직자였습니다. 사실 아리우스가 주장한 "신은 오직 하나"라는 말은 일견 타당했습니다. 신의 아들인 예수까지 신이라고 한다면, 유일신을 신봉하는 기독교에서 신이 둘이 되는 모순된 상황에 처하게 되는 것이니까요. 즉 아리우스의 주장은, 신인 성부(聖父)의 피조물인 신의 아들 예수는 성자(聖子)이므로, 신보다 낮은 존재라는 것이었습니다. 하지만 그들의 대척점에 선 아타나시우스(Athanasius, 295~373년)를 필두로 하는 동일 본질론자들은 "성부와 성자와 성령(聖靈)이 모두 동일하다"는 '삼위일체론(三位一體論)'을 주장했습니다. 그리고 니케아 공의회에서는 아타나시우스의 삼위일체론을 공식적으로 채택하게 된 것입니다. 이로써 콘스탄티누스는 제국의 단합이라는 목적을 달성함과 동시에 분열된 교회를 통합하여, 단일한 기독교 신자 공동체라는 이상을 실현할 수 있게 합니다. 이 때문에 동방정교회에서는 콘스탄티누스를 성인으로 추앙하게 되었고, 5월 21일을 축일로 지정해 그의 어

머니 헬레나와 함께 기리고 있답니다.

337년, 콘스탄티누스는 죽음을 맞이하게 됩니다. 그는 죽기 직전에 기독교 세례를 받았다고 하지요. 아마도 현세에 지은 죄를 씻고 구원을 받기 위해서가 아니었을까요. 그의 사후 황제의 지위는 파우스타가 낳은 세 아들인 콘스탄티누스 2세와 콘스탄티우스 2세 그리고 콘스탄스에게 이어집니다. 그러나 그의 사후 기독교계 내에서는 아리우스파와 도나투스파 등이 살아남아서 이후 몇 세기 동안 권력 투쟁을 벌이며 교회는 하나가 될 수 없었습니다.

앞서 〈밀비우스 다리 전투〉를 살펴보며 말씀드렸다시피, 로마 바티칸 박물관에는 라파엘로의 방이 있습니다. 라파엘로가 숨을 거두기 전까지 작업했던 곳으로, 시스티나 소성당의 미켈란젤로 작품과 함께 바티칸 박물관에서 인기가 많은 작품을 볼 수 있는 곳이지요. 라파엘로의 방은 총 4개의 전시실로 나뉘는데, 콘스탄티누스의 방, 헬리오도루스의 방, 서명의 방, 보르고 화재의 방입니다. 바티칸 박물관의 관람 동선을 따라 이동하다 보면, 처음 만나게 되는 전시실이 바로 콘스탄티누스의 방입니다. 방의 4면에는 콘스탄티누스 대제의 업적이나 일화가 그려져 있지요.

이 방에는 라파엘로가 밑그림을 그리고, 라파엘로의 제자이자 그의 공방에서 같이 일하던 지안프란체스코 펜니가 그린 〈콘스탄티누스의 세례〉라는 커다란 프레스코화가 있습니다. 이 그림은 바로 콘스탄티누스가 세례를 받는 장면을 그리고 있는데, 작품 중앙에 한쪽 무릎을 꿇고서 세례를 받는 인물이 콘스탄티누스이고, 콘스탄티누

〈콘스탄티누스의 세례(Baptism of Constantine)〉 부분도

스에게 성수를 부어주며 세례를 집전하는 인물이 당시 교황 실베스테르 1세입니다. 그런데 그림 속 교황의 얼굴은 작품을 그리던 당시의 교황인 클레멘스 7세의 모습이라고 하는군요.

작품의 배경이 된 곳은 라테라노 대성당의 세례당입니다. 실제로 이곳은 콘스탄티누스 대제가 막센티우스 대군과의 전투에서 승리한 후 황제로 추대된 장소이기도 합니다. 이 그림은 로마에 있는 라테라노 대성당 세례당의 팔각형 구조를 절반으로 나누어 표현한 기법과, 팔각 구조를 받치는 이오니아식 기둥이 잘 표현되었다고 평가받고 있습니다. 물론 콘스탄티누스가 실제로 이 그림처럼 세례받은 것은 아니며, 작가의 상상력에 바탕을 둔 작품이랍니다.

17

천하의 지존 로마 황제가 일개 성직자에게 무릎을 꿇은 이유는?
〈테오도시우스 황제를 회심시키는 성 암브로시우스〉, 피에르 쉬블레라스

337년, 콘스탄티누스 1세가 죽자 로마 제국은 세 지역으로 나뉘어 그의 세 아들이 통치하게 됩니다. 선왕의 명령에 따라, 큰아들 콘스탄티누스 2세는 갈리아, 브리타니아, 히스파니아 지역을, 둘째 아들 콘스탄티우스 2세는 트라키아, 마케도니아, 그리스, 아시아, 이집트를, 셋째 아들 콘스탄스는 이탈리아와 아프리카 지역을 통치하게 된 것이지요. 그런데 콘스탄티누스 2세와 콘스탄스는 성부와 성자가 하나라고 결정한 니케아 공의회의 결의를 지지했지만, 로마의 동방 지역을 통치하는 콘스탄티우스 2세는 성부와 성자가 별개라고 주장하는 아리우스파를 지지하였습니다. 그러던 340년, 콘스탄티누스 2세가 동생 콘스탄스의 이탈리아를 욕심내어 침범해 전쟁을 벌이다 전사하고, 이로써 제국은 서방의 콘스탄스와 동방의 콘스탄티우스 2세로 다시 양분됩니다.

350년에 이르러 2명의 장군이 황제를 자칭하며 반란을 일으킵니다. 한 명은 도나우강 지역 주둔군 사령관인 베트라니오로, 지금의 발칸 반도 지역인 일리리쿰을 지배하고 있었습니다. 다른 한 명은 게르만족 출신의 장군으로, 350년 콘스탄스를 살해하고 로마 제국 서방의 황제임을 주장한 마그넨티우스였지요. 콘스탄티우스는 베트라니오를 설득하여 제위를 포기하게 만들었지만, 마그넨티우스는 쉽게 해결하지 못했습니다. 그래서 사촌동생인 갈루스를 부제로 임명하여 동방을 다스리게 하고, 자신은 직접 군대를 이끌고 마그넨티우스와 일전을 벌입니다. 결국 351년, 무르사(오늘날 크로아티아의 오시예크)에서 마그넨티우스의 군대를 격파하고 그를 자결케 함으로써 반란을 진압하게 됩니다. 그리고 이번에는 부제인 갈루스도 반역죄의 명목으로 처형하고, 다시 또 다른 사촌동생인 율리아누스를 부제로 임명하지요.

콘스탄티우스 2세는 기독교의 아리우스파를 지지했던 사람으로, 이교도 박해법을 제정하고 기독교를 제외한 다른 그리스 로마 신전을 모두 파괴하기 시작했습니다. 또한 기독교 내에서도 아리우스파의 반대파들은 모두 추방하고 박해했습니다. 반 아리우스파의 지도자인 알렉산드리아의 대주교 아타나시우스도 죽이려 했지만, 끝내 뜻을 이루지는 못합니다.

아타나시우스는 4명의 황제에게 수많은 핍박 받으면서도, 초기

알렉산드리아 성당에 있는 아타나시우스 이콘화

기독교 서적을 많이 저술했습니다. 그는 '인간 역사 안에 사람으로 찾아오신 하나님의 성육신, 예수 그리스도'를 기독교의 진수라고 생각했지요. 그런 아타나시우스는 아리우스파 사람들에게 심한 공격을 받았지만, 알렉산드리아 교회는 아타나시우스를 끝까지 지지합니다. 결국 아타나시우스 사후 381년, 콘스탄티노플 공의회의 결정을 통해 기존의 성부와 성자에 더해 성령이 추가된 삼위일체설을 확실히 인정하면서, 논쟁은 종지부를 찍게 되었습니다. 그런 이유로 아타나시우스는 기독교 교회의 아버지가 되었답니다.

콘스탄티우스 2세가 죽고 율리아누스가 황제로 즉위합니다. 그러나 율리아누스 황제도 사산조 페르시아 제국과의 전투에서 전사하고, 율리아누스에게 후손이 없었던 탓에 유력한 장군 집안 출신인 요비아누스가 황제로 즉위합니다. 하지만 그 역시 1년 만에 전사하고 말지요. 그래서 364년, 원로원 의원들과 장군들은 니케아에 모여 다음 황제로 누구를 추대할 것인가를 놓고 회의를 열게 됩니다. 그때 그들이 유력한 후보를 제치고 선택한 사람은 다름 아닌 발렌티니아누스였습니다.

발렌티니아누스(Flavius Valentinianus, 재위 364년~375년)는 판노니아 속주 출신으로, 일개 병사에서 시작해 장군까지 오른 입지전적인 인물이었습니다. 황제로 즉위한 발렌티니아누스에게 로마 군단 병사들은 전임 황제들의 잇따른 요절에 따른 혼란을 방지하기 위해 공동 황제를 지명해 줄 것을 요구합니다. 그러자 발렌티니아누스는 친동생 발렌스를 동방 지역 황제로 임명하여, 공동 황제로 통치를 시작합니다. 발렌티니아누스는 치세 기간의 대부분을 라인강과 다뉴브강 유역의 변경 지대를 비롯한 국경 지방에서 보냈을 정도로 제국의 방어에 힘썼습니다. 그리고 내부에서 일어난 숱한 반란들도 그의 휘하에 있던 유능한 장군들이 진압하면서, 로마 제국은 안정을 되찾게 됩니다.

발렌티니아누스 황제는 플라비우스 테오도시우스 장군(황제 테오도시우스의 아버지)에게 브리타니아 원정을 맡기고, 테오도시우스는 성공적으로 원정을 마칩니다. 이후 발렌티니아누스 황제는 아들인 그라티아누스의 황위 계승권을 강화하기 위해, 368년 당시 9살이었던 아들을 공동 황제로 임명하지요. 375년, 발렌티니아누스는 판노니아(오늘날 헝가리)의 도나우강 건너편에 살던 콰디족의 사절을 만나는 자리에서 뇌졸중으로 갑자기 죽게 됩니다. 그러나 판노니아의 로마 군단은 발렌티니아누스 황제의 어린 아들이자 그라티아누스의 배다른 동생인 4살짜리 발렌티니아누스 2세를 공동 황제로 추대합니다. 그라티아누스는 이 배다른 동생을 공동 황제로 인정하고 함께 제국을 통치했습니다.

한편 로마의 동방 지역을 다스리던 공동 황제 발렌스가 378년 아드리아노폴리스 전투에서 고트족에게 패배하는 사건이 벌어집니다. 376년, 중앙아시아에서 유럽으로 이주하면서 새롭게 등장한 훈족의 침입으로 위협을 받은 고트족은, 동로마의 황제 발렌스에게 로마 제국 영토로 이주할 수 있도록 허락해 달라고 청원하였습니다. 발렌스는 고트족이 트라키아로 이주하는 것을 허락하지요. 그러나 트라키아의 총독 루키피누스는 황제의 명령을 거역하고, 도나우강을 건너온 고트족을 핍박하였습니다. 그 후 고트족의 살기 위한 저항이 이어졌고, 루키피누스 총독은 고트족을 진압하려다가 오히려 패배하고 맙니다.

고트족의 저항이 2년이나 계속되자, 발렌스 황제는 직접 근위대를 대동한 채 아드리아노폴리스까지 진군하여 고트족의 일부를 격퇴하고, 서로마 제국의 지원군을 기다립니다. 그러던 중 발렌스 황제는 적군이 1만 명에 불과하다는 잘못된 정보를 듣고, 서방의 지원군이 오지도 않은 상태에서 2만 명의 보병대와 1만 명의 기병대를 이끌고 선불리 출격하게 됩니다. 하지만 갑자기 출현한 고트족 중장 기병대의 포위망에 밀리기 시작하면서, 전체 병력의 2/3가 희생되는 대패를 겪게 되지요. 그리고 그 전투에서 발렌스 황제도 전사하고 맙니다.

패전 소식을 들은 로마인들은 큰 충격에 빠졌습니다. 물론 로마 역사상 규모로만 따지면 더 크게 패배한 적도 많았습니다. 하지만 일개 장군도 아닌 황제가 직접 지휘하는 제국의 주력군이, 기습도 아니고 정면으로 벌인 회전에서 참패를 당한 것입니다. 게다가 제대로 된 군대도 아니고 난민 집단에 가까운 고트족에게 참패했다는 소식은 로마인들에게 엄청난 충격일 수밖에 없었지요. 역사가들은 아드리아노폴리스 전투의 패배에서 서로마 제국의 붕괴가 시작되었다고 평가합니다.

발렌스 황제의 충격적인 전사 직후, 당시 서방 지역의 공동 황제인 그라티아누스가 히스파니아에서 칩거하고 있던 플라비우스 테오도시우스 장군의 아들 테오도시우스를 불러들여 발칸 반도를 맡깁니다. 테오도시우스는 고트족을 상대로 복수전을 벌여 대승을 거듭니다. 그는 아버지를 따라 브리타니아의 반란군 진압에도 참전한 적이 있었고, 모이시아에서 로마 군단의 군단장으로도 근무했던 유능한 장군이었습니다. 고트족과 치른 복수전에서 대승을 거두어 고무된 그라티아누스는 379년 테오도시우스(Flavius Theodosius, 재위 379년 ~395년)를 공동 황제로 선포하고, 다키아, 마케도니아 등의 속주를 포함한 제국의 동방 지역을 통치하도록 하였습니다.

테오도시우스 1세가 기세등등하던 고트족의 준동을 어느 정도 저지하는 데 성공할 무렵인 380년 2월, 두 황제는 테살로니카에서 만나 종교 문제를 논의합니다. 두 사람 모두 확고한 니케아파였기에, 아리우스파 등 이단을 단호히 정죄해 국론을 통합해야 한다고 의견의 일치를 봅니다. 그리하여 380년 2월 27일, 그라티아누스와 테오도시우스 1세, 그리고 이탈리아와 아프리카의 명목상 군주였던 발렌티니아누스 2세의 연명으로 테살로니카 칙령을 선포합니다. 삼위일체론이 확립된 니케아 신경(信經)을 수호하고, 이단을 정죄하겠다는 의지를 제국 전역에 공표한 것이지요. 이 테살로니카 칙령은 사실상 기독교를 로마의 국교로 인정한 것이나 마찬가지였습니다.

이듬해인 381년, 테오도시우스의 관할구역인 콘스탄티노플에서 공의회가 다시 열리게 됩니다. 당시 콘스탄티노플은 전통적으로 아리우스파가 다수를 차지하는 곳이었습니다. 그러나 니케아 신조(信條)를 지지하던 테오도시우스 황제가 공의회를 주도하면서, 아타나시우스의 주장에서 한층 더 나아간 삼위일체론을 더욱 확고히 하게 된 것입니다.

한편 로마 제국 서방의 공동 황제인 그라티아누스는 반란을 일으킨 마그누스 막시무스에게 패하여 383년에 죽음을 맞이합니다. 그리고 그라티아누스의 동생인 발렌티니아누스 2세도 밀라노의 궁정에서 쫓겨나지요. 그러자 동방 황제인 테오도시우스 1세도 하는 수 없이 막시무스를 일단 서방의 황제로 인정합니다. 그러다 388년에 드디어 막시무스를 제거하는 데 성공하지요. 392년, 발렌티니아누스 2세마저 의문의 죽임을 당하고, 갈리아의 섭정이던 아르보가스트가 유게니우스를 새로운 서방 황제로 추대합니다. 하지만 테오도시우스는 그를 인정하지 않았습니다. 그는 이교도에 대한 관용 정책을 내세운 유게니우스에 맞서 전쟁을 준비합니다. 그리고 이 전쟁은 단순히 왕권 전쟁이 아니라 종교적 전쟁이라고 내세우며, 반란자 유게니우스를 처단하기 위해 로마의 서방 지역으로 원정을 나섰습니다.

당시 테오도시우스의 토벌군에는 이미 로마화 된 고트족 병사들이 있었고, 그들의 지도자인 알라리크와 반달족 출신의 로마 군단장 스틸리코도 있었습니다. 테오도시우스 황제는 첫 전투에서는 패했으나, 전세가 호전되어 결국엔 승리를 거머쥡니다. 이로써 유게니우스는 처형되고, 테오도시우스는 로마 제국의 유일한 황제로 제국의 동방과 서방 모두를 다스리게 되었습니다. 테오도시우스 황제의 승리는 곧 로마 제국이 비기독교 신앙을 완전히 단절한다는 것을 의미했으며, 이후 로마 제국에는 비기독교적인 정책이 사라지게 됩니다.

390년, 그리스의 테살로니카에서 로마군 수비대장이 주민과의 사소한 말다툼 끝에 집단 폭행으로 살해되는 사건이 일어납니다. 당시 밀라노에 있던 테오도시우스는 그 소식을 듣고 격분하여 철저히 보복하도록 명령했습니다. 그러자 당시 밀라노의 주교이자 가장 영향력이 강했던 기독교 지도자 암브로시우스 주교는 테오도시우스의 명령에 반대하며 선처를 호소합니다. 하지만 테오도시우스는 이를 무시하고 그대로 명령을 밀어붙여, 군인들이 무차별적으로 7,000여

명의 테살로니카 주민들을 학살하기에 이릅니다.

분노한 암브로시우스는 그러한 보복 행위를 비난하며, 황제가 저지른 범죄의 중대함을 알리는 편지를 썼습니다. 그 편지에서 암브로시우스는, 황제가 참회의 필요성을 깨닫고 공식적인 참회 행위로 보속해야만 용서받을 수 있다고 주장했지요. 황제는 결국 자신의 명령이 잘못되었음을 시인하고는 황제의 의관을 벗고, 맨머리로 참회복을 입은 채 밀라노 대성당으로 가서 용서를 구해야 했습니다. 황제는 부활절에서 성탄절까지 성당 출입이 불허되었고, 성탄절이 되어서야 겨우 암브로시우스의 용서를 받고 성체 성사에 참여할 수 있었답니다.

암브로시우스는 항상 다음과 같은 원칙 아래서 행동했다고 합니다. "황제는 교회 안에 있다. 그는 교회 위에 있을 수 없다." 암브로시우스와 테오도시우스 황제의 이 일은 속세의 최고 권력자인 황제가 일개 교회의 성직자에게 굴복한 사건으로, 역사적으로 큰 의미를 지닙니다. 이는 기독교 내에서 교권과 속권이 처음 대립한 사건으로서, 이후 종교와 권력의 관계를 암시하는 것이 되었습니다. 그러한 추세는 갈수록 강화되어, 1077년에 카노사의 굴욕(신성 로마 제국의 하인리히 4세가 자신을 파문한 교황 그레고리오 7세를 만나기 위해 이탈리아 북부의 카노사성으로 가서 용서를 구한 사건)이 일어나는 계기가 되기도 하지요.

17세기 바로크 시대 플랑드르 화단의 거장 페테르 파울 루벤스는 바로 그 장면을 그리고 있습니다. 암브로시우스 주교가 강력하게 테오도시우스 황제의 밀라노 대성당 출입을 막는 모습입니다. 이후 테

페테르 파울 루벤스(Peter Paul Rubens, 1577~1640), 〈테오도시우스 황제의 입장을 가로막는 성 암브로시우스(Saint Ambrose forbids emperor Theodosius)〉, 1615~1616년, 오스트리아 미술사 박물관

오도시우스는 황제의 월계관도 벗고 낮은 자세로 와서 용서를 구하게 됩니다.

루벤스의 제자인 반 다이크가 그린 〈테오도시우스 황제의 성당

안토니 반 다이크(Anthony Van Dyke, 1599~1641), 〈테오도시우스 황제의 성당 출입을 막는 성 암브로시우스(St. Ambrose blocking the cathedral door, refusing Theodosius' admittance)〉, 1619년, 영국 내셔널 갤러리

출입을 막는 성 암브로시우스〉입니다. 루벤스의 작업실에서 조수로 일하며, 스승의 작품과 같은 주제로 그린 그림이지요. 루벤스의 그림과 비교해 보면, 반 다이크의 작품에서는 테오도시우스에게 수염이 없고, 건축학적 배경이 더 명확하며, 창칼들을 왼쪽에 추가하고, 그 밑으로 개를 추가했습니다. 이 그림은 밀라노 대성당의 대주교인 성 암브로시우스가 테살로니카 대학살에 대한 처벌로, 테오도시우스 황제와 그 수행원들의 출입을 금지하는 모습을 묘사하고 있습니다.

18세기 프랑스의 초기 신고전주의 화가인 피에르 쉬블레라스는 루벤스와 반 다이크와 달리, 테오도시우스 황제가 잘못을 뉘우치고 암브로시우스 대주교에게 용서를 구하는 장면을 그리고 있습니다. 당시 천하의 지존이던 로마 황제가 종교 지도자에게 무릎을 꿇는 장면을 표현함으로써, 이후 교황의 권위가 황제의 권위보다 앞서게 됨을 나타내는 상징적인 그림이 되었습니다.

암브로시우스(Ambrosius, 340~397년)는 갈리아 지방의 장관으로 재직했던 아우렐리우스의 아들로 태어났습니다. 그는 인문 교육을 잘 받아 수사학과 법학 외에 그리스어에도 능통했다고 합니다. 가문의 전통에 따라 그는 국가 관리가 되었고, 뛰어난 실력과 좋은 가문을 배경으로 출세도 빨리하게 되지요. 그리고 밀라노의 집정관이 되었습니다. 그가 집정관이 되었을 때 밀라노에는 아리우스파의 대표자인 아욱센티우스가 주교로 있었습니다. 아욱센티우스가 죽자, 후임자를 선출하는 과정에서 아리우스파와 정통 교리를 믿는 신자들 사이에 격렬한 대립이 발생하게 됩니다. 그러자 암브로시우스는 그 분

피에르 쉬블레라스(Pierre Hubert Subleyras, 1699~1749), 〈테오도시우스 황제를 회심시키는 성 암브로시우스(St Ambrose Converting Theodosius)〉, 1745년, 이탈리아 움브리아 국립미술관

쟁을 중재하면서, 성당에 모여 있던 신자들에게 평화적인 방법과 대화를 통해 화해를 추구하자고 연설하지요. 그러자 뜻밖에도 시민들은 절대적인 지지로 암브로시우스를 주교로 선출합니다. 그러나 당시 그는 정식 세례를 받지 않은 예비 신자였기에, 주교의 자격이 없었습니다. 그래서 다른 주교로부터 세례를 받은 뒤, 8일 후인 373년 12월 7일에 주교품을 받게 됩니다.

주교가 된 암브로시우스는 교회에 산적해 있던 문제를 해결해 나갑니다. 하지만 자신의 부족함을 고백하며 모든 재산을 가난한 이들을 위해 희사한 후, 수도자와 같이 청빈하고 극기하는 삶을 살았습니다. 그래서 그는 얼마 지나지 않아 설교자로 유명해졌고, 아리우스파에 반대하는 서방 교회에서 가장 영향력 있는 지도자가 되었습니다.

암브로시우스는 세속의 권위에 대항하여, 교회의 독립과 자주성을 옹호하던 행정가였습니다. 하지만 성서, 신학, 신비신학 등, 설교를 중심으로 설파한 그의 지식 또한 괄목할 만한 것이었지요. 특히 그는 설교를 통해, 이단에 심취해 있던 성 아우구스티누스를 바른 신앙으로 이끈 것으로도 유명합니다. 그의 저서로는 《신비에 대해서》,《성직자들의 직무론》,《동정녀》,《신앙론》 등이 있는데, 이로써 초대 기독교 교리를 확립하는 데 지대한 공을 세웁니다. 그래서 그는 성 아우구스티누스, 성 히에로니무스, 그레고리우스 1세 교황과 더불어 서방 교회의 초대 4대 교부 가운데 한 사람으로 추앙받고 있습니다.

통일 로마의 마지막 황제로 불리는 테오도시우스 황제의 가장 큰 업적은 기독교의 국교화입니다. 이는 수백 년 동안 박해받던 기독교가 드디어 서구 세계의 지배적인 종교가 될 수 있었던 사건이었습니다. 이후 아리우스파의 견해를 주장하는 사람들은 공식적인 자리에서 추방되고, 그들의 책은 금서가 되었습니다.

하지만 기독교의 국교화가 좋은 기능만 했던 것은 아닙니다. 그때 기독교의 또 다른 분파인 영지주의도 추방되었는데, 영지주의는 여성 사제를 인정하는 등 당시로서는 매우 진보적이고 파격적인 교리를 설파했습니다. 또한 기독교를 제외한 이교도 사원들이 모두 폐쇄되었습니다. 제국의 후원을 받은 기독교인들은 죗값과 징벌이라는 명분으로 이교도들에게 폭력과 살인을 자행했지요. 유대교 회당을 불사르고 신전들을 파괴했으며, 사제들은 자신이 믿는 신이 가짜라고 시인할 때까지 고문을 받았다고 합니다.

기독교인의 그러한 야만적인 행동은 로마 제국이 멸망한 뒤로도 지속되었습니다. 중세에는 종교재판소를 설치해 이단으로 간주된 사람들을 축출하거나 고문해 죽였습니다. 200년간 벌어진 역사상 가장 추악한 전쟁이라는 중세 십자군 전쟁도, 타 종교와의 공존을 거부하고 오로지 하나의 종교만 존재해야 한다는 비이성적 믿음에서 벌어진 일이었지요. 그처럼 로마의 기독교 국교화는 종교의 자유를 억압한 부작용을 낳기도 했답니다.

잠시 쉬어가기: 로마의 복식

고대 로마의 복장은 일반적으로 그리스와 에트루리아의 양식을 받아들여 발달했습니다. 로마인은 복식을 통해 자신의 계급과 재산 등을 과시함으로써, 사회적 위엄을 드러내고자 하였습니다. 기본 복장은 남성용 튜니카(tunica)와 여성용 달마티카(dalmatica)로 구성됩니다. 튜니카는 남성과 소년을 위한 옷으로 반소매나 민소매로 된 무릎길이의 옷이고, 달마티카는 여성과 소녀가 입는 긴 소매의 여성용 튜니카입니다. 그리스인의 복장과도 약간 비슷했는데, 공식 행사에서 성인 남자는 튜니카 위에 토가(toga)라는 기다란 천을 온몸에 둘렀습니다. 토가는 타원형으로 재단한 하얀색 모직 천 한 장으로 되어 있고, 계절에 따라 두께가 달랐습니다. 천의 길이는 입는 사람의 키에 따라 결정되었는데, 일반적으로 신장의 3배였다고 하지요. 황제는 보라색의 토가를 입었고, 원로원 의원은 주홍빛으로 토가를 장식했습니다. 결혼한 여성은 스톨라(stola)라는 긴 드레스 위에 팔라(palla)라는 모직 망토를 입었습니다. 물론 추운 날씨에는 방한용 외투도 입었지요.

우리와 같은 백의민족이었던 로마인의 기본 복장은 흰색으로, 옷감의 소재는 주로 리넨이었습니다. 제정 시절까지 고대 로마에서는 염색한 천이 대단히 비싸고 또 귀한 재료였답니다. 대부분의 도시 로마인들은 슬리퍼, 부츠 또는 샌

들 등 다양한 종류의 신발을 신었고, 시골에서는 일부 나막신을 신었다고 합니다.

로렌스 알마타데마의 제자인 영국 화가 윌리엄 고드워드는 스승의 영향을 받아서, 철저한 고증을 거쳐 고대 로마 시대의 아름다운 그림을 많이 남겼습니다. 그의 작품 〈옛날 옛적 이야기〉에서는 사랑의 대화를 나누는 로마 시대의 두 청춘 남녀를 그리고 있는데, 당시 서민 복장의 전형을 보여줍니다. 왼쪽에 서 있는 남자는 반 팔에 무릎길이의 튜니카를 입었고, 그 위에 망토를 걸치고 있습니다. 낮은 담에 걸터앉아 있는 여자는 스톨라라는 긴 드레스 위에 팔라라는 모직 망토를 입고 있군요.

존 윌리엄 고드워드(John William Godward, 1861~1922), 〈옛날 옛적 이야기(The Old Old Story)〉, 1903년, 개인 소장

18

로마 공격 보고를 접한 황제가 "우리 닭이 죽다니"라며 오열한 까닭은?
〈호노리우스 황제의 총애〉, 존 윌리엄 워터하우스

잠시나마 제국을 통일로 이끌었던 테오도시우스 1세. 그가 395년 죽음을 앞두고 제국을 양분하기로 중대한 결정을 내립니다. 지병인 수종으로 불과 48세의 나이로 급사하면서, 그는 동로마는 큰아들 아르카디우스에게, 서로마는 당시 10살에 불과했던 둘째 아들 호노리우스에게 물려줍니다.

19세기 말 프랑스의 역사화가 장 폴 로랑은 기울어져 가는 시기의 로마 황제였던 호노리우스를 그렸습니다. 그림을 보면 10살 소년 황제의 모습을 생생하게 묘사하고 있는데, 너무나 순박하게만 보여서 안쓰러울 정도입니다. 붉은색의 황제 의복에 황금 월계관을 갖추고 황제의 상징물에 손을 얹고 있지만, 전혀 황제로 보이지 않습니다. 키가 작아서 발이 땅에 닿지 않는 모습이, 당시 로마 제국이 처한

장 폴 로랑(Jean-Paul Laurens, 1838~1921), 〈호노리우스 황제(The Late Empire Honorius)〉, 1880년, 미국 크라이슬러 미술관

현실을 보여주는 것 같아 안타깝습니다.

통일 로마 제국의 마지막 황제인 테오도시우스는 임종 자리에서, 조카사위이자 반달족 출신의 대장군이던 스틸리코(Flavius Stilicho, 365~408년 추정)에게 자신의 두 아들 아르카디우스와 호노리우스를 지켜 달라고 유언합니다. 황제가 죽자, 스틸리코는 지체하지 않고 두 신임 황제에게 테오도시우스 1세가 남긴 유산들을 공정하게 배분하지요. 하지만 어린 호노리우스에게, 17세의 형 아르카디우스가 맡은 동방에 비해 경제가 낙후되었던 서방을 통치하기란 너무나도 벅찬 일이었습니다. 그는 통치 기간 내내 게르만족에게 끊임없이 침략을 당해야 했습니다. 즉위 직후부터 시작된 반달족, 알란족, 고트족 및 수에비족 등의 여러 게르만 민족의 잇따른 침략으로, 서로마 제국의 국방은 완전히 와해되어 버렸습니다.

테오도시우스 1세가 사망한 395년 말부터 고트족이 준동하기 시작합니다. 당시 제국의 동방 군대는 훈족과 사산조 페르시아의 침입에 대비하여 대부분 동방 국경에 배치되어 있었습니다. 사실상 동방 제국의 북부 국경선은 테오도시우스 1세가 게르만족과 맺은 조약이 순조로이 지켜지기만 바라는 운명에 놓여 있었던 셈이지요. 그러나 테오도시우스 1세가 사망하자, 드디어 로마를 침략할 기회가 왔다고 생각한 고트족은 조약을 무시하고 군대를 일으킵니다.

그때 고트족의 지도자로 추대된 사람이 서고트족의 명문인 발티 가문 출신의 알라리크(Alaric, 370~410년 추정)였습니다. 알라리크가 이끄는 고트족의 침입으로 순식간에 하드리아노폴리스까지 함락당하자, 동로마 제국의 아르카디우스 황제는 긴급히 스틸리코에게 자신의 군대를 되돌려 보내 줄 것을 명령합니다. 그러자 스틸리코는 휘하에 있던 동로마 제국군에 서로마 제국 군대 일부까지 합쳐 출격시킴으로써, 알라리크의 고트족을 물리칩니다. 하지만 동로마 제국의 실권자였던 루피누스의 흉계로 말미암아, 스틸리코는 동로마 제국군의 지휘권을 빼앗기게 됩니다. 결국 동로마 제국과 스틸리코의 불화로, 알라리크에게 제대로 대응하지 못하게 된 것이지요. 때마침 북아프리카에서 반란이 발생하지만, 스틸리코는 적절히 대처하여 반란군을 조기에 진압합니다. 하지만 스틸리코는 가뜩이나 부족한 병력을 제국의 사방천지로 분산시켜야 했습니다.

401년, 이탈리아 북부에 해당하는 라이티아 속주로 고트족의 대규모 침공이 다시 벌어집니다. 이때 스틸리코는 역시 직접 출격하여, 도나우강을 건너면서까지 동고트족을 추격해 격파하며 상당한 전과를 거두게 됩니다. 하지만 그것은 알라리크가 던진 낚싯밥이었습니다. 스틸리코가 동고트족을 쫓아가는 사이, 알라리크가 이끄는 서고트족은 빠른 속도로 이탈리아 반도로 쳐들어갔던 것이지요. 호노리우스가 머물고 있던 밀라노 황궁마저 함락되기 직전에 놓였습니다. 그러한 급보를 받은 스틸리코는 정예병을 이끌고 밀라노로 급히 돌아와, 피난길에 포위되어서 잡힐 뻔했던 호노리우스 황제를 구출하고 알라리크의 서고트족도 물리치게 됩니다. 당시 사람들은 스틸리코의 이 승리를 500년 전 같은 장소에서 킴브리족의 군대를 물리쳤던 마리우스(Gaius Marius, 기원전 157년~기원전 86년)의 승리에 견주었다고 합니다.

이후 스틸리코는 알라리크와 휴전조약을 체결한 뒤 그들을 돌려보냅니다. 하지만 스틸리코의 반대파들은 그가 알라리크를 체포하지 않은 이유가 둘이 내통하고 있기 때문이라며 모함합니다. 405년 말 다시 동고트족이 쳐들어오자, 스틸리코는 병력의 열세에도 불구하고 그들을 다시 물리친 후, 잡은 포로들은 노예시장에 파는 성과까지 올리게 됩니다.

고대에는 로마뿐 아니라 거의 모든 나라에 노예제도가 있었습니다. 특히 로마는 숱한 정복 전쟁을 통해서 수많은 노예들을 조달했습니다. 대농장 라티푼디움을 비롯한 여러 곳에서, 그 노예들에 의해 사회가 운영되고 있었답니다. 그러다 보니 제국 곳곳의 노예시장은 가장 활성화된 시장 가운데 하나였습니다.

고대의 그림과 오리엔탈리즘 장르를 전문으로 다룬 19세기 프랑스 화가 구스타프 블랑제의 〈노예시장〉은 바로 그러한 로마의 노예시장을 다룬 작품입니다. 화풍이 장 레옹 제롬의 스타일과 비슷한데, 실제로 블랑제와 제롬은 친구 사이였답니다.

그림은 어린이부터 청년까지, 다양한 연령대의 사람들 7명을 노예로 판매하는 모습을 보여줍니다. 남자 노예 2명과 여자 노예 3명은 외모가 유사한데, 경제적 어려움으로 어쩔 수 없이 노예 생활을 하게 된 한 가족의 구성원임을 암시합니다. 모두 노예로서의 '상품성'을 나타내는 표찰을 가슴에 달고 있습니다. 가장 어린 소년은 아예 알몸이고, 옆에 있는 청년은 만사를 포기한 듯 담담히 서 있습니

구스타프 블랑제(Gustave Boulanger, 1824~1888), 〈노예시장(The Slave Market)〉, 1886년, 개인 소장

다. 그 앞에 앉아 있는 젊은 여성은 치마만 입고 상반신은 노출한 채, 다리로 가슴을 가리며 보호하는 자세를 취하고 있네요. 서 있는 흑인 여성 역시 상반신을 드러낸 채 흰색 들보를 입고 손으로는 가슴을 가리고 있습니다. 다른 사람들과 달리 외국에서 들어온 '수입품'임을 보여주기 위해, 그녀의 발은 분필로 하얗게 칠해 놓았군요.

바로 옆에 서 있는 키가 더 큰 젊은 여성은 가슴과 음모가 선명

장 레옹 제롬(Jean-Léon Gérôme, 1824~1904), 〈로마의 노예시장(A Roman Slave Market), 1884년, 미국 월터스 미술관

하게 보이는 시스루 스타일의 옷을 입고 있습니다. 애써 눈을 가리고 있는데, 아마도 그녀의 잠재적 구매자에는 예전의 친구와 이웃이 포함되어 있기 때문인지도 모르겠습니다. 맨 오른쪽에 서 있는 사춘기 소녀 역시 상의는 벗은 채 맨발로 치마를 입은 모습입니다. 그들 옆에 웅크리고 있는 붉은 머리의 여성도 몸이 거의 드러나는 헐렁한 옷을 입고 있습니다. 경매인은 아주 태평한 태도로 점심을 먹고 있군요. 나무로 만든 단상과, 그늘을 위해 막대기에 묶어놓은 천이 을씨년스런 풍경을 강조합니다. 노예들이 기대어 있는 흰 대리석 담벼락에는 빨간색으로 '노예 상인 스토락스(STORAX SERVORUM MANGO)'라고 적혀 있습니다.

그러나 사실 고대 노예시장에 대한 그림의 대가라면 단연 장 레옹 제롬일 것입니다. 그는 고대 로마 제국의 영토였던 중동과 아프리카를 여행하면서, 고대 로마와 이슬람 사회의 노예시장을 많이 그렸습니다. 그의 〈로마의 노예시장〉에서 볼 수 있듯이, 젊고 아름다운 여성 노예는 구매자들에게 인기가 많았음을 알 수 있습니다. 그러나 선정적인 그림을 '고대 로마의 역사화'로 포장해서 너무 남발한 것이 아닌가 하는 의혹도 드는군요.

20세기 초 영국의 화가 찰스 바틀렛은 프랑스의 줄리앙 아카데미로 유학을 가서 3년 동안 미술 공부를 하였는데, 당시 그의 스승이 앞에서 소개한 구스타프 블랑제였습니다. 그래서 스승의 영향을 받아 찰스 바틀렛도 고대 로마와 오리엔탈리즘 그림을 많이 그렸답니다. 그가 그린 〈로마의 포로들〉은 (어느 시기인지는 알 수 없으나) 고대 로

찰스 바틀렛(Charles Bartlett, 1860~1940), 〈로마의 포로들(Captives in Rome)〉, 1888년, 개인 소장

마의 정복 전쟁에서 포로로 잡은 사람들을 그리고 있습니다.

그림을 보면, 한 인심 좋은 로마 병사가 벌거벗은 아이들에게 과일을 건네고 있습니다. 그런데 겁에 질린 아이들은 그 과일을 선뜻 받지 못하고 주저하는 모습이네요. 그 뒤로는 어른들이 로마 군인들에게 끌려가는 모습이 보입니다. 그들은 모두 노예시장에 끌려가 평생을 노예로 살아야 할 운명입니다.

거듭된 고트족의 침입으로 서로마 제국은 만신창이가 돼버렸습니다. 그래서 속주 통치는 사실상 유명무실해집니다. 한편 동로마 제국의 황제 아르카디우스가 세상을 떠나고, 어린 아들 테오도시우스 2세가 즉위합니다. 그러자 호노리우스는 동로마로 가서 다시 동서 로마를 통합하거나, 최소한 조카의 섭정이 되려고 하였습니다. 그러자 스틸리코는 황제가 나라를 비우고 제국을 떠나는 것에 반대합니다. 이로써 스틸리코와 황제의 관계에 금이 가고 말지요. 설상가상으로 호노리우스에게 시집보냈던 스틸리코의 장녀 마리아가 숨지면서 둘의 관계는 더욱 악화됩니다. 그러던 408년, 티키눔(오늘날의 파비아)에서 군사 쿠데타가 발생하여, 스틸리코를 따르던 군인들이 대거 살해되는 사태가 벌어집니다. 그러자 스틸리코를 지지하던 군대는 그를 황제로 추대하려고 하였습니다. 하지만 충신이었던 스틸리코는 이를 거부하고, 호노리우스 황제가 있는 라벤나에 자진 출두하여 스스로 처형당하는 길을 택합니다.

〈스틸리코, 반달족 출신의 로마 최고사령관〉이라는 작품을 그린 아메데 포레스티에는 프랑스 출신의 영국 화가로, 고대 미술을 전문으로 그렸습니다. 백발이지만 아직도 정정한 모습의 스틸리코 장군은 반역자의 길을 택할 수는 없다는 듯이 단호한 모습을 보여주고 있습니다. 이 모습은 그 뒤에 나오는 조제프 실베스트르의 그림 속 스틸리코의 조각상에서 차용해 그린 것입니다.

스틸리코의 죽음은 서로마 제국 멸망의 신호탄이었습니다. 스틸

아메데 포레스티에(Amédée Forestier, 1854~1930), 〈스틸리코, 반달족 출신의 로마 최고사령관(Stilicho, a Vandal, the Roman magister utriusque militia)〉, 1927년, 소장처 불명

리코 사후 로마군에 복무하고 있던 야만족 용병들이 로마군 손에 학살됩니다. 그러자 대다수의 스틸리코 휘하 병사들은 서로마 제국을 버리고 알라리크에게 투항하게 되지요. 그리고 스틸리코가 처형되고 한 달도 지나지 않아, 서고트족은 로마의 성벽을 공격합니다. 그러한 위기 앞에 호노리우스는 아무 대책도 내놓지 못한 채, 로마에서 멀리 떨어진 라벤나의 황궁에 틀어박혀 적들에게 로마를 떠나달라고 요청할 뿐이었습니다. 호노리우스의 그런 소극적인 태도로 인해 서고트족은 이탈리아 국내를 마음껏 유린했고, 410년에는 급기야 알라리크가 '로마 약탈'을 일으키게 됩니다.

409년에는 서쪽 최변방인 브리타니아에서 구원병을 요청합니다. 하지만 호노리우스는 군대가 없어서 도저히 파병할 수 없으니 알아서 대처하라는 통보까지 보내야 할 지경이 되었습니다. 이후 브리타니아 주둔군의 사령관 콘스탄티누스는 반란을 일으켜 콘스탄티누스 3세 황제라 칭하고, 휘하의 브리타니아 주둔군 전체를 데리고 도버 해협을 건너 갈리아 지역에 상륙합니다. 갈리아 총독은 제대로 맞서 보지도 않고 도망가 버리지요. 그래서 콘스탄티누스 3세는 빠르게 갈리아 지역을 장악하고, 히스파니아와 라인강 연안까지 세력을 확장합니다. 호노리우스 황제는 그들을 저지하기 위해 진압군을 보냈지만, 패배하고 수세에 몰리게 됩니다.

그러나 콘스탄티우스 장군에 의해 콘스탄티누스 3세의 반란군은 격파됩니다. 그 수훈으로 콘스탄티우스 장군은 호노리우스의 여동생과 결혼하며, 이후 콘스탄티우스 3세로 호노리우스와 공동 황제에 오릅니다. 그러나 그는 1년도 채 안 되어 병사하고 말지요. 이 사건으로 서로마 제국은 실질적으로 브리타니아 속주를 상실하게 됩니다. 그리고 브리타니아는 다시 야만의 상태로 돌아가, 바이킹족, 앵글족, 색슨족, 주트족 등 게르만족들에게 노략질의 대상이 되어 버립니다.

410년 로마 약탈(sack of Rome)은 서고트족의 왕 알라리크가 이끄는 자들이 벌인 일입니다. 프랑스 화가 실베스트르는 당시의 모습을 표현하고 있습니다. 그의 그림에서 서고트의 야만족 병사들이 밧줄로 무너트리려고 하는 것이 바로 스틸리코 장군 조각상입니다. 물론 당시 로마는 더 이상 서로마 제국의 수도가 아니었습니다. 286년에 메디올라눔(오늘날의 밀라노)으로, 그다음에는 402년에 라벤나로 수도가 이전된 상태였지요. 그럼에도 로마 시는 제국의 영원한 도시이자, 제국의 정신적 중심지였습니다. 로마가 외적에게 함락된 것은 거의 800년 만에 처음 있는 일이었습니다. 이 약탈 사건은 당시의 로마 제국 시민은 물론, 로마 제국의 우방과 적국 모두에게 커다란 충격을 안겼답니다.

고트족은 3세기부터 끊임없이 로마 영내를 침범했습니다. 그리고 395년 테오도시우스 황제의 사망 이후, 더욱 기승을 부리며 침략을 이어갔습니다. 그나마 스틸리코가 있을 때는 함부로 하지 못했으나, 스틸리코마저 사라진 로마는 그야말로 종이호랑이에 불과했습니다. 그러던 410년, 알라리크가 이끄는 서고트족은 로마를 점령하고 3일간 도시 약탈을 벌입니다. 그때, 과거의 많은 황제들이 묻혀 있는 아

조제프 노엘 실베스트르(Joseph Noël Sylvestre, 1847~1926), 〈410년
야만족에 의한 로마 약탈(The Sack of Rome by the barbarians in 410)〉,
1890년, 개인 소장

우구스투스와 하드리아누스의 영묘를 포함하여, 도시의 많은 위대한 건물들이 약탈됩니다. 또한 서고트족은 도시 전역에서도 물건들을 많이 약탈했는데, 옮길 수 있는 것이라면 거의 하나도 빠짐없이 철저하게 노략질해 갔다고 합니다. 그렇게 로마 시는 황폐화되었습니다.

또한 황제의 여동생인 갈라 플라키디아를 포함하여, 많은 로마인들이 포로로 잡힙니다. 일부 시민은 돈을 내고 풀려나기도 했지만, 대부분의 시민들은 노예로 팔려 갔으며 강간당하고 살해된 시민들도 많았습니다. 그리고 살아남은 사람들은 아프리카 지방과 이집트, 동부 지역으로 피난을 가는 바람에, 그 일대에는 로마에서 온 난민이 넘쳐났다고 합니다. 서고트족은 로마 시에서 멈추지 않고 남쪽으로 더 내려가, 카푸아를 비롯한 남부 지방의 도시들마저 유린합니다. 이 로마 약탈은 서로마 제국의 취약함과 군사적 약점을 드러내 보인 사건이었습니다. 로마를 영원한 도시이자 제국의 상징적 심장으로 여겼던 제국 동서의 모든 사람들에게 엄청나게 충격적인 일이었지요. 그래서 410년의 로마 약탈은 서로마 제국 멸망의 시발점으로 간주됩니다.

그처럼 나라가 초토화되어 풍전등화인 상태에서, 호노리우스 황제는 무능하기 그지없었습니다. 물론 너무 어린 나이에 황제로 즉위한 탓에 환관들에게 휘둘렸다고는 하지만, 성인이 되어서도 무대책이기는 마찬가지였습니다. 그나마 즉위 초부터 고명대신이자 장인인 스틸리코 장군이 옆에 있었기에 외적을 물리치고 나라를 통치할

존 윌리엄 워터하우스(John William Waterhouse, 1849~1917), 〈호노리우스 황제의 총애(The favourites of the Emperor Honorius)〉, 1883년, 오스트레일리아 남호주 미술관

수 있었지만, 408년에 그를 처형하고 난 후로는 정말로 아무런 대책이 없었습니다. 408년부터 410년까지 서고트족의 알라리크가 로마를 포위한 채 항복을 권유했는데도 자존심 때문에 굽히지 않다가, 결국 410년 로마 시가 유린당하는 치욕을 보아야 했습니다. 그때도 호노리우스는 황궁이 있던 라벤나에 숨어 있었는데, 여차하면 아드리아해를 건너 동로마로 도망치려고 했다는군요.

이후 알라리크가 병으로 어이없이 죽고 맙니다. 그러자 호노리우스는 로마 시 복구에 다소나마 힘을 쓰기도 했지만, 통치할 줄 모르는 건 매한가지였습니다. 결국 호노리우스는 하는 수 없이 휘하 장군이던 콘스탄티우스를 자신의 누이인 갈라 플라키디아와 결혼시키는 한편, 콘스탄티우스 3세로 임명하여 공동 황제 자리까지 맡깁니다. 그리고 그에게 통치와 전쟁 관련된 일을 모두 떠넘겨 버리지요. 그러나 콘스탄티우스 3세가 급사하자 호노리우스는 여동생인 갈라 플라키디아와 그 자식들을 죽이려 들었고, 경악한 갈라 플라키디아는 아들 발렌티니아누스 3세와 딸 유스타 그라타 호노리아를 데리고 동로마로 망명을 갑니다. 호노리우스는 그 후 2년도 지나지 않아 38세의 나이로 죽게 됩니다. 호노리우스의 취미는 닭을 기르는 것이었다고 합니다. 그리고 가장 사랑하는 닭에게 '로마'라는 이름을 붙였는데, 로마 시가 알라리크에게 공격당했다는 보고를 듣고는 "우리 닭이 죽다니"라며 오열했다는 일화가 전해집니다.

영국의 라파엘 전파 화가인 존 윌리엄 워터하우스가 그린 〈호노리우스 황제의 총애〉라는 그림은 바로 그 장면을 담고 있습니다. 나라의 운명이 풍전등화에 처했는데도 오직 닭과 비둘기만 쳐다보고 있는 황제의 모습에서, 로마의 운명이 예견되는 듯합니다.

잠시 쉬어가기: 로마의 식생활

초기 로마에서는 주로 건과일, 견과류 그리고 죽을 먹었습니다. 그러다가 기원전 2세기 포에니 전쟁에서 승리하며, 곡창지대인 시칠리아, 아프리카 등을 식민지로 편입합니다. 그때부터 대량의 곡물이 수입되면서, 로마인들은 빵을 먹기 시작했지요. 그리고 로마 제정 시대에 들어와서는 다양한 먹거리가 등장합니다. 특히 오늘날의 가판대와 같은 테르모폴리아(thermopolia)에서는 즉석에서 사 먹을 수 있는 간단한 음식인 패스트푸드도 팔았답니다.

로마인들이 주로 먹은 음식에는 소시지는 물론 소금에 절인 병아리콩 요리, 각종 향신료를 넣고 다진 고기를 구워 빵 위에 얹은 일종의 햄버거도 있었습니다. 그리고 풍부한 올리브유를 활용한 튀김 요리도 발달했는데, 특히 생선튀김을 많이 먹었답니다. 또한 동방에서 수입한 다양한 향신료와 생선으로 만든 젓갈인 가룸을 조미료로 사용해서, 풍성한 식탁을 만들었습니다.

로마 상류층에서 인기 있던 진미로는 우유에 끓인 돼지 젖가슴, 무화과로 살찌운 돼지 간이나 거위 간(푸아그라), 우유로 살찌운 식용 달팽이, 낙타 발굽, 닭 볏, 플라밍고의 혀, 공작새, 두루미, 잉꼬, 종달새 혀, 거북이, 철갑상어알, 성게, 해파리 등이 있습니다. 그러한 거리 음식의 발달은 로마 제국

의 역동성을 보여주는 것으로, 로마의 다채로운 식생활 문화
는 이후 다양한 서양 요리에 영향을 끼쳤습니다.

19

유럽을 공포에 떨게 한 훈족은 어째서 감쪽같이 역사에서 사라졌나?
〈아틸라의 죽음〉, 페렌츠 파츠카

플라비우스 아에티우스(Flalvius Aetius, 396년~454년)는 서로마 제국을 끝까지 버티게 해준 '최후의 로마인'으로 평가받는 장군입니다. 그는 로마의 유력 가문 출신의 귀족이었고, 로마 최고사령관을 지낸 아버지를 두어 유복하게 어린 시절을 보냈습니다. 하지만 그가 고작 9살일 때 운명을 바꾸는 사건이 벌어집니다. 405년 로마를 침략한 서고트족의 알라리크에게 볼모로 끌려가게 된 것이지요. 그리고 3년 후 로마 재침입을 앞두고, 알라리크는 후방의 위협이 될 수 있는 훈족에게 다시 그를 볼모로 넘깁니다.

그래서 아에티우스는 첫 결혼을 한 이후인 425년까지, 17년 동안을 훈족에 볼모로 붙잡혀 지내야 했습니다. 일생에서 불행한 시기일 수도 있었지만, 아에티우스는 좌절하지 않고 훈족의 고위 자제들과 교분을 두텁게 쌓아갑니다. 또한 훈족의 군사전략에 대해서도 자세히 체험하게 되지요. 그럼으로써 어려운 일이 생기면 언제든지 훈족에게 도움을 요청할 정도로, 훈족의 주요 인물들과 막역한 사이가 됩니다.

훈족(Huns)은 4세기 후반부터 5세기 후반까지 유럽 대륙에서 활약하던 아시아 출신의 기마 유목민족이었습니다. 그들은 원래 중앙아시아에서 살다가 흑해 연안과 동유럽 쪽으로 민족 이동을 하였습니다. 훈족을 중국 한나라 역사에 나오는 흉노족(匈奴族)으로 보기도 하지만, 정확한 연관관계는 알 수 없습니다. 하지만 최근 유전자 계통을 연구한 바에 따르면, 훈족은 흉노족과 이란계 유목민인 스키타이인과의 혼혈로 밝혀졌다고 하는군요. 중앙아시아에 있던 서흉노족이 서쪽으로 이동하며 스키타이인들과 혈연을 맺게 되면서, 새로운 종족인 훈족이 된 것으로 보입니다. 하지만 훈족이 문자를 사용하지 않았기에 자체의 기록은 없고, 오직 서양의 기록에만 의거하여 그 모습을 추정해 볼 따름입니다.

오늘날 헝가리 땅에 살고 있는 사람들을 훈족의 후예라고 오해하는 경우도 있습니다. 하지만 이는 사실이 아닙니다. 헝가리 사람들은 스스로를 마자르족(Magyar)이라고 하는데, 그들도 중앙아시아에 살던 유목민족이었지요. 마자르족은 896년 아르파드 족장 휘하의 7개 부족이 유럽으로 이동하면서, 지금의 헝가리 평원에 자리 잡게 되었습니다. 따라서 훈족과 마자르족의 출현은 시간상으로 약 400년의 차이가 나는 셈입니다.

하지만 유럽 사람들에게 사납고 야만적이던 훈족은 학을 뗄 만큼 무서운 이름이었습니다. 그래서 몇백 년 후에 같은 아시아계 유목민족이 다시 쳐들어오자 '훈족이 돌아왔다'라는 뜻의 '훈가리(Hungary)'라고 외치며 마자르족을 훈가리라고 불렀고, 이것이 오늘날 헝가리가 되었다고 합니다. 어찌 되었든, 훈족은 더 살기 좋은 땅을 찾아 서쪽인 유럽의 게르만족 영토로 들어갑니다. 훈족과 충돌하면서 게르만족은 다시 서쪽으로 밀려나게 되었지요. 그처럼 훈족의 이동은, 서로마 제국의 멸망을 기인한 게르만족의 대이동을 더욱 가속시키게 됩니다.

다시 로마 이야기로 돌아가 보겠습니다. 423년, 호노리우스 황제가 사망한 뒤 로마의 귀족들은 문서 담당관에 불과했던 요안네스를 황제로 추대합니다. 요안네스는 명문가 태생도 아니고 뛰어난 장군 출신도 아니었습니다. 당시 혼란한 상황에서 여러 귀족 세력들간의 타협 끝에 그를 황제에 옹립한 것이 아닌가 생각됩니다.

호노리우스는 이미 417년에 콘스탄티우스를 이복 여동생 갈라 플라키디아와 혼인시키고, 421년에는 공동 황제로까지 선임하여 콘스탄티우스 3세로 즉위시키며 후계 구도를 구상해 놓았습니다. 하지만 콘스탄티우스 3세가 돌연 병사하면서 상황이 꼬이게 됩니다. 호노리우스는 늘 심리상태가 불안정한 사람이었는데, 콘스탄티우스 3세가 죽자 여동생 갈라 플라키디아에게 사랑을 느끼고 공개 석상에서 그녀에게 키스를 하는 등 애정을 표현합니다. 갈라 플라키디아가 불쾌감을 표시하며 거부하자, 그는 못나게도 여동생을 핍박하지요. 신변의 위협을 느낀 플라키디아는 자식들을 데리고 동로마 제국으로 망명을 떠납니다. 그 직후 호노리우스가 급사하자 당장 제위를 이을 사람을 찾지 못하고, 요안네스를 꼭두각시 황제로 내세운 것이지요.

동로마 제국의 테오도시우스 2세 황제는 서로마의 황제가 겨우 하급 관리 출신이라는 소식을 좌시할 수 없었습니다. 그래서 갈라 플라키디아의 아들 발렌티니아누스를 부제로 임명하여 발렌티니아누스 3세로 임명하지요. 그리고 동로마 군은 서로마의 영토인 이탈리아로 쳐들어갑니다. 그러자 요안네스는 훈족과 친한 아에티우스를 훈족에 보내어 원군을 요청하도록 합니다. 그러는 사이 동로마군은 황궁이 있는 라벤나를 함락하고, 요안네스를 처형합니다. 그리고 6살의 어린아이인 발렌티니아누스 3세가 새 황제로 즉위하게 되지요. 하지만 플라비우스 아에티우스가 휘하 병력과 훈족 용병들을 이끌고 이탈리아로 돌아와 무력시위를 벌입니다. 섭정인 갈라 플라키디아는 아에티우스와 타협하기 위해, 그를 최고사령관에 임명하면서 사건을 일단락 짓습니다. 아에티우스는 훈족 용병들을 돌려보내고, 자신은 갈리아 지역에 주둔합니다. 그는 서로마군 최고사령관으로서, 수년에 걸쳐 갈리아족과 게르만족의 침략에 맞서 혁혁한 전공을 세우게 됩니다.

한편 당시 북아프리카는 보니파키우스가 통치하고 있었습니다. 그는 국가정책 문제로 경쟁자였던 아에티우스와 자주 부딪쳤습니다. 또 섭정인 갈라 플라키디아는 아에티우스보다 보니파키우스를 더 신임했지요. 그래서 아에티우스는 모략을 꾀하여 보니파키우스를 축출하고자 합니다. 그 결과 보니파키우스를 의심하게 된 갈라 플라키디아는 그를 반역죄로 처벌하려고 하였습니다. 생명의 위협을 느낀 보니파키우스는 게르만족의 일족인 반달족에게 지원병을 요청하였고, 반달족은 이를 핑계 삼아 자신들이 살던 이베리아 반도를 떠나 북아프리카로 대대적인 침공을 벌입니다.

그러는 사이 갈라 플라키디아와 보니파키우스는 오해가 풀려 화해하게 되었으나, 반달족의 침략으로 아프리카에서 쫓겨납니다. 그래서 카르타고 멸망 이후 500여 년간 지배해 왔던 아프리카는, 로마의 손을 떠나 반달족에게 점령당해 반달 왕국이 건립되기에 이릅니다. 하지만 그 후 반달 왕국은 533년 동로마 제국의 장군 벨리사리우스에게 멸망하면서, 흔적도 없이 사라지고 말지요. 원래부터 서로마 황실과 사이가 좋지 않았던 아에티우스는 이번 사태의 원인까지 제공한 꼴이 되었지만, 실질적으로 갈리아를 통치하는 그의 군사력이 두려워 황실은 그를 처벌하지 못합니다. 대신 보니파키우스를 서로마 전체 최고사령관에 임명하며, 아에티우스에 대한 견제와 노골적인 반감을 표시합니다.

그러자 아에티우스는 그의 군대를 이끌고 이탈리아로 먼저 쳐들어갔습니다. 보니파키우스도 그에 맞서 군대를 이끌고 나와, 둘은 432년 라벤나 근처 도시인 리미니에서 격돌하게 됩니다. 이 리미니 전투에서 보니파키우스가 일단 승리하였으나, 아에티우스가 두 수장 간의 결투를 제안합니다. 그 결투에서 보니파키우스는 상처를 입고, 결국 닷새 후에 사망하게 되지요.

그런데 보니파키우스가 죽기 전, 리미니 전투에서 패배한 아에티우스는 갈리아로 달아납니다. 하지만 그곳에서의 입지도 불안해지자 훈족에게 망명하게 됩니다. 그러던 중에 아에티우스는 보니파키우스가 죽었다는 소식을 듣게 되지요. 그러자 곧장 훈족의 군대를 이끌고 라벤나로 진군하여 황실을 위협합니다. 그리고 보니파키우스의 미망인인 펠라지아와 결혼하고, 다시 서로마 군대의 최고사령관이 되어 갈라 플라키디아를 끌어내린 후 서로마 제국의 최고 실권자가 됩니다.

그 후로 아에티우스는 20년간 실질적으로 서로마를 통치했습니다. 우선 그는 갈리아 지역을 다시 평정하고, 갈리아에 살고 있던 게르만족도 복속시킵니다. 그런 후 게르만족들도 두려워하는 훈족을 우군으로 삼고 북아프리카의 반달족과도 강화를 체결하여, 오랜만에 로마의 평화를 되찾습니다. 당시 훈족은 몇 세대에 걸쳐 조금씩 서진해 로마 국경 앞까지 진출하여, 판노니아와 일리리아 지역을 차지하고 '훈 제국'을 선포한 상태였습니다.

19세기 헝가리의 사실주의 화가 모르 탄이 그린 〈아틸라의 연회〉라는 그림은, 당시 훈 제국을 건국하며 유럽을 공포의 도가니로 몰아넣었던 아틸라 황제가 부하들과 연회에 참석한 장면을 그리고 있습니다. 헝가리 수도 부다페스트에 있는 헝가리 국립미술관에 전시된 이 그림은 헝가리 사람들에게 민족적 자긍심을 주는 작품입니다. 물론 현대의 헝가리 사람과 훈족은 직접적인 연관관계가 없습니다.

모르 탄(Mor Than, 1828~1899), 〈아틸라의 연회(The Feast of Attila)〉, 1870년,
헝가리 국립미술관

하지만 같은 헝가리 평원에 위치한 나라여서, 헝가리 사람들은 대부
분 아틸라를 자신들의 영웅으로 생각하고 있답니다.

훈족의 위대한 지도자 아틸라와 함께 훈족은 역사에 본격적으
로 등장합니다. 아틸라는 즉위 초기에 근방의 게르만족을 공격하는
데 집중했습니다. 그러나 동로마 제국이 서로마 제국의 아프리카 탈
환 작전을 지원하기 위해 대규모 군대를 파견하자, 그 기회를 놓치
지 않고 440년 동로마 제국을 침공합니다. 당시 동로마 제국의 황제

테오도시우스 2세는 형세의 불리함을 깨닫고 훈족에게 조공을 바치기로 협상하지만, 아틸라는 사소한 트집을 잡아 협정을 파기해 버립니다. 그러고는 침략을 거듭하여, 442년까지 발칸 반도 북부의 여러 도시들이 훈족의 능숙한 공성전 전략에 속수무책으로 함락되고 말지요. 그래서 동로마 제국 정부는 442년, 매년 조공으로 황금 1,400파운드를 지급하는 조건으로, 굴욕적인 평화조약을 맺습니다. 그러나 이듬해부터 동로마가 조공을 중단하자, 결국 아틸라의 훈족은 다시 동로마로 쳐들어갑니다. 아틸라는 2차 침공에서도 압승을 거두었고, 트라키아와 수도 콘스탄티노플을 제외한 발칸 반도 대부분 지역에서 잔인한 약탈을 자행했습니다. 결국 궁지에 몰린 동로마 황제는 이전까지 지급하기를 거부했던 조공을 포함하여 막대한 액수의 보상금을 지불하기로 약속하고, 간신히 휴전을 하게 됩니다.

스페인 화가 울피아노 체카가 그린 〈아틸라, 신의 재앙〉에서는, 당시 로마를 마음껏 유린하는 천하무적 훈족 병사들의 모습을 생동감 있게 표현하고 있습니다. 특히 훈족 기병들의 마술 실력은 비교가 안 될 만큼 압도적이어서, 로마에는 공포의 대상이었습니다.

동로마 제국에서 가져갈 수 있는 것이라면 모두 약탈한 아틸라는 이번에는 서로마 제국으로 방향을 돌립니다. 그런데 그때 서로마 황제 발렌티니아누스 3세의 여동생 호노리아 공주의 구혼 편지 사건이 터집니다. 갈라 플라키디아의 딸이기도 한 호노리아는 시종장 에우게니우스를 유혹하여 임신까지 했다가 들통이 났습니다. 그러자 서로마 황실은 즉각 호노리아를 동로마 제국의 수도 콘스탄티노

울피아노 체카(Ulpiano Checa, 1860~1916), 〈아틸라, 신의 재앙(Attila, the Scourge of God)〉, 1887년, 개인 소장

풀로 보냅니다. 그녀는 동로마의 수녀원에서 10년 이상 금욕적인 엄격한 생활을 해야 했지요. 그러던 중에 호노리아는 동로마의 원로원 의원과 자신의 결혼이 예정되어 있다는 소식을 접하게 됩니다. 그러자 따분할 것이 뻔한 그 결혼을 피하기 위해, 그녀는 훈족의 아틸라에게 구원을 청하기로 하지요. 그래서 충실한 환관을 통해서, 아틸라에게 몰래 편지를 보내 자신과 결혼해 달라고 요청합니다. 더불어 애정의 증표로 자신의 반지까지 보냈습니다.

아틸라는 그것을 서로마 제국의 정식 청혼으로 받아들이며, 호노리아가 자신의 신부라고 주장했습니다. 그러면서 발렌티니아누스 3

세에게 사신을 보내, 서로마 제국 절반을 지참금으로 넘겨줄 것을 요구합니다. 그처럼 경악스러운 소식을 접한 황제는 여동생을 죽이려 했지요. 하지만 어머니의 만류로 일단 참고, 아틸라에게 거절 의사를 통보합니다. 그러자 아틸라는 자신의 아내인 호노리아를 구한다는 명분을 내세워, 갈리아로 전격적으로 쳐들어갑니다. 451년, 누구보다도 훈족과 긴밀한 관계를 유지하고 있던 아에티우스는 결국 아틸라와 결전을 벌이게 되었습니다.

그것이 오늘날 상파뉴 지방 근처에서 벌어진 '카탈라우눔 평원 전투'입니다. 아에티우스의 서로마군과 서고트족의 테오도리크를 주축으로 하는 반 아틸라 연합군 20만 명이, 동고트족 보병 10만 명과 훈족 기병 10만 명을 합친 아틸라 연합군 20만 명에 대항해 처절하고 격렬한 전투를 벌였습니다. 하루 전투에 양측 모두를 합쳐 16만 명이 전사한 접전이었습니다. 그러자 아틸라는 일단 군대를 철수합니다. 여기서 아에티우스가 승리를 거둔 것처럼 보일 수도 있습니다. 그래서 서양의 역사가들은 로마가 아틸라를 상대로 한 전투에서 거둔 최초의 승리라고 말하기도 합니다. 하지만 그것은 무승부라고 보아야 할 것입니다. 왜냐하면 훈족의 기병대는 전진과 후퇴를 자유자재로 해서, 일단 막히면 철수하여 공략할 만한 다른 곳을 찾는 성향이 있었기 때문이지요.

이듬해인 452년, 아틸라는 훈족 기병 10만을 다시 인솔하고 방어가 약한 서로마 제국 본토인 이탈리아 반도로 진군했습니다. 서로마 황제는 아에티우스에게 긴급 방어 출동을 요청했지만, 아에티우스는 출병하지 못합니다. 1년 전 카탈라우눔에서 입은 전력 손실을 회복하지 못한 상태에서, 출정하더라도 참패할 것이 명백했기 때문입니다. 아틸라의 훈족 기병 부대는 첫 방어선인 아퀼레이아에서만 약간의 저항을 받았을 뿐, 나머지 도시들은 거의 무혈입성하였습니다.

훈족이 베로나와 밀라노를 점령한 후, 로마를 향해 남진하고 있을 때였습니다. 서로마 황제의 요청을 받은 바티칸 교황 레오 1세가 평화 교섭을 하기 위해 아틸라를 찾아옵니다. 어려운 협상 끝에, 레오 1세 교황과 아틸라 사이에 협약이 성사되지요. 그러자 아틸라는 부하들의 항의에도 불구하고, 진군을 중지하고 군대를 철수하기 시작했습니다.

레오 1세와 아틸라 사이의 협약 내용은 비밀에 묻혀 있어서, 그 사정은 알 수 없습니다. 다만 레오 1세가 로마의 도시를 파괴하지 말아 달라고 요청해서 아틸라가 수용했다는 것과 아틸라의 다음 원정 행선지가 사산조 페르시아 왕국이라고 말함으로써, 서로마에 평화가 왔음을 알렸을 뿐입니다. 아마도 레오 1세와의 비밀 협약은 서로마 제국의 무조건 항복을 담은 내용이었을 것입니다. 그러나 역사학자들의 연구에 따르면, 다가오는 겨울을 앞두고 식량 부족이 우려되었기 때문에 아틸라가 그처럼 갑자기 철수한 것이라고 합니다. 즉 필요한 식량과 많은 금은보화를 두둑이 챙긴 훈족으로서는 더 이상 로마에 미련이 없어 자기들의 본거지로 철수했다는 것이지요.

로마 바티칸 성당의 라파엘로의 방에 가면 라파엘로가 그린 〈교황 레오 1세와 아틸라의 협상〉이라는 프레스코화를 보실 수 있는데,

라파엘로(Raffaello Sanzio, 1483~1520), 〈교황 레오 1세와 아틸라의 협상(The Meeting between Leo the Great and Attila)〉, 1513~1514년, 프레스코화, 바티칸 박물관

바로 그 협상 장면을 그리고 있습니다. 왼쪽의 교황 레오 1세가 무적 아틸라의 훈족 앞에 당당히 서서 철수하라고 요구하고 있습니다. 교황의 머리 위에 떠 있는 사람들은 사도 베드로와 바울입니다. 사도 베드로와 바울의 안내에 따라, 즉 하느님의 뜻에 의해 아틸라의 잔학무도한 행위를 멈추게 했다는 의미를 담고 있는 것이지요. 그림의 왼쪽 절반은 주로 라파엘로가 그렸지만, 나머지는 대부분 그의 제자들이 그렸다고 하는군요. 평화로운 움직임을 보이는 왼쪽과 공격적인 움직임을 증폭시키는 어두운 오른쪽의 대조를 통해, 신의 능력을

드러내는 예술적 기교가 엿보입니다.

아틸라는 오늘날 헝가리인 판노니아에 있는 자신의 궁전으로 귀환합니다. 그리고 게르만족 제후의 딸 일디코와 결혼식을 올리지요. 그런데 결혼 피로연에서 술에 취해 침실에 들었다가, 이튿날 아침 피가 흥건한 가운데 시체로 발견됩니다. 신부는 영문도 모른 채 울고 있었다는군요. 아틸라의 죽음은 아직도 미스터리로 남아 있습니다. 독살, 복상사, 타살 등 각종 설과 추측이 난무하지만, 아직도 그 원인이 밝혀지지 않고 있습니다.

아틸라의 죽음은 참으로 허망했습니다. 하지만 아틸라는 당시 동서 로마의 어느 황제보다도, 수많은 민족과 부족의 어느 족장보다도, 잔인하거나 포악하지 않고 오히려 가장 신사적이었다고 합니다. 그는 누구도 암살하지 않았으며, 배신자가 아니라면 아무도 처형하지 않았습니다. 살해와 약탈에 관한 내용은, 게르만족 족장들이 자행한 것을 아틸라에게 전가해 기록한 것들이 대부분이었습니다. 아틸라 사망 후 훈 제국은 아들들이 승계했습니다. 그러나 아들들이 서로 싸우며 내분을 겪다 제국을 지켜낼 능력이 부족해, 469년 멸망해 버리고 말지요. 그렇게 감쪽같이 훈족은 사라지며, 역사의 미스터리로 남게 됩니다.

아틸라의 훈 제국은 겨우 100년가량의 짧은 기간에 역사에서 화려하게 등장했다가 사라졌지만, 그들이 남긴 영향은 매우 크답니다. 먼저 훈족으로 인해 유럽에서 게르만족의 대이동이 일어나, 전체 유럽의 정치 지형이 완전히 개편되었습니다. 훈 제국 이후로 유럽의

페렌츠 파츠카(Ferenc Paczka, 1856~1925), 〈아틸라의 죽음(The Death of Atti-
la)〉, 연도 미상, 개인 소장

각 민족이 이동해 일군 정착지가, 오늘날 각 민족과 국가의 위치로
거의 굳어지게 된 것이지요. 훈족의 등장은, 로마 패권 하의 평화 체
제가 붕괴하여 결국 고대 사회 체제가 해체되고 중세 사회 체제로
들어가는 시발점이 되었습니다. 더불어 아시아의 다른 기마민족인
아바르(Avars), 불가르(Bulgars), 마자르, 튀르크(Turks) 족들이 유럽으로

진출하는 길을 활짝 열어 주게 되었습니다.

또한 훈족은 군사 조직상 기병 부대의 편제와 전술, 기마 용구를 유럽에 전하게 되어 전쟁사적으로도 엄청난 영향을 끼쳤습니다. 그 중에서도 훈족이 사용한 말등자는 매우 획기적인 것이었지요. 등자를 사용함으로써 발은 고정한 채 양손을 자유롭게 쓸 수 있게 되자, 빠른 속도로 말을 달리면서도 활을 쏠 수 있었습니다. 그처럼 날쌔면서도 강력한 병사들에게 적군은 속절없이 당할 수밖에 없었답니다. 이후 유럽에서의 전쟁은 보병 위주에서 기병 위주의 전략으로 혁신적으로 바뀌게 됩니다.

프랑스의 낭만주의 화가 외젠 들라크루아도 아틸라를 그렸습니다. 그는 〈병든 말을 타는 아틸라〉를 통해, 아틸라가 용감하게 적진에서 싸우다 부상당한 말을 버리지 않고, 끝까지 자신의 애마와 함께 하는 모습을 그리고 있습니다.

아틸라의 용맹한 이야기는 영화로도 몇 번 제작되었답니다. 그 가운데 1954년 앤서니 퀸과 소피아 로렌 주연의 〈침략자(Attila)〉가 유명합니다. 이 영화에서 앤서니 퀸은 아틸라 역할을, 소피아 로렌은 호노리아 공주를 맡아 열연했습니다.

한편 훈족이 물러간 뒤 서로마에서는 453년, 아에티우스의 아들과 황제의 딸 사이에 결혼 이야기가 오갔습니다. 그런데 그 혼담이 발렌티니아누스 3세 황제의 권력 콤플렉스를 자극하게 됩니다. 발렌티니아누스는 아에티우스가 결혼을 빙자해, 아들을 제위에 올리려한다고 의심했습니다. 그래서 국방비 문제로 황제를 대면하러 온 아

외젠 들라크루아(Eugène Delacroix, 1798~1863), 〈병든 말을 타는 아틸라(Attila riding a pale horse)〉, 1847년, 프랑스 부르봉 궁전

에티우스를 직접 칼을 휘둘러 죽여 버립니다. 백전노장이었던 아에티우스는 비무장 상태로 방심하고 있다가, 저항 한번 해보지 못하고 비명에 가게 된 것이지요. 하지만 발렌티니아누스 3세도 6개월 뒤에, 원로원 의원인 페트로니우스 막시무스에게 암살되고 맙니다.

아에티우스에 대한 역사의 평가는 대체로 호의적입니다. 그로 인해 서로마 제국의 멸망이 최소한 몇십 년은 연기되었기 때문이지요. 또 어찌 됐든 아에티우스는 훈족을 물리쳐, 그들이 역사에서 사라지는 데 단초를 제공한 사람이기도 합니다. 하지만 그처럼 마지막 로마인인 아에티우스가 사라지면서, 서로마의 최후는 점점 가까워지고 있었습니다.

잠시 쉬어가기: 반달리즘

반달리즘(vandalism)이란 문화재나 문화적 예술품, 종교 시설 등의 재산을 파괴, 훼손, 낙서하는 행위를 뜻하는 말로, 문화적 훼손 행위라고도 합니다. 반달리즘은 5세기 초 반달족의 활동에서 유래합니다. 게르만족의 일파인 반달족은 서기 429년부터 534년에 걸쳐 훈족을 피해 서쪽으로 이동하면서 갈리아의 일부를 침입해 국토를 황폐하게 만들었고, 455년에는 로마를 침입하여 약탈하고 로마인 지주들에게서 땅을 빼앗았습니다. 아리우스파 그리스도교를 열성적으로 믿은 반달족은 한동안 아프리카의 기독교 교회를 심하게 박해하기도 했답니다.

하지만 '문화유적 파괴'에 반달족의 이름을 붙이는 것은 다소 부당한 측면이 있습니다. 반달족의 문화재 약탈은 기타 수많은 이민족의 침공이나 전쟁에서 벌어졌던 문화재 파괴에 비해, 그리 심한 편이 아니었다고 합니다. 그런데 프랑스 혁명 당시 혁명 세력이 교회를 때려 부수는 모습을 반달족에 비유하면서, 반달리즘이라는 말이 사용되기 시작했다는군요.

20

천년 제국의 멸망, 그 후에 남은 것은

〈제국의 붕괴〉, 토머스 콜

19세기 영국 출신의 미국 화가 토머스 콜은 1833년부터 1836년 사이에, 로마 제국의 흥망성쇠를 담은 5부작 시리즈 〈제국의 길〉을 그렸습니다. 로마 제국의 탄생부터 멸망까지 다룬 작품들로, 〈야만인 국가〉, 〈목가적 국가〉, 〈제국의 완성〉, 〈제국의 붕괴〉 그리고 〈제국의 황폐〉가 그것입니다. 모두 100cm x 161cm의 크기로 그렸지만, 세 번째인 〈제국의 완성〉만 130cm x 193cm의 크기로 그렸습니다. 5점의 그림은 모두 현재 미국의 뉴욕 역사 협회에 소장되어 있습니다.

그중 네 번째인 〈제국의 붕괴〉는 가장 스펙터클한 그림으로, 멀리서 폭풍우가 몰려오는 가운데 로마가 야만족에게 약탈당하고 파괴되는 장면을 그리고 있습니다. 전경에는 로마의 영웅으로 보이는 거

토머스 콜(Thomas Cole, 1801~1848), 〈제국의 붕괴-제국의 길(Destruction from The Course of Empire)〉, 1836년, 미국 뉴욕 역사 협회

대한 조각상이 있는데, 머리가 없는 채여서 운명이 다한 로마의 모습을 대변하는 듯합니다. 그 아래로, 야만족 병사들에게 붙잡히는 로마 시민들의 모습이 애처롭습니다.

발렌티니아누스 3세를 암살하고 제위에 오른 페트로니우스 막시무스(Petronius Maximus, 재위 455년)도 재위 3달 만에 반달족의 왕 가이세리크가 로마를 침공하자, 로마에서 탈출하기 위해 도망가던 중 성난 로마 시민들에게 붙잡혀 살해당하고 맙니다. 발렌티니아누스 3세는 살아 있을 때, 그의 충직한 부하이자 원로원 의원이었던 페트로니우스 막시무스의 정숙하고 아름다운 아내인 루시나에게 연정을 품고 그녀에게 접근했다고 합니다. 하지만 루시나가 번번이 거절하자, 발렌티니아누스 3세는 그녀를 차지하기 위한 계략을 꾸미게 됩니다.

어느 날 막시무스는 발렌티니아누스 3세와 내기를 했다가 지자, 빚을 갚기 위해 자신의 반지를 내놓습니다. 그러자 발렌티니아누스 3세는 그 반지로 인장을 찍어 루시나에게 소환장을 보냅니다. 인장을 본 루시나는 남편이 부른 줄 알고 황궁으로 향했지요. 하지만 황궁에 도착한 그녀는 황제에게 그만 강간당하고 맙니다. 그러자 루시나는 남편이 자신을 배신했다고 여기며 페트로니우스를 저주했고, 이에 분노한 페트로니우스는 황제를 암살하기로 결심하게 됩니다. 그리고 부하들을 시켜, 들판에서 운동선수들의 연습을 구경하고 있던 황제를 죽여 버린 것입니다.

그런 페트로니우스도 로마 시민들에게 비참하게 살해되고, 곧이어 가이세리크의 반달족이 로마로 쳐들어옵니다. 로마에 도착한 반달족의 왕 가이세리크는 교황 레오 1세의 요청에 따라 2주간 로마를 엄청나게 약탈하면서도, 건물에 불을 지르거나 사람들을 살해하는 일은 자제했습니다. 대신 에우독시아 황후와 두 딸을 비롯한 많은 백성들을 포로로 잡아 북아프리카로 돌아갔지요. 에우독시아 황후는 가이세리크의 왕궁에서 7년을 지내다가, 동로마 제국의 콘스탄티노플로 돌아와 불운한 생을 마감합니다.

페트로니우스가 죽은 후, 그의 휘하 장군이었던 아비투스(Avitus, 재위 455년~456년)가 고트족의 왕이었던 테오도릭 2세의 지명을 받아 황제로 즉위합니다. 하지만 그는 무역과 식량 수송로를 반달족에게 맡기고, 근위대에 야만족들을 대거 충원하는 등 반 로마적인 시책들을 펼치면서 로마 시민들의 엄청난 반감을 사게 됩니다. 결국 그도 부하 군인들에게 살해되고 말지요.

그 후, 당시 유능한 장군이었던 마요리아누스(Majorianus, 재위 457년 ~461년)가 게르만족을 무찌르는 전과를 올린 후, 스스로 황제의 자리에 오릅니다. 그는 로마군의 전력을 증강하기 위해, 주변의 야만족들을 대거 로마 군단의 병사로 영입합니다. 그런 후, 갈리아와 히스파니아의 반란도 평정하고 서고트족도 물리치는 등 반짝 전과를 올리기도 합니다. 마요리아누스 덕에 서로마 제국이 과거의 힘을 되찾기 시작하자, 아프리카에 있던 반달 왕국은 굉장한 두려움에 떨게 됩니다. 그리하여 반달 왕국과의 전투가 잠시 교착상태에 빠진 틈을 타서, 마요리아누스는 그들과 평화 협상을 맺고 로마로 돌아와 개혁 정책을 펼치려 했습니다. 그러나 461년, 반란을 일으킨 리키메르에게 체포되어 심한 고문 끝에 살해되고 맙니다.

서로마의 마지막 부흥을 꾀하던 마요리아누스의 사망 이후, 서로마 제국은 급속도로 무너져 갔습니다. 실권을 잡은 리키메르는 야만족 출신이었기에 스스로 황제에 오르지는 못하고, 대신 꼭두각시 황제들을 내세우며 막후 실세로 남았지요. 그러나 자신의 사리사욕만 채우며 제국 운영을 소홀히 하면서, 서로마 제국은 마요리아누스가 회복한 영토들을 다시 잃어버리게 됩니다. 몇 명의 황제를 거치는 동안 서로마 제국은 점점 쪼그라들었습니다. 그러던 472년, 실권자인 리키메르가 죽자 그의 조카인 군도바드가 지위를 승계하여 실권자가 되었습니다.

그런 와중에 동로마 제국에서는 새로운 서로마 황제들을 인정하지 않았습니다. 그리고 달마티아 속주의 총독인 율리우스 네포스를 새로운 서로마 황제로 공인해 버립니다. 율리우스 네포스(Julius Nepos, 재위 474년~475년)는 동로마의 지원을 받아, 474년 봄에 아드리아해를 건너 아무런 저항도 없이 제위에 올라 황제로 즉위합니다. 그러나 네포스 황제의 통치도 475년 부하 장군이었던 오레스테스가 반란을 일으키면서, 사실상 1년 만에 끝을 보게 되지요. 율리우스 네포스는 서로마의 수도였던 라벤나에서 배를 타고 달마티아로 도망친 후, 아들인 로물루스 아우구스투스를 새 황제로 즉위시킵니다.

로물루스 아우구스투스(Romulus Augustus, 재위 475년~476년)는 공식적인 서로마의 마지막 황제가 되었습니다. 로마를 건국한 로물루스와 로마 제국을 건설한 아우구스투스에서 각각 따와 그의 이름을 지었다는 사실이 왠지 더 처량해 보입니다. 그러던 476년 9월 4일, 서로마의 게르만족 출신 군사령관이던 오도아케르가 오레스테스를 죽이고 로물루스 아우구스투스도 퇴위시키면서, 서로마 제국은 드디어 멸망하게 됩니다.

오도아케르는 스스로 이탈리아의 통치자라고 주장하면서, 동로마 제국의 황제 제논(Flavius zeno, 재위 476년~491년)에게 자신의 정통성을 허락받으려 하였습니다. 하지만 동로마에서는 율리우스 네포스를 정식 황제로 인정한다는 조건으로, 오도아케르를 동로마 제국의 이탈리아 총독으로 임명하지요. 물론 오도아케르는 율리우스 네포스에게 실권이나 영토는 주지 않은 채, 실제로는 단독으로 통치를 하게 됩니다. 그마저도 480년에는 율리우스 네포스를 살해하고 달마티아를 침공, 점령하여 자신의 영토로 편입하면서, 오도아케르 왕국을 공식적으로 출범시키지요. 오도아케르는 동로마 제국과는 우호적인 관계를 유지하고자 했으나, 동로마의 제논 황제는 동고트족 출신의 테오도리쿠스 마그누스에게 군권을 위임해 오도아케르를 정벌하게 합니다. 결국 라벤나가 동로마군에 함락되면서, 493년 오도아케르도 테오도리쿠스의 손에 살해되었습니다.

로마 역사에 관심이 많았던 러시아 화가 카를 브륄로프는 게르만족에게 약탈당하는 로마 시내를 그렸습니다. 가운데에 있는 여인은 왕관을 쓰고 있는 것으로 보아 황후인 듯합니다. 따라서 이곳은 아마도 라벤나에 있는 로마 황실인 것 같군요. 수많은 보물과 여인

카를 브률로프(Karl Bryullov, 1799~1852), 〈로마 약탈(The Sack of Rome)〉,
1833~1836년, 러시아 트레티야코프 미술관

들이 약탈당하는 가운데, 오른쪽에 서 있는 사람은 교황 레오 1세입니다. 교황은 그 와중에도 건물에 불을 지르거나 사람을 죽이는 짓은 하지 못하게 감시하고 있습니다.

이 세상 삼라만상은 모두 흥망성쇠를 겪게 됩니다. 개인이든 국가이든 예외일 수는 없겠지요. 천년 제국 로마도 그 섭리를 거스르지 못했습니다. 기원전 753년 로물루스에 의해 작은 부족 국가로 시작한 로마 왕국의 태동기, 공화정 시대의 고도성장기, 제국 시대 초기의 안정기를 거쳐 혼란의 제국 말기에 이르러 쇠망의 길을 걷게 되었습니다. 그처럼 서로마 제국은 1,200년 만에 멸망하면서, 유럽의 고대사가 막을 내리게 됩니다. 물론 동로마 제국은 그 후로도 1,000년간 더 존속하지요. 하지만 그마저도 1453년에 멸망하면서, 로마 제국은 완전히 문을 닫게 됩니다.

로마 제국이 멸망한 원인에 대해서는 여러 가지 설명들이 있습니다. 에드워드 기번은 《로마 제국 쇠망사》에서 그 원인을 다음의 4가지로 지적합니다. 콘스탄티누스 대제에 의한 제국의 천도, 기독교의 영향, 야만족의 침입, 지도자의 자질 부족이 그것이지요. 그 외에도 로마 제국이 멸망한 이유는 수도 없이 많을 것입니다. 하지만 달도 차면 기우는 법, 시대와 환경이 바뀌면 새로운 세력이 득세하는 것은 자연의 이치일 것입니다. 더구나 로마 제국이 1,200년간이나 존속한 것은 역사상 흔치 않았던 일입니다.

로마가 멸망한 이유로 '목욕탕'을 말하는 사람들도 있습니다. 너무나 목욕을 좋아한 로마인들의 나태하고 향락적인 생활 습관이 로마 멸망을 부추겼다는 논리입니다. 하지만 로마에서는 건국 초기부터 목욕을 즐겼기 때문에, 그리 타당한 이유로 볼 순 없습니다. 또한 '납 중독'을 주장하는 사람들도 있습니다. 당시 로마 제국에서는 상수도관 등을 만드는 데 납을 사용했습니다. 그래서 로마인들이 목욕탕의 배수관을 통해 납 성분을 흡입했을뿐더러 납으로 만든 냄비나 컵을 사용하여 납에 중독되었다는 것이지요. 그리고 납 중독이 불임증을 유발해 인구가 감소하게 되었으며, 심지어는 정신질환자를 양산하는 탓에 특히 네로나 칼리굴라 같은 미치광이 황제들까지 나타나 로마가 멸망했다는 것입니다.

또한 '성 문란'에서 로마가 멸망한 원인을 찾기도 하지요. 로마 시민들의 사치와 방탕 그리고 난잡한 성생활이 로마를 멸망에 이르게 했다는 것입니다. 성적 욕망을 극단적으로 추구하는 등, 로마에서 여러 가지 변태적인 성문화가 성행했던 것은 사실입니다. 그래서 그러한 성적 타락과 향락주의적인 생활 태도가 로마의 멸망을 초래했다고 얘기하는 사람들이 많습니다. 물론 그런 성적 욕망의 극단적인 추구가 하나의 원인은 될 수 있을지 모릅니다. 하지만 로마에서는 오래전부터 그런 문화가 있었기에, 멸망의 결정적 이유라고는 말할 수 없습니다. 오히려 3세기 이후에는 기독교의 보급으로, 그런 향락적인 문화가 줄어드는 추세였답니다. 따라서 로마의 멸망은 한두 가지 원인에서 기인한 것이 아니라, 수많은 요인이 복합적으로 작용하여 국력을 약화시키고 지도층의 무능이 겹치면서 비롯된 것이라고 보아야 합니다.

그처럼 로마가 멸망한 수많은 이유 가운데 제가 특히 주목하는 것은 바로 노블레스 오블리주입니다. 노블레스 오블리주(noblesse oblige)란 프랑스어로 '귀족은 의무를 갖는다'는 것을 뜻합니다. 즉, 사회 지도층에게 사회에 대한 책임이나 의무를 모범적으로 실천하는 높은 도덕성을 요구하는 말이지요. 로마는 초기부터 귀족들의 가치관인 노블레스 오블리주가 활발하게 작용한 나라였습니다. 로마의 귀족들은 자신이 노예와 다른 점은 단순히 신분이 아니라, 사회적 의무를 실천하는 데 있다고 생각했습니다. 로마 왕정을 거쳐 공화정 시대나 제정 초기까지는 노블레스 오블리주가 살아 있어서, 여러 가지 경제, 사회적 어려움이 있어도 그리 큰 문제가 되지 않았습니다. 하지만 제정 말기가 되면서 귀족과 지도층의 노블레스 오블리주 정신이 사라지며 사회에 악영향을 미쳤다고 생각합니다.

권력이 황제의 수중에 집중되자, 많은 귀족들이 한때 자신의 경력에서 핵심 내용이었던 명예로운 공직을 포기하곤 했습니다. 대신에 그들은 막대한 재산을 가지고 시골에 대저택을 짓고 사적인 군대를 양성하면서, 자신의 안녕만을 생각하고 국가는 안중에도 없었습니다. 제정 초기까지만 해도, 로마의 지도자들은 사비를 들여서 도로도 만들고 공회당이나 신전 등을 지어서 시민들에게 제공했습니다. 그리고 전쟁이 일어나면 원로원 의원부터 참전하는 등 솔선수범의 자세를 보였지요. 하지만 제정 말기에 이르러 귀족들은 사리사욕에만 눈이 멀고, 때로는 권력욕 탓에 수많은 내전을 일으키기도 하였습니다. 귀족이 아닌 일반 시민들도 크게 다르지 않았습니다. 그들 또한 안락한 삶을 위해, 어떻게 하면 제국의 군대나 정부 고위직에 올라 축재할 수 있을지에 몰두했습니다. 그처럼 사회 지도층의 이기심은 생존에 허덕이던 중간층과 하층민에게 악영향을 미쳤으며, 그들의 애국심을 앗아가는 결과를 초래했습니다.

또한 제국의 영토에 비해 인구가 적었던 서방에서는, 기나긴 국경을 유지할 병사들을 구하지 못해 이민족 용병들을 로마군에 편입시켰습니다. 그럼으로써 애국심이 충만한 최강 로마 군단이 아니라, 돈에 좌우되는 군기 빠진 용병군단이 되어 버린 것이지요. 반면 그에 비해 동로마는 국방력이 강하고 인구도 많고 경제력도 뒷받침되면서, 서로마가 사라진 뒤에도 약 1,000년간 더 지속될 수 있었습니다. 미국의 영화감독 조지 루카스가 만든 시리즈 영화 〈스타워즈〉도 그런 고대 로마의 이야기를 차용하여, 우주 제국에 맞서 싸우는 공화국 군대의 모습을 보여주고 있습니다.

영국의 화가인 프랜시스 토팜이 그린 〈개선 마차 위의 로마의 승리〉는 언제, 어느 황제의 이야기를 담은 것인지는 불분명합니다. 하지만 그림을 보면, 전성기의 로마 황제가 전쟁에서 승리하여 개선식 행렬의 마차를 타고, 차기 황제가 될 어린 아들을 안고 있는 모

프랜시스 토팜(Francis William Warwick Topham, 1808~1877), 〈개선 마차 위의 로마의 승리(Triumph with child in the triumphator's chariot)〉, 1838년, 소장처 불명

습인 것은 확실합니다. 이렇게 화려했던 로마의 그 시절이 그립기만 합니다.

19세기 독일의 법학자인 예링(Rudolf von Jhering, 1818~1892년)은 이렇게 말했습니다. "로마는 세 번 제 민족을 통일했다. 첫째는 백성이 시민 정신에 충실할 때 무력으로 국가를 통일하고, 둘째는 로마가 이미 몰락한 후 정신의 힘으로 교회를 통일하고, 셋째는 중세에서 로마법의 계승에 의해 법을 통일했다."

역사가 랑케(Leopold von Ranke, 1795~1886년)는 "유럽의 모든 고대사는 하나의 호수에 흘러 들어가는 흐름이 되어 로마사 속에 흐르고, 모든 근세사는 로마사로부터 다시 흘러나왔다"라고 말했습니다. 랑케의 말처럼 비록 서로마 제국은 멸망했지만, 로마의 영향력은 그 후로도 유럽의 역사에 지속되고 있습니다. 서로마 제국이 멸망한 이후, 그 자리를 차지한 게르만족 왕들은 선진 문화였던 로마의 문화와 로마법을 따랐습니다. 그리고 그들은 대부분 아리우스파를 따르기는 했지만, 기독교로 개종하여 로마 교황의 권위에 순종했습니다.

또한 로마 제국의 언어였던 라틴어도 사라지지 않고 계속 사용되었습니다. 라틴어는 로망스어 계통인 이탈리아어, 프랑스어, 스페인어, 포르투갈어, 루마니아어 등으로 발전하여 현재 대략 9억 명이 사용하고 있습니다. 또 라틴어는 18세기까지 학문 분야에서 국제 공용어로 사용되었습니다. 특히 가톨릭교회에서는 전례용 언어로 사용하면서, 최근까지도 성당에서는 라틴어로 미사를 보았답니다. 또한 라틴어는 영어와 독일어 같은 게르만계 언어에 많은 영향을 주었습니다.

그러나 서로마 제국의 가장 큰 문화적 유산이라면 그 무엇보다 기독교라 할 수 있습니다. 제국이 망한 후에도 기독교는 사라지지 않았습니다. 5세기쯤에는 점차 로마 문화를 밀어내고 서유럽의 중심으로 떠올랐으며, 국가 간의 분쟁을 조절하고 왕들을 지배하는 이데올로기의 위치로 부상했습니다.

이제 마지막으로, 토머스 콜의 〈제국의 길〉 시리즈 가운데 세 번째 그림인 〈제국의 완성〉을 보면서 글을 맺고자 합니다. 이 그림은 로마 제국의 전성기를 보여주는 것으로, 강 양편에 황궁을 비롯한 화려한 건물들이 웅장하게 펼쳐져 있습니다. 붉은 옷을 입은 황제와 승리한 장군, 그리고 원로원 의원들이 승리의 행렬로 양안을 연결한 다리를 건너는 동안, 군중들이 발코니와 테라스에 모여 흥겨운 축제를 벌입니다. 전경 오른쪽 아래에는 로마 황실로 보이는 곳이 있습니다.

로마 제국 전성기의 모습을 보고 있자니, 모든 것이 일장춘몽인 듯합니다. 그처럼 역사상 최강대국이었던 로마도 흥망성쇠라는 자연의 섭리를 거역하지 못하고 역사에서 사라졌습니다. 하지만 우리는 1,000여 년 로마의 역사를 통해서, 수많은 인물들이 명멸해 가는 과정을 보며 적지 않은 교훈을 얻게 됩니다. 모든 로마의 영웅에겐 공과가 있었습니다. 그중에 우리가 지양해야 할 점은 반면교사로 삼고, 본받아야 할 점은 다시 한번 되새기는 계기가 되었으면 좋겠습니다.

토머스 콜(Thomas Cole, 1801~1848), 〈제국의 완성–제국의 길(The Consumma-tion, The Course of the Empire)〉, 1836년, 미국 뉴욕 역사 협회

잠시 쉬어가기: 팍스 로마나와 팍스 아메리카나

오늘날 유럽의 거의 모든 국가들은 로마를 바탕으로 법체계, 문화, 종교, 언어 등을 형성했습니다. 심지어 로마의 개방성은 현대판 로마 제국인 미국에까지 영향을 끼쳤지요. 유럽에서 건너간 사람들이 이룩한 나라인 미국의 건국 아버지들은 로마 공화정을 모델로 자국의 정치체제를 구상했습니다.

로마의 개방성은 미국의 시민권 제도에도 잘 나타납니다. 미국은 속지주의에 따라, 미국에서 태어나는 사람이라면 부모의 국적에 상관없이 미국 시민권을 얻습니다. 많은 로마의 황제가 속주에서 탄생했듯이, 오바마 전 대통령은 케냐 출신의 아버지와 미국인 어머니 사이에서 태어났어도 미국 최초의 흑인 대통령이 되었습니다.

또한 미국은 과거 로마가 이룩했던 팍스 로마나를 본받아 팍스 아메리카나를 실현하고 있는 나라이기도 합니다. 그래서 미국의 1달러 지폐의 뒷면을 보면, 왼쪽 피라미드 그림에 '신은 우리에게 번영을 약속했다'는 뜻의 'ANNUIT COEPTIS'와 '세기의 새 질서'라는 뜻의 'NOVUS ORDO SECLORUM'이 고대 로마의 공용어인 라틴어로 쓰여 있답니다.

미국 1달러 지폐의 라틴 문자(왼쪽 삼각형 피라미드 그림의 위아래에 쓰여 있다)

| 로마사 미술관 시리즈를 마치며 |

기원전 5세기, 서양 세계의 선진국은 그리스였습니다. 당시 그리스는 페르시아와의 전쟁에서 승리한 후였습니다. 그래서 소위 '페리클레스의 황금시대'라는, 기원전 460년부터 기원전 430년까지 30년 동안의 최전성기를 보내고 있었습니다. 기원전 453년부터 기원전 452년까지 1년 동안, 후진국 로마 공화국의 원로원 의원 3명이 선진국 그리스의 아테네를 시찰하러 갑니다. 로마의 시찰단은 페리클레스(Perikles, 기원전 495년~기원전 429년)의 정책이 구름 한 점 없는 상태로 순조롭게 시행되던 시대의 아테네를 보았을 것입니다.

3명의 로마인이 그리스에서 1년간 머물며 무엇을 보고 무엇을 연구했는지, 귀국한 뒤에는 무엇을 보고했는지를 전해주는 사료는 남아 있지 않습니다. 다만 확실한 것은 귀국한 세 사람을 포함한 10명의 의원들이 '12표법'을 만들었다는 것입니다. 그런데 그들은 아테네를 따라 하지 않았습니다. 그렇다고 아테네의 강력한 경쟁상대이 자 군사 국가인 스파르타를 모방하지도 않았습니다. 당시 아테네는 페리클레스의 탁월한 지도력 덕분에 자유와 질서가 함께 유지되는 이상적인 나라였습니다. 하지만《펠로폰네소스 전쟁사》를 쓴 투키디 데스(Thukydides, 기원전 460년~기원전 400년 추정)는 이렇게 말합니다. "겉 모습은 민주정치였지만, 실제로는 한 사람이 지배하는 나라." 즉 독 재국가였다는 것이지요.

세 로마인도 그 사실을 인식했을 것입니다. 독재가 싫어 왕정을 무너뜨리고 공화정을 수립한 로마에 민주주의는 좋은 제도이지만, 반면에 독재로 갈 수 있는 위험성을 내포한 체제이기도 하다는 인식 을 했을 것입니다. 그 3인방은 설령 독재 권력을 행사하는 사람이 뛰 어난 균형감각을 지닌 비범한 사람이라 해도, 완벽한 민주주의를 실 현하기란 어렵다고 생각한 듯합니다.

독재정치의 가장 큰 결함은 독재자가 잘못을 저질러도, 그것을 견제할 수 있는 기능이 무력화될 수 있다는 것입니다. 그래서 로마 는 그들만의 독특한 2인 집정관제에, 그것을 견제할 호민관 제도를 보완하여 체제를 시행하게 됩니다. 그러다 카이사르를 거쳐 아우구 스투스에 이르러 독재의 성격이 짙은 제정으로 체제가 변합니다. 로 마가 점점 커져 제국이 되어 가면서 제국의 효율적 통치를 위한 것 이었지요. 그로부터 뛰어난 황제들이 집권했던 오현제 시대에 들어 로마는 최전성기를 맞게 되지만, 그 후 무능력한 황제들이나 정권 찬탈만 노리는 군인 황제들이 난립하면서 로마는 쇠퇴기를 맞이합니다. 그렇다면 우리는 로마사를 접하면서 무엇을 생각해 보아야 할까요?

우선 첫 번째로는 자질 있는 지도자의 선택이 국가의 번영을 좌우한다는 것입니다. 로마 역사 1,200년 동안 위기에 처할 때마다, 걸출한 영웅들이 출현하여 나라를 구했을뿐더러 오히려 그 위기가 새옹지마가 되어 나라가 더욱 부강해지는 계기를 만들었습니다. 또한 귀족들의 노블레스 오블리주를 통해 국가를 건강하게 이끌어 갔습니다. 스키피오가 그랬고, 카이사르가 그랬습니다. 로마 말기의 스틸리코나 아에티우스도 자격이 충분하지만, 그들에게는 능력을 발휘할 여건이 부족했습니다. 그 또한 나라의 운이 다했기 때문이겠지요.

두 번째로는 로마의 개방성과 포용성입니다. 세계 역사상 로마처럼 개방적이었던 나라도 흔치 않습니다. 로마인이야말로 진정한 의미에서 최초의 세계인(cosmopolitan)이었다고 할 수 있겠습니다. 그들은 기원전 753년, 로물루스가 나라를 세웠을 때부터 정복민들에게 포용 정책을 폈습니다. 로마는 일종의 연방주의 개념을 도입해서 로마 연합의 동맹국, 라틴 동맹의 가맹국, 속주 식민지, 그리고 제국 밖의 동맹국 등으로 촘촘히 엮인 연방국가를 건설했습니다. 멀리 있는 나라를 정복하고 속주로 만들 때도 거의 완전에 가까운 자치를 허용했지요. 그들보다 훨씬 선진국이었던 아테네에서도 볼 수 없던 일이었습니다. 제정 시대에도 로마는 부단히 로마 시민권을 확대해 갔으며, 이민족들을 꾸준히 로마화하였습니다.

또한 종교에서도 관용을 내세워 각자 민족의 신앙을 허용했습니다. 물론 기독교는 200년 이상 혹독한 탄압을 받았지만, 이는 기독교가 로마 황제를 인정치 않는 유일신을 믿는 종교였기 때문입니다. 하지만 기독교마저 결국 로마에서 공인되고 마침내는 국교로 인정되기에 이르는데, 그 또한 종교적 포용성이라고 볼 수 있습니다(물론 기독교의 국교화가 로마의 포용성을 가로막는 모순을 보이기도 했습니다).

세 번째로는 사회 간접자본과 문화 확대 정책입니다. 로마인은 수많은 법을 제정하고, 도로와 수도, 항만, 도시 등을 건설했습니다. '모든 길은 로마로 통한다'는 말에서 알 수 있듯이, 도로는 제국의 확장 정복 전쟁을 위해서도 필요했지만, 통신과 문화를 발전하게 하는 원동력이 되기도 했습니다. 오늘날에도 도로나 항만 같은 국가의 사회 간접자본은 국가 발전의 중요한 요소입니다. 그런데 2,000여 년 전에 이미 로마는 그 사실을 알고 실천한 것이지요. 사회 간접자본의 확충은 그 일을 추진하는 사람들의 안목과 수준에 결정적으로 영향을 받습니다. 수십 년, 수백 년을 앞서 보는 미래지향적인 통찰력과 전략이 없으면 불가능합니다. 여기서 다시 한번 국가 지도자의 미래지향적 통찰력의 중요성이 드러납니다.

네 번째로는 일자리를 창출하는 복지국가를 만들어야 한다는 것입니다. 기원전 2세기 그라쿠스 형제의 개혁 정책이 실패한 이후, 빈민들을 위한 복지정책은 로마가 멸망할 때까지 가장 큰 국가적 쟁점이었습니다. 처음 그라쿠스 형제가 '곡물법' 시행으로 빈민들에게 싼 가격으로 곡식을 공급하기 시작한 이래, 그 제도는 시대를 거치면서 수차례 개정, 폐지, 보완 등의 과정을 밟았습니다. 하지만 결국에는 평민파와 귀족파 간의 이념 전쟁이기도 했습니다. 즉, 무상복지로 인한 포퓰리즘으로 볼 것이냐, 국가재정 건전화를 위한 긴축재정으로 볼 것이냐의 문제였던 것이지요. 하지만 진정한 복지정책이란 일자리 제공이라는 측면을 간파한 카이사르는, 제대군인들에게 일자리를 제공하기 위해 신도시 건설을 추진하고 또 그곳으로 로마인들을 이주시켰습니다. 그러나 무엇보다 중요한 것은 카이사르나 그 후의 현명한 황제들에게서 볼 수 있듯이, 백성을 사랑하고 그들의 아픔을 해결해 주고자 하는 여민동락(與民同樂)의 애민 정신이었습니다.

그처럼 고대 로마인들이 던진 화두는 오늘을 사는 우리에게도 많은 시사점을 줍니다. 그들의 역사를 통해서 좋은 점은 배우고 그렇지 못한 점은 반면교사를 통해 걸러 버림으로써, 우리 사회가 발전할 수 있는 모델을 만드는 데 참고하면 좋겠습니다. 그리고 그러한 역사적 현장을 담담하고도 때로는 웅장하게 다양한 시각으로 화폭에 담은 역사화가들의 명화를 보면서, 그 의미를 되새기는 기회가 된다면 저자로서는 더없는 영광이겠습니다.

작품 색인

15p
아우구스투스

17p
아그리파 저택의 청중들

25p
아우구스투스, 리비아, 옥타비아 앞에서 아이네이스를 읽어주는 베르길리우스

27p
아우구스투스와 옥타비아에게 아이네이스를 읽어주는 베르길리우스

28p
아우구스투스 황제에게 인문학을 소개하는 마에케나스

32p
아그리파 흉상

36p
바루스에 대한 헤르만의 승리

42p
알렉산드로스 대왕의 무덤을 찾은 아우구스투스

48-49p
빌라도 앞에 선 그리스도

51p
십자가에 못 박힌 예수

57p
헤르만과 투스넬다

58p
게르마니쿠스 개선 행렬의 투스넬다

62p
게르마니쿠스의 유골함을 들고 브린디시에 도착하는 아그리피나

65p
게르마니쿠스의 유골함을 안고 슬퍼하는 아그리피나

67p
티베리우스 시대의 난교

69p
티베리우스의 죽음

73p
조상의 무덤에 어머니와 형제의 유골을 바치는 칼리굴라

82p
칼리굴라 황제의 암살

87p
로마 황제 클라우디우스

94p
메살리나

356p
로마의 노예시장

358p
로마의 포로들

360p
스틸리코, 반달족 출신의 로마 최고사령관

363p
410년 야만족에 의한 로마 약탈

365p
호노리우스 황제의 총애

375p
아틸라의 연회

377p
아틸라, 신의 재앙

380p
교황 레오 1세와 아틸라의 협상

382p
아틸라의 죽음

384p
병든 말을 타는 아틸라

388-389p
제국의 붕괴-제국의 길

394p
로마 약탈

399p
개선 마차 위의 로마의 승리

402-403p
제국의 완성-제국의 길

세계명화도슨트

로마사 미술관 3
아우구스투스부터 로마의 멸망까지

2024년 6월 5일 1판 1쇄

지은이 | 김규봉
펴낸이 | 김철종

펴낸곳 | (주)한언
출판등록 | 1983년 9월 30일 제1-128호
주소 | 서울시 종로구 삼일대로 453(경운동) 2층
전화번호 | 02)701-6911 팩스번호 | 02)701-4449
전자우편 | haneon@haneon.com

ISBN 978-89-5596-962-7 (03920)

만든 사람들
기획 · 총괄 | 손성문
편집 | 한재희
디자인 | 이화선

한언의 사명선언문

Since 3rd day of January, 1998

Our Mission   – 우리는 새로운 지식을 창출, 전파하여 전 인류가 이를 공유케 함으로써 인류 문화의 발전과 행복에 이바지한다.

                – 우리는 끊임없이 학습하는 조직으로서 자신과 조직의 발전을 위해 쉼 없이 노력하며, 궁극적으로는 세계적 콘텐츠 그룹을 지향한다.

                – 우리는 정신적·물질적으로 최고 수준의 복지를 실현하기 위해 노력하며, 명실공히 초일류 사원들의 집합체로서 부끄럼 없이 행동한다.

Our Vision   한언은 콘텐츠 기업의 선도적 성공 모델이 된다.

저희 한언인들은 위와 같은 사명을 항상 가슴속에 간직하고
좋은 책을 만들기 위해 최선을 다하고 있습니다.
독자 여러분의 아낌없는 충고와 격려를 부탁드립니다.

• 한언 가족 •

HanEon's Mission statement

Our Mission   – We create and broadcast new knowledge for the advancement and happiness of the whole human race.

                – We do our best to improve ourselves and the organization, with the ultimate goal of striving to be the best content group in the world.

                – We try to realize the highest quality of welfare system in both mental and physical ways and we behave in a manner that reflects our mission as proud members of HanEon Community.

Our Vision   HanEon will be the leading Success Model of the content group.